民國歷史與文化研究

六 編

第 **6** 冊

中國郵政立法研究
——以近現代社會變遷爲背景（上）

劉 波 著

花木蘭文化事業有限公司

國家圖書館出版品預行編目資料

中國郵政立法研究——以近現代社會變遷為背景（上）／劉波 著
— 初版 — 新北市：花木蘭文化事業有限公司，2017〔民 106〕
目 8+226 面；19×26 公分
（民國歷史與文化研究 六編；第 6 冊）
ISBN 978-986-485-144-7（精裝）
1. 郵政法規 2. 立法 3. 民國史
628.08 106013733

ISBN-978-986-485-144-7

9 789864 851447

民國歷史與文化研究
六 編 第 六 冊   ISBN：978-986-485-144-7

中國郵政立法研究
——以近現代社會變遷爲背景（上）

作　　者　劉　波
總 編 輯　杜潔祥
副總編輯　楊嘉樂
編　　輯　許郁翎、王　筑　美術編輯　陳逸婷
出　　版　花木蘭文化事業有限公司
社　　長　高小娟
聯絡地址　235 新北市中和區中安街七二號十三樓
　　　　　電話：02-2923-1455／傳眞：02-2923-1452
網　　址　http://www.huamulan.tw 信箱 hml810518@gmail.com
印　　刷　普羅文化出版廣告事業
初　　版　2017 年 9 月
全書字數　362025 字
定　　價　六編 10 冊（精裝）台幣 18,000 元

中國郵政立法研究
——以近現代社會變遷爲背景（上）

劉 波 著

作者簡介

劉波（1976 年出生），男，漢族，雲南昆明人，畢業於中國人民大學法學院，法學博士。曾任職中華人民共和國國家郵政局，長期從事郵政和快遞領域的立法和執法工作，親身參與了 20 世紀90 年代以後的歷次郵政改革和中國郵政市場的開放歷程，對郵政行業發展戰略有深入研究。

提　　要

　　本文是對一百年來中國郵政法立法的研究，由這條主線折射中國社會變遷對立法的影響。法律與社會一一對應，即使稍有偏離，最終也會按照某種潛移默化的規律、在一定的程序下「自覺地」回到應有軌轍之中。中國一百年的郵政立法史，從一個側面對社會與法律的這種關係做出了詮釋。

　　中國近現代郵政立法肇始於《大清郵政條例》。清朝末年的中國社會，傳統的社會治理模式和法律制度已經完全不能適應向商品經濟過渡的需要，而中國原生的商品經濟又受到西方具有強烈殖民色彩的商品經濟的打擊和壓抑。當時的中國通信組織格局，正是這一大衝擊、大變化年代的真實縮影。官方的「郵驛」日趨腐敗，風雨飄搖；萌芽於民間的「民信局」承擔了普通民眾通信的主要任務，但由於資本弱小，網絡不健全，無力在廣大城鄉為公眾提供廣泛的通信服務；迅速蔓延鋪陳的「客郵」，直接受命於西方殖民勢力，是中國半殖民化的產物。隨著洋務運動的進展，經過艱難的長達 20 年的摸索，終於建立了大清郵政。其後，清政府頒佈了《大清郵政章程》。這部章程可謂中國第一部近代意義上的郵政法律，以立法確立國家郵政的優勢地位，為此後針對郵驛、民信局和客郵採取的不同策略埋下了伏筆。

　　一戰後，中國曾希望以戰勝國的身份，「平等地」修正不平等條約、收回淪喪國權。1921 年10 月，中國北洋政府在極短時間內迅速通過了《郵政條例》。主要目的就是為統一郵權提供法律依據，支持即將於當年 11 月召開的華盛頓和會上的外交努力，使列強無法再以中國無相關郵政法律規定為藉口拖延。然而，在華盛頓會議的最後決議中，「弱國無外交」又一次生動地教育了中國人。中國提出的「取消租界」、「撤回外國駐軍」、「取消領事裁判權」等要求幾乎全部被擱置。只有「取消外國在華郵局」成為「中國在華盛頓會議上取得的惟一實質性成果」。

　　1935 年，南京國民政府頒佈《中華民國郵政法》，該法規定：「郵政為國營事業，由交通部掌管之」，明確了郵政的性質是「國家經營的事業」。該法施行後，全國各地民信局最終被取締，郵政行業從此進入長期的國有壟斷階段。

　　中華人民共和國成立後，郵政被完整接收，實行「國家經營、國家管理」的計劃經濟體制。由於計劃經濟「權力高度集中、利益格局一元和行政本位」的特點，也由於建國後法制建設遭受了重挫，這一時期，沒有再制定郵政法。政策成為調整計劃經濟年代郵政運行和管理的最主要手段。

　　文革之後，中國開始深刻反思浩劫的原因。民主與法制成為社會共識，中國也由此進入一個影響至今的大規模的立法時代。以 1982 年憲法為標誌，這一階段中國的很多立法，開始重視和突出「公民人身權利和民主權利不受非法侵害」。1986 年，根據憲法第四十條，頒佈了建國後的第一部《郵政法》，將「保護通信自由和通信秘密」作為立法宗旨之一。同時，這部法律規定了郵政實行「中央事權、政企合一」的行政管理體制，確立了郵政專營制度。

20 世紀 90 年代以後，中國經濟體制發生根本性變革，決定了此後立法的基本方向，是建立一個適應現代市場經濟體制發展需要的法律秩序。這種變化迅速傳導到郵政行業。一方面，傳統的國有郵政企業包袱沉重，效率低下，亟待改革，另一方面，外資、民營等多種經濟形式蓬勃興起，特別是多元化競爭的快遞市場格局逐漸形成，對固有體制形成強烈的衝擊。1986 年《郵政法》已經嚴重落後於市場經濟下的社會現實需要，修法和改革的呼聲越來越強烈。「郵政專營」成為立法背後鬥爭的聚焦點，集中反映了社會轉型中，長期存續的計劃經濟體制與剛剛建立的市場經濟體制的劇烈衝突。經歷了 10 年複雜曲折的修法歷程，2009 年修訂頒佈的新的《郵政法》終於確立了市場化的郵政體制改革方向，「鼓勵競爭、促進發展」成為郵政市場監督管理的基本原則，為今後更加深入的郵政改革奠定了基礎。

目次

導　論

0.1 問題的提出

　　著名史學家李劍農曾經說過：「歷史的事變如流水，不能由我們用刀截斷。」歷史運動總是合力的結果，社會的每一點變化都可能在歷史事件中找到它的影子。與之相類似，一部法律的產生、變化往往也不是孤立的現象，既有前因後果，同時也受到社會各種因素的制約。「後時代的變化，都是在前時代已經成了問題，後時代的人物事蹟，都是前時代的產兒。」〔註1〕

　　郵遞行業是人類社會最古老的行業之一，對實現物質、信息、文化等各方面的溝通交流發揮著不可替代的作用。即使進入現代社會以後，郵遞仍然是重要的基礎產業。同時，根據社會進步的需要，其自身也在不斷創新改革和自我調整，因應新的歷史條件，猶如鳳凰涅槃，煥發生機。

　　中國的郵遞已經存在了數千年，幾乎和這個古老國家的歷史一樣漫長。但是，中國的現代郵政制度卻是源於西方，於清末作為「洋務」一端引入國內的。與古代中國的郵遞（郵驛）只是「為官家所用」不同，現代郵政作為工業革命後社會化大生產的產物，自誕生之日起就以「為社會提供公共服務」為宗旨，目標明確，與社會的聯繫非常緊密，可謂息息相關。為了社會的共同利益，國家制定法律對郵政進行調整、管制、引導和規範。而深入研究郵政立法，探析背後的脈絡，會發現在近現代中國，郵政法的數次制訂和修訂

〔註1〕　李劍農：《中國近百年政治史》，上海，復旦大學出版社，2002年，再版前言，
　　　　第7頁。

在對這個行業產生重大影響的同時，也可清晰地透射出當時社會形態和法制思想的變遷。

本書正是以研究郵政立法爲切入點，捕捉這些變化，摸索立法與社會現實相互作用的規律，並試圖爲當下中國正在進行的大規模立法活動和法制改革提供些微有益的參考。

0.2 郵政法的範圍與界定

需要做出兩點說明：

第一，中國歷代對於郵遞（郵驛）都有著相應的法律或行政管理制度。本書不可能也沒有必要面面俱到，研究重點將集中在十九世紀末以後的郵政立法及相關情況，而「具有工業化特徵的、近現代意義上的郵政」正是產生於這一時期。這也是清末、民國以及新中國制定實施的郵政法律的基礎，更具有研究的現實必要性。對中國古代的郵政法及管理制度僅僅一帶而過。

第二，儘管郵政法在一國法律體系中已經相對較「窄」，但本文研究範圍仍要進一步集中在與郵件寄遞服務有關的立法領域。之所以要做出這樣的明確，一是因爲郵政具有全程全網、聯合作業的性質，在其長期發展過程中，基於郵政網絡形成了大量的搭載附載業務，如郵政儲蓄、郵政保險、電子認證等。一些國家和地區，如日本、英國、印度、中國臺灣、中國澳門等，專門制定了與上述方面相關的法律法規。從嚴格意義上來說，這些法律應該也是某一方面的郵政法，但畢竟不代表郵政立法的主要方面，故不做過多涉及。另外，二十世紀三四十年代，當時的民國政府除《郵政法》以外，還曾經先後頒佈過《交通部郵政總局組織法》、《郵政儲金匯業局組織法》等。這些法律屬於行政組織法，也可視爲郵政法的某一具體方面，可合併進行研究。

0.3 選題背景

2009 年 4 月 24 日，經第十一屆全國人民代表大會常務委員會第八次會議審議通過，修訂後的《中華人民共和國郵政法》公佈，自 2009 年 10 月 1 日起施行。這是《郵政法》自 1986 年制定後的第一次修訂。

實事求是地說，《郵政法》在中國法律體系中只是極爲微小的部分。作爲一部行業法律，它主要規範的「就是郵政那點事兒」，專業性強，「範圍極狹」，

以有關郵政活動的權利義務為主要調整對象。如果沒有特殊的原因,《郵政法》的這次修訂,本應如同 4 月 24 日同批審議通過的《全國人大常委會議事規則》一樣,平靜而自然地流淌過去。然而,對於熟悉《郵政法》修法背景的人們來說,這一天卻是一個特殊、值得紀念的日子。由於這部法律的修訂,中國郵政業的面貌發生了巨大的改變,「潮水退去,露出了原來就佇立在那裏的群山」。

　　從 1999 年起,當時還實行政企合一體制的國家郵政局已經集中各方面的資源,著手修訂《郵政法》。《郵政法》修訂由此被列為國家郵政局每年最重要的工作內容。到 2009 年瓜熟蒂落時,修法已進行了 10 年。而在這 10 年期間,中國的經濟、政治、社會發生了重大的變化,影響到這部法律的立法目的、立法宗旨、核心內容和主要制度,與 10 年前啟動立法進程時相比已是大相徑庭。同樣在此期間,曾經長期保持國有單一經濟形式的郵政行業自身也發生了重大變化,出現了全新的架構,多種所有制間的激烈競爭成為郵政市場的新形態。就連原來的起草者和推動者之一——國家郵政局,在郵政體制改革的大潮中,也經歷了政企分開,重組為國務院郵政管理部門。此時的國家郵政局,所代表的不再只是原先「中國郵政」一家,而是一個迅速成長、包括數千家企業、兩百萬從業者的完整的行業。

　　幾乎一切都在發生變化,唯一沒有改變的恐怕只能是隱藏在立法活動背後激烈的利益爭奪。從 2006 年開始,《郵政法》幾乎每年都被列入國務院當年一類立法計劃。從 2003 年開始,全國人大法工委著手調研郵政立法,並為此與國務院法制部門和郵政管理部門做了大量溝通。但是,由於對《郵政法》修改稿的「社會意見分歧太大」,從謹慎出發,國務院並沒有按計劃將修訂草案提交全國人大。從 1999 年到 2009 年的整整 10 年之間,「修法」幾乎成為郵政行業最為敏感,也最被關注、議論紛紜的話題。圍繞著《郵政法》的修訂,特別是郵政行業的定義、政府監管範圍、郵政專營制度和快遞市場准入等問題,中國郵政與國際快遞巨頭、民營快遞企業的紛爭此起彼伏、論戰不休。不僅上演過民營快遞企業群體上訪事件,而且還牽動了國際外交的神經。應外資快遞企業的要求,美國、歐盟、日本和世貿組織都涉入了這場紛爭。儘管從表面上看,「強烈反對《郵政法》對市場競爭的非法限制」、「強烈反對對中國郵政的行政保護」幾乎成為外資企業、民營企業一致的口號,但是仔細分析,他們的利益又從來不是一致的,對「保護競爭」、「打破壟斷」存在

著不同的理解，相互間也有明顯的戒心。

歷史是這樣一位聖人，他總能在貌似不經意間，創造驚人的巧合。詳讀中國的郵政立法史，竟然可以發現這場「紛爭」已經延續百年。

在一百多年前的晚清世界，民族危機和民族自強是這個時代的主題。在洋務運動浪潮衝擊下、幾乎完全模仿西方模式、「師夷長技」組建起來的國家郵政，在初生之時，也曾面臨今人似曾相識的局面：站在國家郵政這個「新生兒」面前的，是尾隨著西方強權的堅船利炮而來的、已經在中國經營幾十年的所謂「客郵」；而代表民間資本的「民信局」，已經存在數百年，可謂盤根錯節、數量龐大；另外，還有延續千年、衰朽不堪、搖搖欲墜的官府郵驛體系。

剛剛誕生的大清郵政，一方面發揮國家資本優勢，加快發展自己，提高競爭能力，豐富業務品種，將服務網絡擴展到城鄉市鎮，使普通中國人第一次切身感受到「現代公共服務」的概念，另一方面又借助國家的立法權和行政權，通過制定頒佈《大清郵政章程》，既限制、又利用上述競爭對手，徐圖取代，逐步確立起自己在郵政領域的主導地位。

進入民國，民族危機仍然是中國歷史揮之不去、最爲驚心動魄的一幕。一戰結束後，中國希冀憑藉戰勝國地位，打開不平等條約的枷鎖。與五四運動「外抗強權內除國賊」的口號相呼應，中國法律近代化運動不可避免地打上了深刻的法律民族主義的烙印。1921 年 10 月，北洋政府在匆忙之間制定頒佈了《郵政條例》，規定「郵政由國家經營」，主要目的就是爲一個月後即將舉行的「華盛頓和會」以及「戰後秩序重建」提供來自中國法律上的依據，排除外國勢力對民族利益的侵蝕，強化中央集權。然而，在華盛頓和會上，中國提出的若干要求和提案，幾乎被強權者全盤否定，最後唯一通過的只有「廢除客郵案」。到 1935 年南京國民政府頒行《郵政法》時，又經歷了難以計數的或明或暗的鬥爭和爭奪，客郵才基本裁撤。而民信局最終被政府通令關閉，並逐漸淡出社會生活。至此，國家郵政的地位鞏固，成爲以政企合一爲特徵的、全國唯一的郵政業務經營者。

新中國成立，維續了郵政的政企合一，而且建立了具有鮮明時代特徵的計劃經濟體制。在這一時期，鞏固並強化了高度中央集權的管理模式，以指令性計劃和政策作爲管理行業的基本手段。此時，政策的重要性實際上遠遠高於法律，出現了數十年沒有制訂郵政法的局面。

　　到 1986 年，伴隨著文革後迫切的法制化要求，建國後第一部《郵政法》頒布施行，標誌著「依法治郵」成為不可動搖的大趨勢。在當時的歷史條件下，這部法律發揮了重要的作用。但是，其立法基礎是建立在計劃經濟之上，郵政體制是計劃經濟時代典型的政企不分、國家經營。因此，1986 年的《郵政法》和同一時期的《鐵路法》、《民航法》等都有很多的相似點，既有政府管理的內容，又有政府授權公共企業行使行政職權的制度設計，而在大量的具體業務管理方面，則更像一部特殊的企業法。

　　90 年代以後，市場經濟和信息革命的浪潮，拍打著已經顯得有些僵硬的堤岸，於無聲無息中將多種經濟形式再次引入郵政領域。儘管有各種各樣的聲音，但一個基本趨勢是：市場在開放。民營經濟和外資經濟憑藉更加貼近市場需要的競爭優勢和更加符合市場規律的經營模式，迅速興起，悄無聲息地進入了國營郵政長期以來已經習慣獨家經營的地盤。當他們實力漸增，終於與國營郵政短兵相接，形成強而有力的競爭之時，雙方都急切地想在法律中尋找支持自己的依據，同時也疑惑地發現很難適用《郵政法》（1986 年）來調整這種衝突。最後形成的局面是，有關郵政專營的內容變成所謂「書本上的法」，在立法、執法和守法之間形成了程度不同的灰色空間。

　　一方面，社會普遍的共識是：《郵政法》已經滯後了，需要盡快修法。但是，另一方面，由於市場經濟帶來的利益多元化，人們其實更關注的卻是「如何按照自己的意願修法」或者「如何在修法中更好地保護自己的利益」。那些關於如何進行立法制度設計的觀點南轅北轍，衝突激烈，各不相讓。一場圍繞著修法而波濤湧動的利益博弈拉開了序幕，直到 2009 年《郵政法》修正案通過，仍未完全結束。

　　特別需要注意的是，在不同歷史時期、面對相似的局面，立法選取的似乎是兩條反向的道路：在國家郵政誕生初期，清末和民國時期的郵政立法，都立足於限制和清除來自外來資本、民營資本的競爭，推行郵政由國家壟斷經營，並建立和發展一系列相關制度，當時的社會公眾對如此立法所持的態度，基本上是接受甚至贊許的；而 2009 年的《郵政法》，最終卻將「鼓勵競爭、促進發展」作為重要的立法原則，在郵政市場引入和鼓勵來自外資和民營企業的競爭。當國家郵政試圖通過立法維護郵政專營制度的時候，卻遭到了各利益階層、包括相當大部分普通民眾的強烈反對。兩相對比，其間巨大的變化和深層次的原因，正是本書要探討的核心之一。

0.4 選題意義

一、法律不能脫離社會現實而自存。百年來的《郵政法》立法過程，可以清晰地根據中國社會若干個重大的社會轉型期而進行分段。面對看似相同相似的問題，在不同的歷史時期和社會階段，立法作出了不同的回應，而取得的效果又是不同的。立法與社會的變遷究竟有什麼樣的關聯，應該如何釐清法律與經濟社會之間互動的規律？搞清楚這個問題，對於立法者把握好「法」這一國之重器，使文本上的法律適應社會發展需要，眞正成爲現實中的法律（或者說所謂「良法」）會有所幫助。

二、社會轉型期間，傳統的經濟、政治和社會模式必然因爲革命或者革新發生變化。當下的中國，又進入了一個重大的轉型時期。面對利益多元化而折射到立法鏡面上的利益紛爭，如何正確對待，如何統籌協調，如何精審重輕，值得立法者深思，也值得學術界在理論的層面提出問題、研究問題。當然，這是一個宏大的命題，遠非一篇論文所能透析解決。本文意圖以實證性的研究，以郵政法爲對象，在可以接觸的層面，剖一體而示人，以爲現今中國法制現代化以及大規模的立法實踐提供一些參考。

三、由於工作的原因，本人曾經參與 2009 年《郵政法》修訂工作。希望通過本書，對《郵政法》修訂過程做一個回顧，也爲後續研究提供一點可資參考的素材。

0.5 文獻綜述

客觀地說，對郵政法的研究，目前並不多見，直接相關的資料以及公開發表的論著都比較少。如果要進行細分，可以按如下類別：

0.5.1 中文著作

一、郵政史類著作

法律是社會的鏡子。要研究清末、民初和建國後《郵政法》的立法問題，就必須對當時的社會狀況和郵政發展有基本的瞭解。搜集此類資料的目的，是掌握不同歷史時期的社會情況，並進行可行的比較，爲研究郵政立法對特定社會現實的反映提供有力佐證。

《交通史郵政編》（由民國時期的「交通部、鐵道部交通史編纂委員會」

編輯，1930 年出版）。此編爲當時交通史 6 編（包括：郵政、航空、航政、路政、電政、總務各編）之一。所收資料年限起自清光緒二年（1876 年）試辦郵政時起，至 1927 年南京國民政府成立前。內容包括：總務、業務、郵政儲金、財政、涉外事項等 5 章。此書爲中國郵政早期發展最爲確切的信史之一，資料詳盡豐富，主線鮮明，相當部分是未經刪改的原始資料，既涉及國家郵政、民信局、客郵的基本情況和數據，也收錄了晚清政府、北洋政府在操作郵政立法時的重要文件和一些原始文本，並且還披露了當時國際外交斡旋和鬥爭的情況。卷首有關賡麟著《交通史郵政編敍略》一文。

《中國郵政》（張樑任著，上海書店 1935 年版），分「郵政行政」、「郵政業務」、「郵政經濟」三卷，對民國時期中國郵政的淵源、組織、制度、運行等諸種情況考究甚細，資料翔實。經濟是法律的基礎，作者專以一卷介紹郵政經濟，對掌握三十年代南京國民政府制訂《郵政法》時的經濟基礎，分析當時社會爲何接受「郵政國家化」有所幫助。

《中國郵電航空史》（謝彬著，上海書局 1926 年版）。該書梳理了中國近代郵政的沿革，特別是對當時民信局的組織、網絡、營業、業務等作了詳盡的介紹。

《中國郵驛發達史》（樓祖貽著，中華書局 1940 年版），是上世紀三四十年代一部具有重大影響的郵政史學著作，是研究中國古代交通郵驛和相關政治、經濟、文化情況的資料集合。原名「中國郵驛交通發達史料」。其內容注重搜集、引述古籍資料。分爲 3 編。「前編」簡敍周代以前的驛運；「正編」分爲 5 章，歷述西周初期至清末各朝驛政發展；「副編」取名「中國郵政志」，分省列舉歷代各地設驛史實，包括驛名、位置、沿革等。附錄：1.郵政法；2.郵政總局組織法；3.郵政儲金匯業局組織法；4.各區郵政管理局組織通則；5.郵政代辦所規則。借由該書，可以比較準確地瞭解縱貫中國千年歷史的郵驛制度在封建社會末期發生的動搖，以及在西方工業文明進入中國後，社會對通信社會化組織的認識以及由此催生的公共服務需求。這也正是近代郵政和郵政法產生的社會土壤。該書對民信局和客郵情況也有相當述及。

《中國之郵政事業》（趙曾玨編著，商務印書館 1947 年版）。該書也是民國時期郵政情況的集大成者，尤其是對郵政運輸和邊疆郵務的詳細介紹，有利於探究、瞭解當時郵政在國家支持下推行公共服務，迅速取得通信主導地位的根源所在。

《中國古代郵驛史》（劉廣生、趙梅莊著，人民郵電出版社 1997 年 1 月版）。該書分析了郵驛與中國古代政治、經濟、軍事、文化、民族、外交等方面的聯繫及作用，探討了不同歷史時期包括郵驛的組織管理、運行方式、網絡設施、法律制度等一系列問題。其中，中國古代郵驛的法律制度是本書將涉及的內容，而有關封建社會驛傳的弊端問題，對於理解清末從西方引入近代郵政制度並在通信領域推廣公共服務、民眾對近代郵政的迅速接受以及對「郵政國有化」立法的評價都有一定價值。

中國近代郵政是由海關創建的。在相當長的一段時間裏，郵政的制度、人事、管理等各方面都移植於海關，兩者密不可分。因此，研究中國郵政的立法史，必須對當時海關創設郵政的意圖與背景、利用海關資源扶持郵政、推進郵政國有化等活動做一系統研究，才能更好地理解當時郵政與民信局、客郵的競爭狀況，更好地把握清末和民初郵政立法的社會基礎。在這方面能夠找到的資料主要有：《中國海關與郵政》（中國近代經濟史資料叢刊編輯委員會主編，中華書局 1983 年版），該書是 1867～1912 年海關開辦、經營郵政的比較全面的資料彙編，包括當時海關洋員，如赫德、葛顯禮、德璀琳等人討論建立郵政的信件，關於郵政與民信局、客郵競爭情況的報告，郵政初期經營情況的統計等，具有相當高的史料價值；相類似的資料還有《中國海關密檔：赫德、金登幹函電彙編》（陳霞飛主編，中華書局 1995 年版）；《赫德與中國早期現代化——赫德日記（1833～1866）》（【美】理查德·J·司馬富、約翰·K·費正清、凱瑟琳·F·布魯納著，【中】陳絳譯，中國海關出版社，2005 年版）。

《郵傳部奏議類編》（沈雲龍主編，臺北文海出版社有限公司 1967 年版）。清末政制改革後，大清郵政由海關移交郵傳部管理。《郵傳部奏議類編》彙集了當時郵傳部與清廷的各類往來奏摺批覆，是研究晚清政府針對郵政管理思路的難得的一手資料。

《全國各級政協文史資料·郵電史料》（北京市郵政管理局文史中心編，北京燕山出版社，1995 年版），收錄了建國後全國各級政協收集整理的有關郵電歷史的回憶文章。例如霍錫祥撰寫的《帝國主義與中國郵政》、《回憶國民黨時期的郵政》等，由於作者曾任國民政府交通部郵政總局局長，這些文章對當時郵權爭奪、郵政服務質量、郵政人事制度等都有較為深入的介紹和評價。

　　值得一提的是《劉承漢先生訪問紀錄》（訪問／沈雲龍，紀錄／林泉，校閱／郭廷以、沈雲龍，臺北「中央研究院近代史研究所」出版發行，1997 年版）。劉承漢 1924 年考入中華郵政。1928 年，他進入東吳大學的法律學院，專業是比較法學。1932 年起，劉承漢出任中華郵政總局的法律秘書，併兼法規課主任，時間長達十年。所以，起草 1935 年《中華民國郵政法》，與他有著極大關係，「均出於劉氏一人之手」。其後的大量郵政法規，他也做出了很大貢獻。1949 年後，劉承漢歷任臺北「中華郵政總局」的副局長、代總局長，併兼任交通部參事，主持交通各業基本法的起草。因此，劉承漢具有長達四十三年的郵政界經驗。1967 年，臺北「中央研究院近代史研究所」開展口述歷史訪問計劃。其中就有一冊是對劉承漢的訪問紀錄，其內容自 1868 年中國自己的郵政誕生時起，以親歷的見聞，作詳盡的介紹與分析。《劉承漢先生訪問紀錄》是研究郵政史和民國郵政法堪足珍貴的史料。

　　民信局在中國歷史上曾經發揮過重要作用，在郵驛只是為政府和軍事通信服務的年代，大量的民間通信只能依靠民信局。但是，在大清郵政以及後來的中華郵政出現以後，民信局卻迅速地衰落、萎縮，最終潭沒於世人的記憶當中。中國近現代立法對民信局的取締，始於《大清郵政章程》，最後完成於 1935 年《郵政法》，前後歷時四十餘年。當時的立法者為何如此鍥而不捨地對民信局「圍追堵截」；擁有悠久歷史的民信局在上世紀三十年代被取締後，為何對當時的社會生活影響相對不大，有的地方甚至波瀾不驚？「學者彭瀛添 1992 年的專著《民信局發展史——中國的民間通訊事業》以大量翔實的資料介紹了民信局的緣起、發展和消亡。而且作者沒有囿於官方視見，比較客觀地探討了民信局的歷史貢獻問題，對晚清、民國政府取締民信局的活動以及相關立法引起的社會利益階層的不同反應，都做了細緻的研究。

　　《中華郵政發展史》（晏星編著，臺北，商務印書館，1994 年版）也是一部重要的郵政發展史料。除了古代郵政沿革以外，其第二部分「現代郵政」介紹了自晚清時期隨著門戶開放而引進的「國營民享」新式郵政百年來的發展歷程。

　　此外，與近現代郵驛和郵政發展史有關的著作，還有《中國交通史》（白壽彝著，上海書店 1984 年版）、《中國的郵驛與郵政》（鄭游主編，人民出版社，1988 版）、《中國近代郵電史》（原郵電部郵電史編輯室，人民郵電出版社，1984 版）等。

　　近代《郵政法》的立法目的，在很大意義上，是以國內法爲手段，排除帝國主義勢力對中國郵政主權的侵犯，冀以支持廢除不平等條約和涉外特權的外交鬥爭。因此，其立法背景不可避免地需要切合到清末民國時期中國的外交環境。爲此，以下資料有一定的輔助佐證作用：《中華帝國對外關係史》（【美】馬士著，張匯文等譯，商務印書館 1963 年版）、《經濟侵略下之中國》（漆樹芬著，光華書局 1925 年版）、《中華民國外交史》（石源華著，上海人民出版社 1994 年版）、《中華民國外交史資料選編（上下冊）》（程道德、張敏孚、饒戈平等編，北京大學出版社 1988 年版）、《中國廢除不平等條約的歷程》（王建朗著，江西人民出版社 2000 年 4 月版）。

　　《國際化與本土化──中國近代法律體系的形成》（曹全來著，北京大學出版社 2005 年版）著重探討了在特定歷史背景下，中國近代法律體系的形成因素。作者指出：近代中國的民族危機與中國法律近代化聯繫極爲密切。事實上，清末十年的法律改革，正是從修改不平等條約、廢除治外法權開始的。而近代中國的民族主義思想，對法律領域產生了根本性影響，使這一階段中國法律的發展深深地打上了民族主義的烙印，由此，也使得中國的法律近代化運動顯著地表現出所謂法律民族主義的特徵。上述觀點，如果與本書所要研究的清末、民國時期郵政法的立法背景和立法者的意圖結合起來，會發現有著相當的切合。

　　建國後的郵政史料主要有：《當代中國的郵電事業》（楊泰芳主編，當代中國叢書編輯部編輯，當代中國出版社，1993 年版），對 1949 年直到上世紀九十年代初的郵政管理體制、郵政運營和發展情況作了比較全面的介紹，可以視爲一部建國後的郵政發展史，有助於瞭解建國後郵政政企合一體制的成因和沿革。《中國運輸郵電事業的發展（1949～1987 年運輸郵電統計資料彙編）》（國家統計局工業交通司編，中國統計出版社，1989 年版）以比較系統的指標數據，全面反映了建國以後交通運輸郵電的基本情況。而建國到 80 年代中期，正是郵政計劃經濟體制從形成到完善的一個完整階段。計劃經濟體制正是制訂《郵政法》（1986 年）的經濟基礎。《新世紀中國郵政管理指導全書》（全二冊）（李九團主編，北京郵電大學出版社，2000 年版），該書重點在郵電分營後郵政體制的變化和郵政經營方向的轉移。值得注意的是，就是在這一時期，由於郵政經營的困難，政企合一的郵政部門陡然加大了對郵政專營制度的重視，建立和強化了「郵政執法隊伍」。這也是 1986 年《郵政法》

施行後，郵政部門執法力度最大，與民營企業、外資企業矛盾最爲激烈、突出，修改《郵政法》呼聲最爲強烈的一個時期。

二、《郵政法》相關書籍

　　如前所述，由於《郵政法》「範圍極狹」，對其進行研究者並不多。上世紀三十年代，民國《郵政法》主要起草人劉承漢曾發函請求當時的各國郵政管理部門配合進行調查，結果發現：關於郵政法的著作，各國算來只有一本（Mark Taylor, The Law of Postal Frauds & Crimes, Vermon Law Book, Kansas City, mo），而且該書主要是對郵政領域刑事犯罪有關內容的討論。即使今日，關於《郵政法》的專門性著作也非常少。僅有的一些，也多不是從法學角度進行研究，更偏重於行業性的普法和法制教育。這種情況，誠然可以說是「一張白紙好作畫」，但從資料搜集和觀點借鑒角度來看，也帶來了相當的困擾。目前，我能搜集到的專門性郵政法中文著作如下：

　　《郵政法總論》（劉承漢著，商務印書館 1940 年第三版）。該書完稿於 1939 年，就目前所能見到的資料來看，應該是中國最早的郵政法專著。其內分 2 編，第一編「泛論」，主要是研究郵政法的性質、範圍、淵源、沿革，並且著重探討了郵政法與郵政管理的關係等問題；第二編「本論」，對郵政法的具體內容（郵政獨佔、郵費、郵件保護、郵件寄遞、郵件運輸、郵件補償等），分章論述。作爲 1935 年民國《郵政法》的起草者，劉承漢深入探討了「郵政何爲而由國家獨佔？」他認爲，核心原因是「基於國家之主權，亦即統治權」。郵政權是國家主權的一部分。主權具有特定性、絕對性的特徵，所以郵政的獨佔性，也是特定和獨佔的。郵政權的權力主體是國家，所以私人不得經營郵政事業，即使地方政府也不得經營郵政。同時，由於主權是無限制的，所以國家在領土範圍以內，有辦理郵政的自由指揮之權，不爲他國所拘束。由於主權還是不可分的，因此一國之內不容許他國郵政之存在，也不容許私人郵政之存在。上述觀點，看來正是當時《郵政法》有關條款立法的法理根源。

　　《郵政法原理》（劉承漢著，三民書店 1985 年版）。這是劉承漢輾轉到臺灣後，於 1977 年在所著《郵政法總論》、《郵政法釋義》兩書基礎上，從理論角度對郵政法立法原理所作的探討。此時兩岸隔絕已近 30 年，但 1935 年《郵政法》仍在臺灣地區施行，而且「自起草以來，歷四十餘年，其中雖屢經修正，但條文增改無幾，其立法原理，迄無變更」。所以，該書對研究 1935 年時的立法意圖等具有一定意義。關於「郵政國營」，作者考察後認爲，這一制

度緣起於歐洲郵政國營，是適應國家對定期通信的需要和強化中央（聯邦）權力而產生的。從主權而生的郵政專營制度，「可分為對內對外兩種，對內以業務為範圍，對外以領域為範圍」。相對於擁有主權（郵權）的國家，其他國家、國際組織以及本國國民都負有「不作為之義務」

　　相對而言，我國大陸對郵政法的研究有兩個特點：一是基於特殊原因，直到上世紀 80 年代後期，才出現郵政法的相關書籍論文，迄今仍然為數不多；二是此類書籍資料的編寫目的多為普法教育，更類似教材或普及讀本，故多集中於對法條的釋疑，對立法背景、主要制度的成因等一帶而過、著墨不多。比較有代表性的有：

　　《郵政法釋疑》（周臣孚、鹿蔭棠編，人民郵電出版社 1990 年版），此書開卷部分是《郵政法》（1986 年）簡介及其綜合圖表。正文第一部分是郵政法條文釋義。它對郵政法的條文逐條從理論和實踐兩方面予以探討和研究，幫助讀者瞭解立法的理論根據及原意。第二部分是郵政法答疑，主要針對當時郵政法頒佈、施行三年來的疑難問題。

　　《郵政法概論》（周臣孚編著，人民郵電出版社出版，1992 年版），此書是郵電中等專業學校用書。共分十章。基本上是根據《郵政法》（1986 年）的基本結構，著重介紹其特色、作用、性質，對郵政的法律保障，以及調整郵政企業與用戶，郵政企業與社會各有關組織之間法律關係等內容。

　　《郵政法簡論》（呂世珩編著，人民郵電出版社 1993 年版）。此書是作為郵電高等學校專科教材編寫的，基本上是郵政法及其實施細則的主要規定的講述。類似的有《郵政法律實務》（李莉著，北京郵電大學出版社 2010 年版），此書也是立足於高職高專教育，主要介紹新修訂《郵政法》的基本知識。

　　2009 年《郵政法》修訂以後，相關部委組織編寫了兩套資料，具有一定參考價值。《中華人民共和國郵政法學習讀本》（國家郵政局政策法規司編寫，法律出版社 2010 年版）。此書系統闡述了立法宗旨、立法過程和相關法律制度：郵政普遍服務法律制度、郵政設施管理法律制度、郵政資費管理法律制度、郵政安全法律制度、快遞管理法律制度、郵政監督法律制度以及損失賠償法律制度。《中華人民共和國郵政法釋義》（馬軍勝主編，法律出版社 2010 年版），此書由國務院法製辦工交商事司會同國家郵政局政策法規司組織編寫。全書逐條解釋修訂後的《郵政法》的含義，闡釋立法目的和實質，具有較高的權威性。立法過程中形成的部分法律文件也收作附錄。

　　此外，我還收集了原郵電部編輯的《郵電法規彙編》（全 12 冊），該書彙編了起訖建國初期郵電部成立，直到九十年代後期國務院體制改革後五十年間的郵電法規。其中一些文件，如建國後第一次全國郵政會議決議，是確立新中國建立後（又一個新的社會轉型期）郵政發展方向和郵政法規制訂原則的重要文獻，對本書也有很大幫助。

0.5.2 外文資料

　　與中國幾乎同時，從上世紀七八十年代開始，世界各國相繼掀起了一場郵政改革的浪潮。這一浪潮一直到今天，仍然沒有減退的迹象。市場化、私有化、民營化、股份化等新名詞進入郵政領域。「郵政政企分開」、「限制或取消郵政壟斷」、「在信息革命的條件下增強郵政活力」等等重大改革思路，給同時期的郵政立法提供了豐富的內容。在此意義上，郵政立法發揮了確認改革、保護改革和引導改革的作用。歐盟先後頒佈了 1997、2002、2007 三個郵政指令，旨在進一步引入競爭，限制郵政壟斷，並建立歐洲內部統一的郵政市場；美國 1972 年和 2006 年兩次修改郵政法，郵政部被改組爲美國郵政總局，成爲實行企業化管理的政府獨立執行機構，郵政專營的範圍也發生相當大的變化，美國郵政總局市場化管理的方向基本確立；小泉內閣強力推行的郵政改革和與之相應的 2005 年日本《郵政法》修改，在日本政壇不啻於掀起了一場大地震……在此背景下，國外郵政法的研究獲得了豐富的素材。

　　James I. Campbell JR 是美國著名的郵政法學者，他從上世紀七十年代中期就開始長期關注美歐郵政立法以及郵政改革、郵政歷史，系統地研究了郵政壟斷制度和市場競爭的相關問題，曾主持多個美國郵政監管委員會、美國郵政總局、商務部、國務院等政府機構的郵政領域研究項目，並接受歐盟委員會委託，多次擔綱歐盟郵政指令施行情況雙年度報告的編制，也曾是 DHL、FedeEx、TNT 等跨國快遞公司研究團隊的骨幹。他的研究成果，對我有很多的啓發。在論文「Couriers and the European Postal Monopolies: policy challenges of a newly emerging industry」中，Campbell 以上世紀九十年代爲背景，介紹了歐盟國家的快遞企業爲改革歐盟郵政法所做的努力。正是由此爲路徑，作爲國家郵政最大競爭對手的私營快遞企業，極大地影響了統一的歐盟郵政市場政策，並最終促成了歐盟連續制定了 3 個以縮減傳統的郵政專營範圍、鼓勵私有經濟進入郵政領域的歐盟郵政指令。在論文「An Introduction to the History of the Postal Monopoly Law (1995)」中，Campbell 總結了美國郵政壟斷（專營）法律的沿革，對與此相關的幾個立法重要概念（如信件、小包等）作了解釋，他指出：郵政壟斷法律是美國郵政取得巨大商業成功的重要因素，但並不是唯一因素。論文「U.S Postal Inspectors and the Private Expresses (2000)」，從另一個角度研究了美國郵政的行政執法力量（主要是美國郵政監察局，全國有5000 餘名郵政監察官和1000 餘名郵政警察，擁有與聯邦調查局完全相同的執法權力，主要負責郵政領域的執法事務）與競爭者（私營速遞公司）的關係問題——即：郵政監察官是否利用職權來限制競爭，幫助美國郵政獲取法律以外的壟斷利益（有趣的是，類似問題，在中國《郵政法》修訂時，也曾經成爲爭議的焦點）。論文「Beyond the Monopoly: Other Legal Restraints On Entry into U.S. Postal Markets (2004)」，重點研究了美國郵政市場的限制新進入者立法問題。Campbell 指出：美國限制競爭者進入郵政市場的法律制度，除了傳統意義上的郵政專營法律制度以外，還包括聯邦法規、行政規章、國際條約、司法判例、州或地方立法，以及合同性條款。所有這些，構成了一整套相當複雜的立法體系。論文「Modern Postal Reform Laws: A Comparative Survey」，以比較法的方法，對 1994 年～2000 年期間澳大利亞、德國、荷蘭、新西蘭、瑞士和英國等工業化國家的郵政改革法案進行了研究，試圖揭示這些立法共同的方向——市場化改革。

　　歐盟建立後，歐盟國家的郵政改革進入一個新階段，重要特徵之一是以歐盟立法的形式來予以推進。1997 年、2002 年和 2007 年，歐盟先後頒佈了三部郵政指令。據此，歐盟實行了統一的內部郵政市場政策，並將郵政專營範圍按年度大幅度縮減，直至 2011 年取消。在郵政指令出臺前，歐盟委員會組織對立法主要制度、當時的郵政市場情況、改革可能引起的變化和衝突等進行了系統的研究。比如 1998 年，對「郵政領域自由化」的系列研究，內容包括「郵政保留範圍重量和價格限制的研究」、「跨境郵件研究」、「直郵研究」、「清關和運輸的研究」等等。這些成果對郵政指令的制訂起到了一定的參考作用，有的直接吸收進了草案，屬於比較重要的立法資料。另外，按照 2002 年郵政指令的規定，歐盟委員會應每兩年向歐洲議會和歐洲理事會報告郵政指令的施行情況，內容包括市場發展和服務質量等多方面的信息。從 2002 年開始，這類報告已經提出了 4 份（2002 年、2005、2006 年、2008 年）。我由歐盟委員會內部市場總司網頁獲得上述資料。

在歐美對郵政市場開放的研究中，論文集 The last monopoly: privatizing the postal service for the information age (edited by Edward L. Hudgins, papers presented at the Cato Institute conference, held June 14, 1995, in Washington, D.C) 很有特色。編者圍繞著是否應該開放郵政市場、打破郵政壟斷問題，彙集了來自不同方面、立場各異甚至相互衝突的觀點和聲音。如，當時的美國郵政總局局長 Marvin T. Runyon 承認郵政的確存在很多問題，但他認為提升郵政效率更應著眼於放鬆對郵政的政府管制，使它得到公平的競爭環境，依靠標準化提升服務效率。而經濟學家 Peter J.Ferrara 則主張開放競爭性市場，依靠競爭降低資費，解決提高郵政效率問題。類似這樣的觀點爭鋒在該論文集中還有很多，這從另一個側面反映了美國——作為最發達的市場經濟國家——一直以來在郵政市場開放問題存在巨大爭議的真實情況。我們也可以由此管窺 2006 年美國郵政責任與加強法案的立法背景的一個側面。正是在這部法律修正案中，美國引入了歐盟郵政指令提出的「重量+資費」標準，進一步縮小了郵政專營範圍。

在管制經濟學方面，對郵政專營和市場開放也有一些研究，如論文集 Competition and Regulation in the Postal and Delivery Sector，經濟學學者圍繞著郵政普遍服務、需求、市場准入價格、管制、郵政改革等展開討論。其中一些觀點可予借鑒。

0.6　研究方法

在本書中擬運用的研究方法主要有：

一、文獻考察的方法。由於研究對象是四個時期（清末、民國、建國直至改革開放後的計劃經濟時期、九十年代以後的市場經濟階段）的五部郵政法律（《大清郵政章程》、《中華民國郵政條例》、《中華民國郵政法》、《中華人民共和國郵政法》（1986 年）、《中華人民共和國郵政法》（2009 年）），時間縱跨百年，而這段時間可謂中華民族歷史上最波瀾壯闊、跌宕起伏的一個階段，社會發生著急劇的變化和轉型。因此，要透析當時的立法，必須而且也只能融入其時特定的社會環境，通過掌握並梳理大量的歷史文獻，這樣才能釐清類似法律事件在不同社會狀態下發生特定立法回應的原因，避免形而上學的簡單判斷。當然，由於時間久遠、政權更易、機構變革等非常複雜的原因，搜集歷史文獻的工作殊為不易，這也是我前一階段工作的重點。但我想盡力

做到「一分材料一分話」。要做好這篇論文，眞實、全面、客觀的歷史資料是必需的前提，值得使用更大的力氣。

二、調查的方法。在實證研究中，調查是瞭解研究對象現狀的一種基本的研究方法。郵政（快遞）既是社會基礎產業，與生產生活緊密相關，又是現代社會轉型中因應國際化、信息化等發展趨勢而備受關注的、重要的「新型業態」。要研究郵政法，我打算在國家郵政局等相關部門行業統計資料的基礎上，注重對郵政企業、快遞企業、用戶和相關產業、部門的調查和走訪，瞭解郵政法的立法與施行對相對方產生的各種主客觀影響。

三、比較的方法。這也將是本書大量應用的方法。具體來說，在三個不同層次進行比較：一是時間的層次。以時間爲序列，對清末、民國、建國、改革開放等若干歷史節點的郵政立法，進行「提取公因式」的比較；二是空間的層次，以不同國家（地區）爲序列，尤其對進入九十年代以後，美國、歐盟、日本等國家和地區關於郵政體制改革、郵政市場開放的立法作規範式的比較。三是功能的層次。即以問題爲中心，比較不同立法的社會功能或社會效果。

0.7 論文擬完成的知識創新

一、對郵政立法史的專門研究，國內幾乎是空白。儘管此前也有一些關於中國郵政發展史的論述論著，偶而涉及立法，但多從史學角度進行一般性介紹。本文擬對此空白領域作嘗試性探究。

二、從研究方法來看，本文一大特色就是將不同歷史時期、不同國家地域的郵政法以及與此密切相關的「國家與市場的位置變化」作「提取公因式」的大跨度對比，切入一個新的視角，在比較中探究立法應注重的社會環境問題。

三、2009 年郵政法的修訂可謂近年來我國經濟領域立法及相應改革進程的一面鏡子。儘管有波折、有不足、有爭議，但最終出臺的郵政法修改稿的核心思想是「鼓勵競爭、促進發展」。可見，市場化進程是中國法制現代化必經的潮流，恢弘深遠，已經勢不可阻。本文的寫作將直接借鑒掌握的一些修法材料，對修法中的矛盾衝突和制度認識的變化做可行的研究，希冀可以爲後來的立法者提供借鑒。

第 1 章　大清郵政條例

1.1 近代中國社會和法制的變局

1.1.1 二千年傳統社會的變化

　　要開始本文主要的研究，有必要先對十九世紀末二十世紀初的中國做一個簡要的分析。

　　中國的封建制度和相應的社會形態延續了二千餘年，在清朝中前期進入最後一段黃金歲月。然而，就在中國人沉醉於「康乾盛世」的無比榮光時，外面的西方世界卻悄然發生著前所未有的巨變。15 世紀末，遙遠歐洲的航海家們開始嘗試征服海洋。這場進入未知領域的遠洋探險很快轉變為對外擴張，刺激著文藝復興後歐洲內部資本主義的加速成長，更把原先互不相關的世界各部分逐漸聯接在一起，使得過去若干個世紀以來一直是獨立發展、演進的一個個「國家」或「準國家」，無論自願抑或非自願，陸陸續續地被納入以歐洲體制為核心的世界體系之中，從此再也無法孤立於以西方文明為主的世界之外而單獨存在。

　　進入 18 世紀後期，英國的工業革命、美國的獨立戰爭以及法國的大革命，進一步深刻地改變了人類文明的進程，也使資本主義制度體系進一步適應蓬勃發展的生產力得以鞏固和完善，產生了「近代化」的概念。這股洶湧的「近代化」浪潮，不可阻擋地逼近了中國。

　　和許多東方國家一樣，老大遲鈍的中國向近代化的緩慢接近，並沒有通過自發過程、進入一個自我為主的有體系的通道。相反，中國是在爭奪利益

和霸權的西方殖民主義勢力擴張的壓力下，在證明依靠自身二千年的制度積累已經無力抗拒的背景下，在國家和民族生死存亡的緊要關頭，「被迫地」接受這場西方式的現代化。〔註1〕

戰爭的失敗、經濟的困頓、社會的廣泛危機、文化的退讓窘迫，讓一部分知識分子和上層官員深感大清帝國「厝火積薪，可危實甚」〔註2〕。危機意識朦朦朧朧地進入到中國某些先進人物的視野之中。他們逐漸開始意識到，西方人肆無忌憚地進入東方，使中國「面臨三千年來未有之大變局」，憑藉的不僅僅是所謂「船堅炮利」。在西方強勢強權的背後，更加可怕、更加強大的是一個與中國三皇五帝時期傳承下來的典章制度和文化體系完全不同的「異種體制」，這正是西方擴張的支撐。這種體制的威力之強、能量之大、傳播之廣、發展之快，在短短的時間裏就迅速威脅到了中國的國本。〔註3〕

這個階段的中國，風雲變幻、劇烈震盪。這一時期，也成爲中國社會轉型和制度轉型的重要時期，其影響甚至一直延續到現代。

一方面，對固有制度和思維模式而言，域外制度和文化形成了前所未有的強大壓力和衝擊。不管出於何種心態，大多數中國人不得不承認，和洋玩意兒比起來，過去老祖宗的那一套「如今不抵事兒了」。

另一方面，中國社會內部又呈現出一種充滿問題與緊張狀態的局面。過去兩千年的制度和意識雖然在西方的攻勢下潰不成軍，但在相當一段時間內依然會牢固佔據相當一部分中國人的思想陣地。進行社會轉型一定是艱難而困苦的。在紛紜複雜的觀念激蕩和利益碰撞中，中國人的集體意識始終沒有形成一個公認的、統一的社會改造模式。不同的人力圖用不同的方法解決，客觀上又提升了中國社會演變和衝突的內在動力。

基於這樣的歷史特殊性，中國社會進入一場特定的時間和空間條件下的近代化運動。在這一變革進程中，內部因素與外來因素相互影響，交織性地、

〔註1〕 參見中央電視臺：《復興之路》紀錄片解說詞。

〔註2〕 《曾文正公全集・奏稿》卷十四，上海新文化書社刊行，第181頁。

〔註3〕 清末名臣李鴻章的一段分析頗爲精到，也是當時面對內憂外患的困局，朝野中相對清醒者思考的一種眞實反映。他指出：「歷來備邊，多在西北，其強弱之勢，客主之形，皆適相埒，且猶有中外界限。今則東南海疆萬餘里，各國通商傳教，來往自如，麇集京師及各省腹地，陽託和好之名，陰懷吞噬之計。一遇生事，諸國構煽，實爲數千年來未有之變局。輪船電報之速，瞬息萬里，軍器機事之精，功力百倍，炮彈所到，無堅不摧，水陸關隘，不足限制，又爲數千年來未有之強敵。」

綜合性地發生作用。這種特殊性，使得後人在研究中國社會的變化，不得不因時易境地觀察當時社會特定的政治、經濟、文化、心理等綜合性條件；在研究作爲社會制度重要內容之一的法律制度的演進時，也不得不著眼於處於變化狀態中的經濟的、政治的、文化的和社會的條件，判斷中國法律變革的運動能力和發展方向。從另一個角度來看，這也爲研究中國社會變化、研究中國法律制度變化，提供了最好的標尺和規範。法律是社會的影子。中國社會走向何方，直接決定了中國法律變革的外貌與實質。與此同時，法律制度的轉軌，又在努力建立起一種新的法律秩序，爲基於新的經濟政治條件下的社會生活，確立一種新的法律正義標準和制度運作機制，提供有效的制度支持。

1.1.2 中國法制的近代化

從自然經濟向商品經濟的歷史性飛躍，直接決定了近現代中國社會法律文化的變遷。這種變遷的結果，建構起新型法律文化系統必需的社會經濟基礎，使中國法制具備了實現現代化的可能。

在商品經濟的大流中，中國傳統的法律制度已經明顯不能適應新的經濟形式和組織的需要。

一方面，中國傳統法律制度賴以存在的經濟基礎被逐步瓦解、摧毀。過去，中華法系建構於自然經濟基礎之上，並由此衍生出複雜的君臣倫理、宗族宗法和專制政體。在近代中國商品經濟發展的猛烈衝擊下，中華法系自身已經陷入重重危機之中。隨著中國舊有小農經濟的隔絕與封閉被陸續打破，一個開放式的社會化大生產的雛形漸漸形成。社會的發展不但要求逐步建立具有社會化大生產特徵的完整的社會結構或管理組織，也逐步形成了商品經濟與自然經濟、社會化大生產與小農封閉生產之間的價值對立。「變化」在不知不覺中發生，社會內部已經逐漸生成了法制變革的因素和基礎，爲完全實現法制近代化孕育著條件。商品經濟的運行和「思變」的社會心理，決定了法律制度不能長期滯後，而必須以一個新面目出現。儘管從某種形式上看，其初期更接近於對西方的模仿和克隆。

另一方面，中國和西方的兩種制度、兩種文化在 19 世紀末、20 世紀初面對面地開始了碰撞與衝擊。這種衝突的結果是顯而易見的，沒有人能否認西方佔了上風，一舉打破了傳統中國法律體系閉關自守的封閉狀態，迫使一整套延續千年的古老秩序不得不承認遭遇了空前的挑戰和危機。西方的衝擊，

具有兩方面的效果：首先，是正面的、積極的影響。正如吉爾伯特·羅茲曼指出的：「對於一個本來就猶豫彷徨，在重要的變革面前舉棋不定的王朝來說，無疑會產生破壞性的政治後果，不過，從另一個方面來講，它又有助於使中國人接觸到比自己更現代化的社會，從而提供了一個爲現代化而奮鬥的長期動力。」〔註4〕其次，也必須看到，西方列強對中國主權的全方位的侵犯，以及隨之而來的對中國的資本擴張，是近代中國百年苦難的淵源之一。西方衝擊對中國獨立自主發展路程產生惡性的破壞和阻斷。正是爲此，近代中國社會變革的一個基本目標就是「爭取國家主權和民族獨立」，「讓中國人站起來」。但是，由於自身軍事、政治、經濟實力的弱小，在某種無奈情境之下，以法律爲手段，謀求爭回部分國權，成爲當時的中國可以選擇的不多的「爭取國權」的途徑之一。

1.1.3「自強」和「獨立」是近代中國立法的重要價值傾向

從清末到民國初，中國的一些新式立法，在因應時代的需要，自覺不自覺地消除中華傳統法的影響，向西方法制體系靠攏的同時，也把注意力集中到兩個核心問題上：

一是關於國家富強問題。

經過了兩次鴉片戰爭的失敗，清政府內部一部分與西方接觸較多、思想較爲開放的官員，逐漸開始對內外交困的中國國情和世界形勢有了比較清醒的認識。清末名臣李鴻章以「數千年未有之變局」和「數千年未有之強敵」，形象地對當時中外形勢的特點做出了概括〔註5〕。被迫開放國門後，中國看到的是一個生機盎然、衝突競爭、陌生驚愕的全新世界。這個世界「輪船電報之速，瞬息萬變，軍器機事之精，功力百倍」〔註6〕。中國傳統制度和技術，已經落後世界，這就使得社會上下有了越來越強烈的「變法」呼聲。越來越多的中國人認識到，戰爭失敗的根本原因，是中國固步自封、積貧積弱。固守陳腐的「祖宗之法」沒有出路，唯一的辦法是向西方學習，引進先進的生

〔註4〕 〔美〕吉爾伯特·羅茲曼主編：《中國的現代化》，上海，上海人民出版社，1989年，第269頁。

〔註5〕 李鴻章：《李文忠公全集·奏稿》卷二四，臺北文海出版社，1974年，第1頁。

〔註6〕 李鴻章：《李文忠公全集·奏稿》卷二四，臺北文海出版社，1974年，第9頁。

產方式和物質文明。在這樣的意識下，形成了以拯救清王朝封建統治、禦侮自強爲目的，以引進西方先進的生產技術爲主要內容，以「中學爲體，西學爲用」爲宗旨的向西方學習的潮流。

二是關於抗拒外國侵略的問題。

帝國主義的入侵，將一個昏睡的老大巨人驚醒。中國的近代化，就是在這種「人爲刀俎，我爲魚肉」、「兵臨城下」的困頓危局之下被逼而起的自強運動。引入西方先進的生產關係和社會制度，對中國的近代化有一定貢獻。但是，由於強力之下帝國主義勢力的存在，威脅到了中國的獨立、安全、統一與自尊，成爲一個阻礙中國近代化發展的基本障礙，不利於中國近代民族資本的建設和強大。〔註7〕

法制的演變是社會現實的眞實寫照。事實是，重新審讀歷史的長卷，我們可以看到，近現代中國法制發展的每一步，都受到西方法律文化的衝擊，但同時又帶著反抗西方衝擊、變法以圖強的印跡。無論著名的戊戌變法、清末法制改革，抑或辛亥時期南京臨時政府的法律，1927 年以後南京國民政府的「六法全書」體系，無人會否認西方法制文化對其的影響，但也必須看到在這些艱難的足跡中，卻始終充溢著一個主旋律，那就是「排斥西方干擾，爭取民族獨立，重掌法制主權」。這也是近現代中國法制變革的一個基本目標。這就使得中國的法制轉型過程帶有鮮明的民族主義特色。〔註8〕

例如，在洋務運動發展期間，洋務運動家們鑒於其時國內民族資本主義經濟的微弱、外國的經濟實力和經濟侵略的日趨擴大，已經開始注意運用立法來保障洋務運動的運行，通過制訂經濟法規，建立較爲穩定的經濟秩序，保護民族經濟。如當時的湖廣總督張之洞就力主制訂礦律和路律，使「國家應享權利有著，地方彈壓保護有資，華洋商人一律均霑。」他還主張：礦務章程事關國家主權與利益，必須由中國自行修訂，不能讓外國染指。經他親自修訂的礦務章程明確規定：礦產爲國家所有，「開採之權，屬於國家，無論官辦、民辦或華、洋商人合辦，均以奉官局批准爲度。」

王爾敏在《中國近代思想史論》中對這種現象有精闢的分析。他認爲，

〔註7〕　參見曹全來，《國際化與本土化──中國近代法律體系的形成》，北京，北京大學出版社，2005 年，第 17～19 頁。

〔註8〕　參見公丕祥：《中國的法制現代化》，北京，中國政法大學出版社，2004 年，第 35 頁。

中國近代思想，無論有什麼樣的表現形式，最後萬途同歸，其原始基礎實在是以追求富強爲思想的中心主流。而「西方文明之刺激，列強侵逼之壓力」對這種富強觀念的產生有著直接的影響，「又爲此中啓念之動因」。正是因爲近代中國患貧而憂弱，所以思想理念的醞釀，政治社會的創制，喚醒民眾的言論，奔走呼號的運動，無不是「爲此最基本之富強目標」。謀求富強是百餘年來中國思想發展嬗變的原始動力，並支配著「此時代所有觀念潛流之核心」〔註9〕。

基於此，「自強」和「獨立」在近代中國立法的價值追求中也具有了特殊的地位。這種特殊歷史條件下的立法思想，確實反映了當時中國社會和立法者的一種普遍認識，勢必對 19 世紀末到 20 世紀初中國法制近代化過程產生影響，並爲這一時期的立法留下或淺或深的烙印。這一烙印延伸到本文將要研究的主要對象之一——《大清郵政章程》，甚至延及到此後的民國郵政立法。

1.2 郵政產生的歷史原因

1.2.1 洋務運動

19 世紀 60 年代到 90 年代，晚清政府開展了一場聲勢浩大、影響深遠的洋務運動。其核心是編練西方式的先進國防軍隊，創辦、發展軍事工業、民用工業和現代交通事業，培養西學新型人才，實現富強的目標。〔註 10〕這可算是中國早期的近代化運動。〔註 11〕

〔註 9〕 王爾敏：《中國近代思想史論》，北京，社會科學文獻出版社，2003 年，第 170 頁。

〔註10〕 歷時 35 年的洋務運動的歷史，大體上可以劃分爲三個階段。第一階段從 19 世紀 60 年代初到 70 年代初，約 10 年，以創辦軍事工業的「求強」活動爲中心，是洋務運動的興起階段。第二階段從 70 年代初到 80 年代中期，約 15 年，除繼續創辦軍事工業外，更大力興辦民用企業，重心轉爲「求富」，是洋務運動的發展階段；第三階段從 80 年代中期到 90 年代中期，約 10 年，主要成就爲北洋海軍的建立，是洋務運動的衰微階段，1895 年甲午戰爭中國的失敗，以「公車上書」爲標誌的維新運動發微，儘管洋務派所經營的企業繼續存在，但洋務運動已完成了它的歷史使命。

〔註11〕 夏東元先生認爲，從一定意義上說，不管清政府從事改革的洋務派自覺或不自覺、意識或不意識，他們的言行，反映了歷史潮流和社會發展需要。這場通過學習引進西方先進的科學技術，以發展近代工商業爲中心的近代化性質的改革，符合當時中國社會發展客觀規律，符合作爲客觀規律的反映的變革

　　和當時眾多的自命不凡、滔滔不絕、崇尚清談者不同，洋務派更爲務實開放、敢作敢當，頗有些「空談誤國，實乾興邦」的味道。〔註 12〕儘管早期的洋務運動和洋務企業主要著眼於國防需要，集中在建造「堅船利炮」的軍事工業。但是，隨著資本主義生產方式的發展、舊有階級加速分化、啓蒙思想和舊有文化激烈交戰、半殖民地半封建的社會逐步形成、西方經濟勢力更加深入中國經濟政治等諸多歷史要素的逐漸具備，無論是政府還是民眾，都對西方先進的交通通信產生了強烈的要求；另一方面，近代軍事工業發展到一定程度，也需要有近代通信方式和運輸工具的支持。

　　因此，到洋務運動後期，隨著形勢的變化，洋務派不斷調整「洋務」的重點，已不僅僅把眼光停留在西方國家「船堅炮利」的「長技」上。他們意識到：西方國家軍事的強大，根本原因是有雄厚的經濟實力做後盾。〔註 13〕清廷上諭也提出「通商惠工，爲古今經國之要政。」「亟應變通盡利，加意講求。」〔註 14〕在此影響下，洋務派開始移植西方國家的一些近代化民用設施和公共服務，逐步學習和引進西方先進的交通和通信組織模式。

　　1872 年，輪船招商局成立，這是洋務派創辦的第一個官督商辦形式的民用企業，「冀爲中土開此風氣，漸收利權」。在此帶動下，1878 年開平礦務局、1879 上海機器織佈局、1880 年天津電報總局、1891 年湖北鐵政局、1881 年

思潮的要求。夏東元，「論洋務運動的經濟背景和思想背景——鴉片戰爭後中國社會經濟變化與改革思潮」，上海社會科學院學術季刊，1986 年 3 期。

〔註 12〕正如李鴻章的一段名言：「外患之乘，變幻如此，而我猶欲以成法制之。譬如醫者療疾，不問何症，概投之以古方，誠未見其效也。庚申以後，夷勢鍰鍰內向，薄海冠帶之倫，莫不發奮慷慨，爭言驅除。局外之議，既不悉局中之艱難，及詢以自強何術，禦侮何能，則茫然靡所依據。……但欲逞意氣於孤注之擲，豈非視國家如兒戲耶！」《籌辦夷務始末》同治朝，卷 99。轉引自郤牧倉：《乾坤再造——中國近代的現代化進程》，北京，中國社會出版社，2005 年，第 78 頁。

〔註 13〕正如洋務運動領軍人物李鴻章指出：「惟中國積弱由於患貧，西洋方千里數百里之國，歲入財富動以數萬萬計，無非取資於煤鐵五金之礦，鐵路電信局丁口等稅。酌度時勢，若不早圖變計，擇其至要者逐漸仿行，以貧交富，以弱敵強，未有不終受其敝者。」李鴻章：《李文忠公全集·朋僚函稿》卷一六，臺北文海出版社，1974 年，第 25 頁。

〔註 14〕清廷上諭：「通商惠工，爲古今經國之要政。自積習相沿，視工商爲末務，國計民生，日意貧弱，未使不因乎此。亟應變通盡利，加意講求。」〔清〕朱壽明編：《光緒朝東華錄》（五），中華書局 1958 年版，第 5013 頁。轉引自李青：《洋務派法律思想與實踐的研究》，北京，中國政法大學出版社，2005，168 頁。

平泉銅礦、1891 年中國鐵路公司等一批工礦、交通、運輸、通訊企業陸續建立，共同構成了中國初期資本主義企業的主體，也為近代交通通信的產生奠定了基礎。中國的近代郵政也是在這個階段引入的。

其實，洋務運動發展近代交通通信的目標並不複雜：

一來，滿足社會各階級發展工業、商業、通信業和交通運輸業的迫切需求，滿足沿海特別是通商口岸日益城市化的發展需要，也能解決迫切的洋務發展經費問題。〔註 15〕

二是，由興辦民族資本控制的民用企業，實現「分洋商之利」的目的。也就是所謂「使我內江外海之利不致為洋人占盡」。〔註 16〕不但濬餉源、裕財政，為國家資本和民族資本帶來利益，還可以「分洋商之利」，與洋商進行「商戰」，堵漏塞厄，逐漸收回一部分喪失的利權。

當時的上層官員也開始注意到法律上層建築對「變法」成功與否的作用，初步觸及了以立法來推動變法的問題。如兩江總督劉坤一、湖廣總督張之洞，曾從十一個方面提出如何採用西法的問題，即：「西法綱要，更僕難終，情形固自有異同，行之亦必有次第。」，為此，他們提出先行辦理 11 件要事，即所謂「臣等謹就切要易行者臚舉十一條：一曰廣派遊歷，二曰練外國操，三曰廣軍實，四曰修農政，五曰勸工藝，六曰定礦律路律商律交涉刑律，七曰用銀圓，八曰印花稅，九曰推行郵政，十曰官收洋藥〔註 17〕，十一曰多譯東西各國書。大要皆以變而不失其正為主。」〔註 18〕

而且，無論前期的洋務派還是後起的維新派，對於以立法促進交通通信事業發展，主張基本相同，目標基本一致。1895 年 7 月 19 日，光緒帝下了一道上諭：「自來求治之道，必當因時（制宜），況當國事艱難，尤應上下一心，圖自強而弭禍患。朕宵旰憂勤，懲前毖後，惟以蠲除積疾，力行實政為先。……如修鐵路、鑄鈔幣、造機器、開各礦、折南漕、減兵額、創郵政、練陸軍、

〔註 15〕 正如李鴻章所言：「古今國勢，必先富而後能強，尤必富在民生，而國本乃可益固。」李鴻章：《李文忠公全集·奏稿》卷四三，「試辦織佈局摺」，臺北文海出版社，1974 年版，第 43 頁。

〔註 16〕 李鴻章：《李文忠公全集·奏稿》卷二〇，「試辦招商輪船摺」，臺北文海出版社，1974 年，第 33 頁

〔註 17〕 1860 年，中國政府被迫在《天津條約》中將鴉片改稱「洋藥」，允許鴉片貿易合法化。

〔註 18〕 參見朱壽朋編：《光緒朝東華錄》第 4 冊，總第 4762～4763 頁。轉引自公丕祥：《中國的法制現代化》，北京，中國政法大學出版社，2004 年，第 241 頁。

整海軍、立學堂，大約以籌餉練兵爲急務，以恤商惠工爲本源，此應及時舉辦。」康有爲在《上清帝第二書》和《第三書》中也反覆強調闡述「富民之法」六項，即：鈔法、鐵路、機器輪舟、開礦、鑄銀、郵政。〔註19〕

　　我們注意到，光緒帝、張之洞、劉坤一、康有爲等人的強國變法要點中，都有「開辦郵政」一項，足見對此的重視程度。

1.2.2　西方現代化的影響

　　在西方打開東方市場後，大量的外國人進入中國遊歷或經商。但是，僑民、商人和外交官員們都十分不滿意正處於封閉狀態的中國的通信狀況。大量有機會接觸到外國人或者有著留洋經商求學經歷的中國人，也渴望能引入代表當時西方先進生產力的郵政，並將此看做富國強兵策略的重要一環、現代文明國家的具體標誌。

　　更重要的是，西方的侵入，使傳統中國的國家主權、帝國權威與政治架構遇到了愈發嚴峻的挑戰與衝擊。列強勢力由口岸通商的經濟事務，逐步侵蝕到近代中國的政治生活與政治運作過程之中，影響著晚清朝廷（包括繼起的民國政府）的決策能力與行爲選擇。

　　外來力量的介入，使近代中國國家與政府的協調控制手段被迫做出調整。〔註20〕不管出於何種目的，不管是要挽救巨廈於將傾，抑或標榜步入文明社會，或者兼而有之，政府不得不對社會公共生活的要求予以一定程度的滿足，不能不調整國家經濟政治力量於以前從未涉足的公共服務領域，於是電報、鐵路、郵政等「新政」興起，成爲官辦資本脫離政府、軍事用途以後，首次運用於「爲民謀利」的嚆矢。

1.2.3　社會化大生產的形成

　　清末，由於中國舊有的小農經濟被打破，大量的勞動力和資本離開土地，轉移到城市和鄉土以外。貿易額的增長和內陸運輸的改良吸引了大量人口遷往大城市和通商口岸。

〔註19〕夏東元：《洋務運動史》，上海，華東師範大學出版社，2010 年，第 270 頁。
〔註20〕參見公丕祥：《中國的法制現代化》，北京，中國政法大學出版社，2004 年，第 190～191 頁。

表 1-1　20 世紀早期中國華北城市化的發展〔註21〕

年份	北京	天津	秦皇島
1900	-	320,000	-
1912	725,235	-	5,849
1921	863,209	837,000	12,829
1931	1,419,099	1,388,747	20,000
人口增長率%	3.6	4.8	6.6

　　上表列出了華北通商口岸和北京的一些較可靠的統計資料，顯示出 1900 年到 1931 年間的城市人口增長率是相當快的。據估算，設有海關的 31 個通商口岸 1913～1928 年間的人口從 750 萬增長到了 1280 萬，共增長了 70%，平均每年增長 3.6%。〔註22〕

　　人口離開鄉村進入城市，使得原先自給自足的自然經濟無法維繫，爲形成社會化大生產的雛形創造了條件，也爲近代化轉型中的中國創造了巨大的通信需求，要求社會經濟中能夠形成可以滿足這種需求的具有社會化大生產服務職能的機構或形式。

1.3　身邊的競爭者

　　1896 年 3 月 20 日，是中國近代郵政的創辦之日。而從這一時點起算——上溯四十年，下溯三十年，中國歷史經歷了前清咸豐、同治、光緒、宣統四帝，進入民國後又是北洋軍閥當政時代。這一時期，充滿火藥氣味，鴉片戰爭、太平天國、英法聯軍侵華、捻軍、日本吞併琉球、沙俄侵佔中國領土、中法戰爭、甲午戰爭、割讓臺灣、義和團、八國聯軍、日俄戰爭、辛亥革命、北洋內戰……，眞可謂戰亂不斷，外患頻仍，是中國社會劇烈變動的紛擾時代。「在這七十年中，幾乎年年有戰爭或內亂，安靜的歲月不到十分之一二。」〔註23〕在混亂的時局之下，清朝末期的通信組織也非常複雜，存在三種不同

〔註21〕　數據來源：〔美〕馬若孟著，史建雲譯，《中國農民經濟——河北和山東的農業發展，1890～1949》，南京，江蘇人民出版社，1999 年，第 226～227 頁。

〔註22〕　〔美〕馬若孟著，史建雲譯，《中國農民經濟——河北和山東的農業發展，1890～1949》，南京，江蘇人民出版社，1999 年，第 226～227 頁。

〔註23〕　王開節、修域、錢其琮編：《鐵路·電信七十五週年紀念刊》，沈雲龍主編：近代中國史料叢刊續編第九十三輯，臺北，文海出版社有限公司，1982 年，第 28 頁。

的通信組織，分別是從古代社會一直傳承下來的、歷史悠久的「官府郵驛」，由西方殖民勢力開辦的「客郵」，以及民間自發形成的「民信局」。中國近代國家郵政的誕生和早期的郵政立法，與此有著至為密切的關聯。

1.3.1　官府郵驛：風雨飄搖，走向末路

在古代中國，郵驛具有非常重要的地位，是國家正常運轉必不可少的基礎設施。一般來說，郵驛屬於官方通信組織，以傳遞國家文書、公務信件為主。〔註24〕

古代郵驛具有以下特點：

第一，郵驛是國家出現後為適應政令的下達和緊急軍情的傳遞而產生的非營利機構，所以歷代統治者都相當重視。秦朝已有關於郵傳的法令，東漢以後出現了專門的「郵驛令」，唐朝以後郵驛的法令已相當嚴密。

第二，歷代對郵驛通信的要求都是迅速、準確和安全。為了保證寄遞迅速，歷代王朝都在全國修有寬闊的驛路，附設路標，沿路又建築郵亭、驛站或傳館，在邊防線設有燧、候、亭等，構成了完整的通信網。為了保證安全、準確，歷代郵驛都建立了嚴格的收發轉遞的登記交接制度，公文附有派單。此外還建立了考績與視察制度等。

第三，郵驛只是政府的官方通信工具，不僅民眾不能利用，就連普通官員的私信在宋代以前也只能靠自派專人投送或請人捎帶。「寄書長不達」〔註25〕、「家書到隔年」〔註26〕、「馬上相逢無紙筆，憑君傳語報平安」〔註27〕等詩句就是當時情景的生動寫照。

清朝是中國最後一個封建王朝。清代郵驛制度較前更見完備，也曾經有過輝煌時期：

〔註24〕 當然，在不同時期，郵驛除了傳遞官方文書外，還要為過往的使臣和官員、遞送公文的通信人員以及經特別批准的民間人士提供車馬和食宿。同時，它還負責運輸官府急需的少量物品（如貢品），一度還擔負押送罪犯等任務。鄭游主編，《中國的郵驛與郵政》，北京，人民出版社，1988年，第3頁。

〔註25〕 〔唐〕杜甫：《月夜憶舍弟》。「戍鼓斷人行，秋邊一雁聲。露從今夜白，月是故鄉明。有弟皆分散，無家問生死。寄書長不達，況乃未休兵。」

〔註26〕 〔唐〕杜牧：《旅宿》。「旅館無良伴，凝情自悄然。寒燈思舊事，斷雁警愁眠。遠夢歸侵曉，家書到隔年。滄江好煙月，門繫釣魚船。」

〔註27〕 〔唐〕岑參：《逢入京使》。「故園東望路漫漫，雙袖龍鍾淚不乾。馬上相逢無紙筆，憑君傳語報平安。」

一是建立了專門的政府管理機構。清代全國郵驛在中央歸兵部車駕司掌管，司內設：驛使、馬政、遞送等科。兵部另在京師東華門設立「馬館」和「捷報處」，收發來去公文。兵部另選高級武官十六員，分駐各省城，主管寄京文報事宜。同時，在地方上，在交通要道或離城較遠地方設專職驛丞，離城較近地方則由州縣衙門兼管〔註28〕。

二是規模龐大。清代郵驛由近 2000 個驛站、7 萬多名驛夫和 14000 多個遞鋪、4 萬多名鋪兵組成，是一個全國性的、中央嚴密管理的組織。〔註29〕據清《會典》記載：「全國設驛、站、塘、臺、所，共一七九一處。交通工具：馬、騾、驢、牛等五三三九二匹，驛船五七四條。」〔註30〕以京師皇華驛爲例，設有驛馬 500 匹、驛夫 250 名、驛車 150 輛、駕車馬 150 匹、車夫 150 名，僅從一驛龐大的規模就可足見清朝政府重視程度之高、投入之巨。〔註31〕

三是形成了複雜多樣的組織形式。清代郵驛組織由驛、站、塘、臺、所、鋪等基本形式〔註32〕構成，互相連接，相輔相成，形成了清代官方的兩大通信系統。一個是以「驛」爲主體的驛遞通信系統，另一個是以「鋪」爲主體的步遞通信系統，而站、塘、臺、所則是適應邊疆地區特點，溝通邊疆地區通信聯繫的特殊形式。它們的特點是：以飛遞軍事文報爲首要任務，由軍卒充任信使，同時還要兼承巡邏、偵查、運輸等多種職能，郵驛組織的設立也多是在古驛路或商路的基礎上規劃發展起來的。〔註33〕

四是郵驛星羅棋佈，網路縱橫。清代郵驛網絡以京師皇華驛爲中心，向全國輻射，無論在廣度和深度上，都超過了以前的任何朝代。〔註34〕

五是通信效率比較高。清代建立了非常嚴格的驛遞時限管理和責任追究制度，「因程設限，依限傳遞」。清代以前馬遞傳送公文的最高速度，按一晝夜計

〔註28〕 晏星：《中華郵政發展史》，臺北，商務印書館，1994 年，第 197～198 頁。

〔註29〕 鄭游主編，《中國的郵驛與郵政》，北京，人民出版社，1988 年，第 103 頁。

〔註30〕 晏星：《中華郵政發展史》，臺北，商務印書館，1994 年，第 201～202 頁。

〔註31〕 晏星：《中華郵政發展史》，臺北，商務印書館，1994 年，第 198 頁。

〔註32〕 「驛」（馬、水驛）主要以馬、車、船爲交通工具，設在各省內地和盛京等地；「站」多爲傳遞軍事文報而設；「塘」，清代在新疆哈密廳、鎮西廳、甘肅安西州曾設立軍塘，以傳遞疏通該地區的往來文報；「所」，主要是設立了遞運官物，後來裁併歸驛；「鋪」是步遞通信組織。

〔註33〕 鄭游主編，《中國的郵驛與郵政》，北京，人民出版社，1988 年，第 103～104 頁。

〔註34〕 鄭游主編，《中國的郵驛與郵政》，北京，人民出版社，1988 年，第 104 頁。

算，一般爲 400 至 500 里。清代創造了一晝夜 600 以至 800 里的最高水平。當時公文封面批註傳遞速度，有「馬上飛遞」字樣的，每日限行 300 里，需要緊急傳送的，上注 400 里、500 里、600 里以及「600 里加急」字樣。〔註 35〕當然，爲了維持帝國的正常運轉和邊陲內地的安全，這樣高速的公文傳遞是從來不考慮成本的。

但是，曾經高度發達的郵驛，到了清代中後期，也和中華政治體系中的許多制度一樣，逐漸走向了沒落。

隨著清王朝的日益腐朽，郵驛從官方通信組織「墮落爲營私舞弊的工具」。這一質的變化使清代郵驛瀕於破產的邊緣。據當時清政府的記載，各地的驛站「爭華鬥靡，曲意逢迎」，「惟以辦差爲能事，而郵政轉置之不問」。這是清代郵驛衰亡的主要標誌。〔註 36〕

清代爲維持龐大的全國郵驛組織，所耗費用殊爲可觀。據光緒二十八年估計，全國一年的郵驛經費達白銀三百萬兩以上。這筆經費並非由中央政府撥給，而是由各省在當地課稅項下坐扣開支。〔註 37〕清初尚紀律嚴明，管理水平和效率都還比較高。但清代中後期吏治敗壞，貪污成風，驛站經費已經是大小官員貪污的公開來源，州縣官吏得缺時，必先打聽驛費有多少，多則喜形於色。因爲驛銀已經成了地方官的「肥身之道」、「應酬入私之具」、「迎合漁利之階」〔註 38〕。清人馮桂芬所著《裁驛站議》一文中痛陳當時驛政腐敗，虛耗公帑的情形，指出「日久弊生」，驛馬「老弱病瘦」，管理者「節節剋扣」，「竟爲地方官之利藪」。〔註 39〕同治光緒年間，一位曾任直隸淶水縣令的官員介紹，該縣每月從上級可以領到驛站經費銀 300 兩，但實際發給驛站

〔註 35〕鄭游主編，《中國的郵驛與郵政》，北京，人民出版社，1988 年，第 105 頁。
〔註 36〕鄭游主編，《中國的郵驛與郵政》，北京，人民出版社，1988 年，第 111 頁。
〔註 37〕晏星：《中華郵政發展史》，臺北，商務印書館，1994 年，第 205 頁。
〔註 38〕鄭游主編，《中國的郵驛與郵政》，北京，人民出版社，1988 年，第 140 頁。
〔註 39〕馮桂芬說：「通二十一行省計之，國家歲耗銀三百餘萬兩。夫所以不惜巨費以設此驛站者，原以奏牘公文，俱貴遞送，欲使之從速而不至失誤也。乃日久弊生，即竟爲地方官之利藪。每州縣沖繁者，其驛費多或萬餘金，其次五六千金；其僻靜無驛州縣，亦有千餘金及六七百金不等。此項費用，歸入留支項下，州縣官得缺時，必先探詢驛費之多少，其多者則爲之欣然色喜焉！大利既歸之州縣，故驛中所畜之馬類，多老弱病瘦，且管理馬號者有幕友，有僕人，於乾草料豆等物，又節節剋扣，至馬夫而克無可克，於是減其飼秣，俾不得飽，故驛站之馬類，多疲乏不能行走。」
　　轉引自晏星：《中華郵政發展史》，臺北，商務印書館，1994 年，第 205 頁。

手上的不過區區 50 兩。僅此一項，稍加計算，驛站每年被剋扣的經費達到 3000 兩。淶水不過是個小縣，尚且如此，其他州縣可想而知了。

清代原有非常嚴格的制度，禁止官員假公濟私，濫用驛遞。但清末已是制度廢弛，乏人遵守。比如「馬上飛遞」，本來只是傳遞最緊急絕密的公文和軍事情報而用，《郵律》規定不得擅用。但清末「濫用飛遞」已是尋常之事。普通往來公文，年節賀稟，官員私書家信等，無不假公濟私，交驛站傳送，封套批註「馬上飛遞」，馬夫被迫日夜奔馳，弄得人困馬乏，而遇到眞正緊急的公文時，反倒延誤。〔註 40〕清人馮桂芬所著《裁驛站議》一文的有關記載也是甚爲詳實生動。〔註 41〕

清初，鑒於明代郵驛累民的嚴重教訓，於順治二年（1645 年）「首釐此弊」，改民養（馬）民應（差）爲官養官應，在一定程度上減輕了人民的負擔。但是，在當時財政困難、官員營私舞弊等情況之下，郵驛還是成爲了民間「十害」之一。據當時官員記載，由於驛政廢弛，經費剋扣，有的驛站的馬匹存欄數不足 3／10，而且疲瘦瞎瘸，不能使用。〔註 42〕遇有急用，則「強徵民馬」、「強拉民車」，騷擾地方百姓〔註 43〕。而且，清末驛夫待遇十分低下，生活非

〔註 40〕 鄭游主編，《中國的郵驛與郵政》，北京，人民出版社，1988 年，第 113 頁。
〔註 41〕 鄭桂芬言：「然今之州縣，每接上站文書遞至下站者，止給馬夫錢數百文或數十文，管理馬號之幕友家丁，以於中可取利也，於是將文書任意延擱，並至數起，始遣一馬夫送之，故往往有數百里內文書，竟遲至十餘日始到者。夫驛遞之遲誤，其情固甚可惡，然平心論之，所遞之事亦未必盡繫緊要，凡官場家室平安之報、友朋通問之緘，大書『投遞』二字，即付驛遞送。執筆人昔曾遊幕直隸，嘗見某道員以往來賀節壽之例信，而竟用『五百里派單』者。按《例》載：『地方官、驛官將尋常文報違例濫差、擅由『馬上飛遞』者，降三級調用。上司徇庇失察，分別議處。』夫公文而尋常者，尚不得『馬上飛遞』，而況往來賀節壽之例信乎？『馬上飛遞』且不可，而況『五百里派單』乎？以國家有限之帑項，既飽州縣官私囊，復遞無足輕重之例信，亦何貴此驛站爲乎？」
晏星：《中華郵政發展史》，臺北，商務印書館，1994 年，第 206 頁。
〔註 42〕 參見鄭游主編，《中國的郵驛與郵政》，北京，人民出版社，1988 年，第 111 ～112 頁。
〔註 43〕 乾隆五十五年（1790 年），軍機大臣王昶去湖南公出，途徑孝感驛站，看到「連日夫馬不繼，行次竭蹶。」調查原因，原來是驛站經費被地方官侵吞了。遇到官員過境，當地驛站只好強行徵用民馬，而且不顧馬匹死活，連續驅趕奔跑六七站，老百姓磕頭求饒也不放行。道光十四年（1834 年）給事中金應麟出差歸來，向朝廷報告「驛傳五弊」，其中之一就是「強拉民車」。州縣接到公務通知，提前三四天通知四鄉里長，名曰「協濟鄉車」。鄉民將車輛趕至指

常艱苦。據國家圖書館收藏的光緒朝手稿《驛事紀略》記載，河北武清縣（今屬天津）河西驛行差馬夫每日只有工食銀 5 分 3 釐，鈔牌書手日銀只有 3 分。以此微博的收入，充當無窮的勞役，食不得飽，衣不得暖，生活毫無保障，其工作積極性可想而知了。〔註44〕

此外，清末戰爭頻仍，道路梗阻，郵驛組織和網絡受到極大破壞，寄遞時效大不如前，通信失靈，大量軍事文書被積壓、損毀、私拆。清政府對此十分惱火，咸豐皇帝的諭旨中就曾有這樣的語句：「見在軍務未竣，文報往來最關緊要，如道路遇有梗塞，應設法繞道馳遞；貽誤非細。」「粵東全省騷動，各省文報不通」。可見郵驛管理和運行已經出現了相當大的問題，連政府最爲重視的軍事文書遞送都困難重重了〔註45〕。清末劉錦藻記述：「驛以內吏如丐，館如廄，蓋欲旦夕之支柱不可矣！」中國三千年沿傳的郵驛古制，到此竟然敗壞到這般田地，眞是爛到了「國人皆曰不可」的地步。

此時，一批官員和知識分子，紛紛倡議廢除舊驛、興辦新郵。19 世紀末期，王韜、陳熾、湯震、薛福成、鄭觀應等人，寫了大量專題文章，呼籲在同列強「兵戰」、「商戰」的同時，清政府要高度重視興辦新式交通通信設備，並且裁汰驛站。鄭觀應在《盛世危言》中指出：「蓋電報設而驛差輕其半，輪船通而驛差輕其七八，若鐵路之幹枝漸次告成，而驛傳勢再難留。」〔註46〕他們認爲在主要條件具備的情況下，之所以驛站不能撤、郵政不能行，主要是清政府「墨守成說」。

看來，進入近代以後，古老的郵驛制度必須從根本上脫胎換骨，從頭建立一套全新的近代化的通信制度，已經在主客觀形勢上形成共識了。

1.3.2　民信局：早期的民間通信組織

郵驛雖然規模龐大，組織嚴密，但中國歷代王朝的郵驛組織，從來只是國家專用的通信機構，只傳官書，不送民信。幾千年的漫長歲月，中國民間

定地點後，不但要自行餵養牲畜，而且不准出入，稍有不服，鞭笞立下。參見鄭游主編，《中國的郵驛與郵政》，北京，人民出版社，1988 年，第 112～113 頁。

〔註44〕參見鄭游主編，《中國的郵驛與郵政》，北京，人民出版社，1988 年，第 107～111 頁。

〔註45〕鄭游主編，《中國的郵驛與郵政》，北京，人民出版社，1988 年，第 114 頁。

〔註46〕鄭游主編，《中國的郵驛與郵政》，北京，人民出版社，1988 年，第 114～115 頁。

其實沒有統一的民用通信組織，加上交通工具極其落後，民間通信十分艱難，多靠專人下書或託人捎帶。20世紀70年代，在湖北雲夢睡虎地出土了兩件木牘家書，其內容是秦代士卒向家人要錢和衣物，就是由服役期滿的同鄉從河南帶到湖北的。魏晉南北朝時，戰爭頻繁，社會動盪，國家禁止書信往來，連官員間的通信都被視爲違法，民間通信更加艱難。到了唐代，由於社會安定，經濟發展，民間通信條件有所改善。唐開元二十九年（公元741年）在長安與洛陽之間出現了私人設置的專爲傳遞民間信函的「驛驢」。私人通信的範圍有官員間的私信，有文人間的唱和奉答，也有商業的金錢往來和百姓的平安家書。但「安史之亂」以後，黃河一帶人民流離失所，社會蕭條，民間通信變得更加困難。宋朝建立後，結束了軍閥混戰的局面，實現了國家的統一，對郵驛制度也進行了一些改革，打破了舊時常規，在短時間內官方郵驛也曾允許官員以私人書信附遞，但享有通信特權的人畢竟有限，而且很快就被國家禁止，民間通信難的狀況仍無改變。

既然郵驛只是國家政權的專用通信組織，那麼在中國古代社會，民眾間互通音訊自然不可能指望國家提供服務，必然要另尋出路，依靠一種民間自營的民用通訊系統了，這就是民信局。這也是所謂「民信局爲郵驛制度下之產物，蓋郵驛係專供政府之用，民間書緘並不能有所利用，民信局遂應時而起」〔註47〕的原因所在。

民信局發源於何時已經很難考證。有觀點認爲唐代隨著國內外商業高度發展，大規模流通增多，出現了經營匯兌（「飛錢」）機構，併兼營業務文牘和代送書信，這就是早期民信局的雛形〔註48〕。但是，專門從事信件寄遞的民局在明永樂以前未見記載〔註49〕。

明代以後，資本主義萌芽產生，手工業、商業和農業在一定程度上有所提高和發展。隨著民間往來和商品流通範圍擴大，對信息傳遞有了較強的要求。民信局的事業由此肇始。另外，明代凡是官宦外仕，「必攜幕友」，「職備

〔註47〕 王開節、何縱炎編：《郵政六十週年紀念刊》，沈雲龍主編：近代中國史料叢刊續編第九十三輯，臺北，文海出版社有限公司，1982年，第19頁。

〔註48〕 參見彭瀛添：《民信局發展史——中國的民間通訊事業》，臺北，中國文化大學出版社，1992年，第46～57頁。

〔註49〕 《民國十年郵政事務總論》也稱：「民間郵遞之法，有明永樂以前，似未嘗有也。」轉引自彭瀛添：《民信局發展史——中國的民間通訊事業》，臺北，中國文化大學出版社，1992年，第37頁。

顧問，兼司案牘」，這類人員互通聲氣，與外地各省往來信件很多，因此由商人經辦、以通信為主業的民間組織應運而生，它除為商人、幕友等服務外，也給一般人民寄送信件、包裹和匯兌銀錢。據說，由於這類幕賓大都是浙江紹興人，而寧波為紹興的出入口岸。於是民信局就在此地發源。此後，全國的民信局都以寧波為中樞。

目前已知的民信局開辦的準確年代不是很詳細，如漢口的胡萬昌信局，開設於道光二年；重慶的松柏長信局，開設於道光三年，這已經是可考的民信局歷史上最早的設施了。其他地方，如寧波一帶的民信局可能有更早的，但未有資料可按。〔註 50〕

民信局營業在清道光咸豐同治光緒之交最為興盛。沿江沿海各省都有，逐漸推廣到內地，遠達東三省和陝西、甘肅、新疆。五口通商以後，各地信局紛紛設立。最盛之時，全國大大小小的信局數千家，設在上海及其他商業中心的總局也多達數百家。自五口通商條約簽訂，上海商業日漸繁盛，寧波商幫執其牛耳。寧波商人本來就極其敏銳，根據商業擴大的需要，原來的信局組織爭相在上海設立分局或代辦所。於是各埠星羅棋佈、互相聯絡，「各地商民稱其便」。東三省內地和漢口以西都為寧波幫所佔，其他各省分局雖然也分佈廣達，但始終比不上寧波信局的盛行。全國各信局按照地域、歷史和經營方式，可大致分為三類：

一、東南沿江沿海信局，以上海為中心，經營者多為寧波人；

二、西北西南內地信局，以漢口、重慶為中心，經營者多為四川人；

三、閩粵南洋批信局〔註 51〕，以廈門、汕頭為中心，專營海外往來信業，

〔註 50〕沈雲龍訪問，林泉紀錄，郭廷以校閱，《劉承漢先生訪問紀錄》，臺北「中央研究院近代史研究所」，1997 年，第 21～22 頁。

〔註 51〕批信局又稱批局，廈門方言叫批郊。據郵政總局民國二十三年調查，批信局總局有三百二十二處，分局二千三百六十三處。當時僑民初到海外，當地信局都要出面接待，登記其本人及家屬的姓名、住址、職業等項，編以號碼，列表存查。遇有信件匯款，只用書寫寄件人的號碼及其家屬姓名，信局可按號查填其地址。不論窮鄉僻壤，都會派人送達，並順手取得回批，收件人不能紙幣的，由送信人代寫回批，或會同其親友代謝，從無誤投、遺失或冒領這樣的事情發生。每次遇到輪船到岸，尚未停泊，批信局職員紛紛搭乘小艇，攀靠輪船。船上投下信包，信局職員就在小艇上開拆、分揀、編號。一經登岸，立即交送信人分頭投遞。批信局的收費不但大大低於國際郵資，其服務的便利性和迅速性，也是遠非郵局所可企及的。參見參見沈雲龍訪問，林泉紀錄，郭廷以校閱，《劉承漢先生訪問紀錄》，臺北「中央研究院近代史研究

經營者多爲閩南及潮汕人。〔註52〕

　　民信局有獨自經營的，也有合夥經營的。資本大的可以有二三十萬兩銀子的資本，小的不過數千兩銀子。除代運信件外，信局多兼營新聞紙、商業契約，以及票據證券的寄遞。有兼批發報紙爲報館的代理人，有兼兌換鈔票或兼營運送旅客服務，匯兌是普遍兼營的業務。

　　民信局承寄信件、銀兩、包裹等物，交寄的人只要在包外或封外寫明內裝銀兩數目或內裝對象價值，即可妥送。如果有遺失，則由民局按所書價值數倍賠償。許多民局原來多和錢莊商號有關，因爲需要辦理自身信函，順帶著幫他人捎帶，所以逐漸將辦理信件寄遞和本身業務一樣推行全國，並逐漸取得國人信任。

　　信局盛行之際，營業範圍不僅在國內各省重要都會市鎮，而且遠及南洋群島。當時的緬甸、爪哇、海峽殖民地、暹羅、安南、澳大利亞、新西蘭、菲律賓、檀香山和南洋各島都有華僑，與國內往來非常頻繁，習慣不通過外國郵局而託海輪上的中國船員代寄。信局就抓住機會，派專差往來投送，從中盈利。一來由於信局資費比外國郵局便宜，二來由外輪投送郵件耗時費事，有時因爲收件人在內地，就不予投送，不像信局這麼方便迅速（信局在輪船抵達之前，就派小艇，輪船尚未停穩，先把郵件投到小艇中，小艇劃回碼頭之際，信局人員就在艇中分揀，所以交到收件人的手上就十分迅速了。）

　　信局規模不追求形式宏偉，多在偏僻小街找一屋子，高懸招牌，大書「某某輪船信局」或「某某信局」字樣，在招牌下方詳列投送地點。進入店門，賬房設在左右或者一角，店員人數則視規模、營業範圍而定，多的數十人，少的僅二三人。東家多稱老闆，有獨資的，也有二三人合資的，稱爲銀東。店員職務分八種：帳司和管賬各一人，且多由一人兼任，收信物一人到四五人，送信一人到四五人，挑貨一人（小局多無此設置），雜役一人（小局多無此設置），廚役一人，腳夫二三人到十多人（輪船信局多無此人）。工錢多的每月十多千文，少的只是二三千文，甚至有不給工錢，只分花紅的。

　　信局營業全靠信用。貴重物品、緊要書信都由信局寄遞，如果沒有殷實資本，交寄人必定疑慮，加上信局營業多屬於老主顧間的生意，到每年的所

所」，1997年，第22～23頁。

〔註52〕沈雲龍訪問，林泉紀錄，郭廷以校閱，《劉承漢先生訪問紀錄》，臺北「中央研究院近代史研究所」，1997年，第21～23頁。

謂「三節四季」才能收入帳款，平日的營業支出，都要依靠自籌，所以不是有比較大資本的人，資金很難周轉。而且大的信局都在各地開設分支，所以需要資本多達二三十萬兩，少的也要四五千兩。

民信局的收費頗有特點。各地信局承寄書信，收費往往十分低廉，按路程遠近，收取制錢二十文到二百人不等，有時也按情況隨時議定。按年付費，可以有折扣。如果信件緊急，寄信人在信上注明較高的郵資，由收信人在收到時照付。如果是特別緊急的信件，可以把信燒去一角，或者附插羽毛，這類書信將格外收費。

信局收費沒有一定標準，大約有八種：1、按件數計算；2、按距離計算；3、以重量；4、以價值；5、按照距離和重量合併計算；6、按照距離和價值合併計算；7、按照重量和價值合併計算；8、將距離重量價值三項合併計算。信資付給方法也各不相同，有的是發信人先付全部，有的是先付一半，有的是收信人負全部。大致如果不是信局的老主顧就必須在發信的時候先付全部。同時也有大量信件交寄面議郵費的情況。付給信資有三種辦法（一）按年終。三節四季，或每月底結賬付款，議定折扣。（二）不論信件多少，每年每節每月付給若干款項，不加折扣。（三）議定折扣交信付款，絕不記帳。

要瞭解民信局，可以拿太倉的民信局作為一個窗口：

自十九世紀四十年代上海成為通商口岸後，市場繁榮，運輸頻繁，長江各埠商貨雲集，人事紛繁，通信日增。當時各民信局共二十四家設在上海。前清上海道臺為此出示，劃好路線，互相支持，不許競爭。並經組織信業公所，樹碑立石，載明某某信局有多少支局，通達多少地方，以信義通商，便利商家民眾為主旨，共相遵守。

各民信局在業務上訂立章則，以資信守。如所寄信件，務必及時送到，對銀洋、貨物須討還收條，若遇損失，必須照價賠償，如遇盜案發生，亦需按原值賠補三成。當時各行各業，要寄遞信箚，寄帶銀洋、貨物，無不依賴信局。信局業務繁忙，每晚須派員向各行號收取信件等趕打包封，或交火車專送傳遞附近支局，再由支局派人接送或互相交換。有輪船可通行的，則交輪船送達。交通不便的地方，則由信局自備小船划船，一人後梢腳踏，一人船頭扳槳，每小時能行二十餘里，名為「包封船」，專供送信件之用。凡郵程較短的則肩挑接送。至於裝貨則另用班頭貨船，按班次送達，這是信局寄遞使用運送工具的大略情況。

平時向信局寄信，如果寄信人當場不付信資，可以叫收信人付費，並在信封上寫明「力照」即可。如寄信人已經付費，那信封上寫明「力給」或寫「付給」兩字即可。另外對信件往來多得行號，可以到年底匯總結算。從上海寄貨帶物裝船的有六隻長班，輪流往返，十分便利。每天早上起貨，下午裝貨，行程三天，可以做到天天有一隻開、一隻到。信局備有「落河橫單」（即發貨單。所謂「落河」是指信局在裝貨點見貨件時所用的術語）。該單交給裝貨船，由船上經手夥計照單點收。每到一碼頭，掣一張橫單，交給當地支局，支局就憑單起貨。又裝船上所有貨物原包封上書寫的地名，因船民限於文化，認字不易，就用土辦法，以簡單的筆劃作爲暗號，如「王」代表璜涇，「｜」代表直塘等等。他們自己一看便識。平時裝貨在封包上，就用土朱筆卸下某個暗號，雖說不識字的船民，亦能強記，故隨點運貨件數而不致弄錯。這是信局在內部執行時，所採取的簡易實用的辦法。

對各地支局就近遞送外，尚有僻遠小村鎮，其信件的寄遞，另外要名爲「豆腐乾擔」的帶去，所有信資原來只算到沙溪位置，其餘信件由「豆腐乾擔」接手。這樣一來，亦可把信件妥速送到。各地支局對鄰近小村鎮總是使用類似上列辦法，或改用航船，或用紹興搖班船，以送達爲目的。

貨物的裝運、信箋的投遞，出省的如浙江，也設有本局。倘無本局的地方，則有同業的聯局來統一辦理。其信資由寄件人親自付訖，或送交收件人後再行給付，都可聽從客便。

當時太倉與上海、常熟、崑山之間，公路尚未興建，信局大半水路遞送信件，從無延擱，大體上能準期送到，風雨無阻。所以各商號等對民信局有著一定的信賴。〔註53〕

對於民信局的貢獻，作爲官方的國家郵政也是承認的。交通部郵政總局編的《民國十年郵政事務總論》這樣記載：「（民信局）其於各種運輸方法，如商船、河舶、腳夫等，咸予利用，舉凡足以便利公眾者，固已無不爲之。倘有某處須設特別快班，遂即設立，不惜維持之費。一面又於堪達撙節目的，不嫌濡滯之運輸，且其營業發達起見，往往將營業時刻，延至夜半而止。又吾國習俗最足動人注意者，即在使收信人付給一部分之信資，大都係令收件

〔註53〕黃君拔：《太倉的民信局》，載於北京市郵政管理局文史中心編：《全國各級政協文史資料·郵電史料》（上冊），北京燕山出版社，1995 年，第 526～529 頁，原載江蘇《太倉文史資料輯存》第 1 輯（1983 年）

人付給信資之一斑。其在民局之承寄書信，取費往往極廉，約按路之遠近，收費二分至二角不等（即制錢二十文至二百文）。惟亦有時須將信資隨時議定，而按年付費，反得折扣者，且爲習常之事。倘使交寄之件，急須遞送，寄信人得於信上注明較高之信資，即由收信人於收到時照付……要之，民局寄信方法，其伺應人民歷時久，而成績亦佳。惟其所拓展者，盡在獲利之路班，而於入不敷出之路，即不稍加留意，此就國家眼光觀之，詢屬重要之缺點。自是以降，閱年數百，驛站與民局，一併繼續經營，一則便於國，一則便於民，而皆有可嘉之成績。」〔註54〕

1.3.3 「客郵」：畸形的網

　　所謂「客郵」，指外國政府在中國境內開辦的郵政局，其經營和管理直接受命於母國郵政機構。客郵是近代中國遭受列強侵略，領土主權和行政主權被直接侵犯的例證。

　　早在清朝乾嘉年間，由於對外貿易的發展，「各國先後組織航路，以與我國貿易，往來既頻」。外國人僑居在中國沿海通商口岸的人數越來越多，其「識字人多，故書信多」〔註55〕。「外國習於交通便利之人，僑居吾土，既不能託付官設之驛站，又不欲委民間之信局，於是各設機關，自爲交通之計。」〔註56〕在閩粵一帶的外國僑民，就在往來商船和貿易商棧、貿易督駐所等處懸掛信箱，以供僑民和本國通信之用。當時這種設施都是臨時性的，並非常態運行，而且也不帶有政治意圖。〔註57〕

　　道光二十二年（1842 年）7 月 24 日簽訂中英南京條約後，香港淪爲英國殖民地，開放廣州、上海、寧波、福州、廈門等五處爲通商口岸。濮鼎查（Sir Henry Pottingger）被任命爲英國香港總督。同年（1842 年），濮鼎查在香港設立皇家郵局，作爲倫敦郵局的支局，同時宣佈在廣州、上海等五處剛

〔註54〕 交通部郵政總局編：《民國十年郵政事務總論》，1921 年，第 2～3 頁。轉引自彭瀛添：《民信局發展史──中國的民間通訊事業》，臺北，中國文化大學出版社，1992 年，第 156 頁。

〔註55〕 劉錦藻：《清朝續文獻通考》卷三三三，第 11228 頁。轉引自彭瀛添：《民信局發展史──中國的民間通訊事業》，臺北，中國文化大學出版社，1992 年，第 19 頁。

〔註56〕 劉錦藻：《清朝續文獻通考》，第 11233 頁。轉引自彭瀛添：《民信局發展史──中國的民間通訊事業》，臺北，中國文化大學出版社，1992 年，第 19 頁。

〔註57〕 參見王檉：《郵政》，上海，商務印書館，1933 年，第 130～131 頁。

剛開放的通商口岸，分設香港郵局的支局，以因應各商埠英商、英僑的通信需要。香港郵局及其各支局的成立，是列強有計劃在華設立客郵局的肇端。〔註 58〕

　　早期，英國客郵是以津貼的方式，委託各通商口岸的英國領事館職員代辦郵務。同時，按照歷來的習慣，在往來各口岸的西方輪船上，都有辦理郵務的設施，沿途停泊的時候，則免費代為收遞郵件。凡是有僑民要在各商埠之間寄遞的信件，可以交給當地領事館職員彙集，或者自行前往輪船停泊處交寄。取信時，也是到輪船或領事館辦理信件處領取。

　　上述方式在客郵舉辦初期信件量還不大、郵務尚不繁重之時，還可以維持。到了咸豐年間，隨著各國僑商蜂擁而至，通信量大增，僅靠兼職代辦的英國領事館就不勝負荷了。於是，咸豐十年（1860 年），原直轄英國本土的香港郵局，改由香港殖民政府管轄，並被授權管理、監督英國在遠東的郵政機構。隨後，香港郵政局分別在上海及日本橫濱，各成立了一個專營郵政業務的郵政分局。〔註 59〕

　　表面上看，西方列強在中國設立客郵是為了滿足僑民的通信需要。其實，更深層次的是服務於其「遠東中國政策」。

　　清政府曾長期以天朝上國自居，實行嚴格的鎖國政策。鴉片戰爭前，除了俄國依據尼布楚條約，得以在北京設立了一個使館以外，清政府一直禁止西方國家在北京常駐外交使節，並將此視為事關國體的重大問題。第二次鴉片戰爭後，迫於英法聯軍的軍事壓力，清政府簽訂《天津條約》，允許各國公使入駐北京或自由往來於北京。〔註 60〕此時，英國進一步提出，由於文書交遞增多，要求設置專差，並須「同大清驛站差使，一律保安照料」。此後，其他西方國家紛紛仿傚，要求中國政府保護外國人書信專差，如同治二年（1863 年）簽訂的《中丹天津條約》、同治四年（1865 年）的《中比通商條約》、同治五年（1866年）的《中意北京條約》等〔註 61〕。規定最詳細的是《中西天津條約》，其中

<hr>

〔註 58〕　參見彭瀛添：《民信局發展史——中國的民間通訊事業》，臺北，中國文化大學出版社，1992 年，第 26～27 頁。

〔註 59〕　參見彭瀛添：《民信局發展史——中國的民間通訊事業》，臺北，中國文化大學出版社，1992 年，第 27～28 頁。

〔註 60〕　「各國公使駐京」條款到咸豐十年簽訂北京條約後，正式生效。參見彭瀛添：《民信局發展史——中國的民間通訊事業》，臺北，中國文化大學出版社，1992年，第 28 頁。

〔註 61〕　即：同治二年五月丹麥條約第四款、同治三年九月西班牙條約第三款，同治四年九月比利時條約第四款，同治五年九月意大利條約第四款。參見民國「交

規定：「凡欲傭募送信人、通事、服役人等，皆聽其便」。〔註 62〕

　　1843 年，上海作為鴉片戰爭戰敗後被迫開放的首批口岸，正式開放與外國通商。這個本是長江口的小縣城，由於正處於中國沿海中點位置，又有長江出海之利，西方人員和商船紛至沓來。英、美、法等國先後在上海縣城以北，劃定了專供西人居住活動的租界區，後來又屢經擴展。到 1863 年，英、美租界合併為公共租界。從此在上海縣城北面，形成了一片佔地數千畝的外國租界區。租界區又分為公共租界和法國租界，由西人管理市政，中西官員共管司法。〔註 63〕由於早先各國公使不許入京，一律以上海為駐紮之地，加上商業的迅速增長，上海脫胎換骨，成為中國外交和商業的最大都會。北京條約簽訂後，清廷終於允許外交人員入駐北京。這一變化，使得外交使節雲集上海的情況，發生改變。各國對華外交的重心遷往北京。此時，如何銜接北方的外交中心和南方的通商大埠，成為列強關切的要務。這就是為什麼當時各國都要求在條約中，列入通信專條的原因。「換言之，英國在咸豐十年重訂遠東郵務政策，並不僅僅是為了領事館事務繁忙所致，實有其通盤的遠東政策在焉。」〔註 64〕

　　咸豐十年（1860 年），英國在上海專設郵局，其後擴張到廣州、福州、漢口、天津等沿海沿江大城市〔註 65〕。此舉立即刺激了法、德、俄、美、日等國，爭相在華置郵，並且逐步深入內地以及雲南、新疆、西藏、黑龍江等邊疆地區和部分縣城、鄉村地區，數量達到 340 多處。在 1930 年民國交通部編

　　　　通部、鐵道部交通史編纂委員會」編輯：《交通史郵政編》，1930 年，第一冊，第 1 頁。

〔註 62〕　《中外條約彙編》，第 405 頁。轉引自彭瀛添：《民信局發展史——中國的民間通訊事業》，臺北，中國文化大學出版社，1992 年，第 29 頁。

〔註 63〕　參見李長莉：《晚清上海社會的變遷——生活與倫理的近代化》，天津，天津人民出版社，2002 年，第 21 頁。

〔註 64〕　彭瀛添：《民信局發展史——中國的民間通訊事業》，臺北，中國文化大學出版社，1992 年，第 29 頁。

〔註 65〕　需要注意的是，正是 1860 年，中國在第二次鴉片戰爭中戰敗，圓明園被焚，與英法簽訂《北京條約》，除承認《天津條約》有效外，還包括以下內容：一、賠償英國軍費八百萬兩、恤金五十萬兩，法國軍費八百萬兩、恤金二十萬兩。二、增開天津為商埠。三、允許華人赴英、法屬地及外洋各處做工。四、割讓九龍司地方一區（九龍半島界線街以南）給英國。五、賠還教產給天主教堂。英國勢力於這一年在上海等中國沿江沿海大城市廣泛開辦客郵，無疑是有深刻的政治軍事背景的。

纂的《交通史郵政編》中，對各國客郵的地點和數目有詳細的記載。另外，我國臺灣學者彭瀛添對光緒三十三年（1907 年）和民國五年（1916 年）的兩次客郵調查，進行了整理和研究，爲方便說明，轉錄於下：

表 1-2　列強在華客郵發展統計表〔註 66〕

國別	首次置郵			光緒三十三年（1907 年）置郵數	民國五年（1916 年）置郵數	結束時間	重要置郵地點
	時間	地點	性質				
英國	道光十四年（1834 年）	廣州	收件所	郵局 10，野戰郵局 2	郵局 6，代辦所 6，信箱 7	民國十一年（1922 年）12 月 30 日	上海、天津、煙臺、漢口、寧波、福州、廈門、汕頭、廣州、瓊州、疏附（另有亞東、帕里、江孜、噶大克、日喀則）。
法國	同治元年（1862 年）11 月	上海	由軍郵改變而成	郵局 15	郵局 20，信箱 27	民國十一年（1922 年）12 月 31 日	上海、北京、煙臺、重慶、漢口、寧波、福州、廈門、廣州、瓊州、北海、蒙自、昆明。
德國	光緒十二年（1886 年）8 月	上海	領事代辦	郵局 13	郵局 10，代辦所 2	民國六年（1917 年）4 月 25 日	上海、北京、煙臺、濟南、青島、漢口、南京、鎮江、福州、廈門、汕頭、廣州。
俄國	同治二年（1863 年）	恰克圖	由民局轉變而成	郵局 5	郵局 17，郵電局 1，信箱 9	民國九年（1920 年）10 月	上海、北京、漢口、煙臺、庫倫、恰克圖、哈爾濱、張家口、海拉爾、吉林、塔城、承化寺、寧遠、迪化、寬城子、一面坡、昂昂溪
美國	同治四年（1865 年）	上海	領事代辦改成獨立局	郵局 1	郵局 1，信箱 11	民國十一年（1922 年）12 月 31 日	上海

〔註 66〕彭瀛添：《民信局發展史——中國的民間通訊事業》，臺北，中國文化大學出版社，1992 年，第 30～31 頁。

國別	首次置郵			光緒三十三年（1907 年）置郵數	民國五年（1916 年）置郵數	結束時間	重要置郵地點
	時間	地點	性質				
日本〔註67〕	光緒二年（1876 年）	上海	民用軍用均備	郵局 21	郵局 59，附屬局 12，代辦所 32，野戰郵局 7，野戰通信所 1，代售郵票 79，信箱 130，信櫃 24，信件 26	民國十一年（1922 年）12 月 10 日停閉 24 處，12 月 31 日 42 處	上海、北京、天津、牛莊、煙臺、塘沽、沙市、南京、蘇州、漢口、杭州、福州、廈門、長沙、廣州、哈爾濱、連山關、本溪、橋頭、遼陽、雞冠山、新民、公主嶺、鐵嶺、錦州、海城、蓋平、大石橋、瓦房店、千金寨、延吉、六道溝、孫家臺、昌圖、四平街、長春、安東、吉林、博山、坊子、洪山、青州、膠州、青島、宜昌、九江、蕪湖、鎮江、汕頭等地

如果以時間為序列，從清末到民初，西方各國在華客郵局的數量一直呈增長態勢，見下表：

表 1-3　西方殖民勢力在中國設立「客郵」數量變化表〔註68〕

單位：處

年份國別	同治九年（1870 年）	光緒二十三年（1897 年）	光緒三十二年（1906 年）	民國二年（1913 年）	民國七年（1918 年）
英國	2	8	14	14	20
法國	1	2	14	13	21
美國	1	1	1	1	4
俄國	-	5	5	18	119

〔註67〕 日本在華客郵設置地點數據，參見王雲五主編，王檉著：《郵政》，上海，商務印書館，1931 年，第 131～133 頁。
〔註68〕 郵電部郵電史編輯室：《中國近代郵電史》，北京，人民郵電出版社，1984 年。

年份 國別	同治九年 （1870年）	光緒二十三年 （1897年）	光緒三十二年 （1906年）	民國二年 （1913年）	民國七年 （1918年）
德國	-	2	14	12	40
日本	-	7	17	129	140
總計	4	25	65	187	344

　　列強在華客郵的拓展軌跡，呈現三個特點：

　　一是往往「先有軍事郵局，然後改爲民用郵局」〔註69〕。比如，1870年，俄國首先在北京設立「客郵」。1900年，八國聯軍攻佔北京之後，德、日、美等國紛紛在北京設立「軍郵局」和「戰地郵局」。英國在天壇等地設立兩處「野戰郵局」，英印聯軍在東交民巷、通州、回回營等地分別設立第1、2、3、7號野戰郵局，意大利和奧地利也在北京設立了「軍郵局」。〔註70〕日本長期在中國駐軍，建立了龐大的直接爲軍事行動服務的「野戰郵局」體系。這些軍事郵局在戰爭時服務於侵華軍隊，戰後仍然爲使領機構和常駐軍隊服務。

　　二是客郵網絡，多與各國「勢力範圍」之發展密切配合。「除通商大埠爲各國所共同設置外，其主要分佈地區，大約各依其所劃之勢力範圍。」〔註71〕如英國客郵多在直隸、新疆、西藏、長江中下游地區；法國在廣東、雲南；俄國在長城以北，包括蒙古、察哈爾、新疆、吉林、黑龍江；德國在山東；日本客郵設置在所有日本租界和駐軍所在以及所有日本勢力能夠到達的地方，包括南滿鐵路、煙臺港、青島等重要戰略地點〔註72〕，像蜘蛛網似的蓋住了中國，甚至是「幾遍佈於東北三省的窮鄉僻壤」〔註73〕。

　　三是從作用上看，客郵是列強對中國實行政治統治的工具之一。客郵分別受本國或其殖民地領導，如英國客郵局受香港郵局領導，法國客郵局受西貢郵

〔註69〕 彭瀛添：《民信局發展史──中國的民間通訊事業》，臺北，中國文化大學出版社，1992年，第31頁。

〔註70〕 「客郵的由來與廢除」，《郵政周報》第876期，2007年3月16日，http://www.postweekly.com.cn/oldyzzb/onenews.asp?ArticleID=4322。

〔註71〕 沈雲龍訪問，林泉紀錄，郭廷以校閱，《劉承漢先生訪問紀錄》，臺北「中央研究院近代史研究所」，1997年，第36頁。

〔註72〕 參見關廣麟著《交通史郵政編》，交通部鐵道部交通史編撰委員會編輯發行，民國十九年十一月初版，第四冊，第1316～1323頁。

〔註73〕 沈雲龍訪問，林泉紀錄，郭廷以校閱，《劉承漢先生訪問紀錄》，臺北「中央研究院近代史研究所」，1997年，第37頁。

局領導，日本客郵局受日本政府遞信省領導，它們自立章程，使用本國郵票。例如 1899 年中法簽訂《廣州灣租借條約》之後，廣州灣淪為法國租界地，借期九十九年。法國隨後把廣州灣劃入其所謂的「印度支那聯邦」範圍，屬河內安南印支總督府管轄，並設立總公使署、軍隊、警察、司法、監獄、郵政等管理機構。郵政使用的郵票全部是由河內法屬印度支那聯邦郵政總局發行的印度支那郵票，加蓋法文（廣州灣）字樣〔註74〕。因此，1920 年 4 月 20 日美國駐華公使給華盛頓的報告中，就直言不諱地說：「各國在華設置客郵局，大都為政治原因，或為對中國將來之計劃起見，以鞏固其在中國之地位。」〔註75〕

客郵的運行管理完全不受中國政府的管轄，享有治外法權，執行的是本國郵政規章，使用的是本國郵票，按照其「國內郵資」收寄中國的「國際郵件」。這些都是嚴重侵犯中國主權的行為。時人稱：「辱國喪權，蓋無逾於此也。」〔註76〕

在中國近代郵政尚未創立之前，西方的「客郵」，主要是為外國商人、使館和外僑服務，後來也收寄中國人交寄的信件，確是有其「便利僑民通信」，方便中國與世界各國交往的一面。〔註77〕但是，從主要方面來看，由於中國積弱積貧，與列強根本沒有平等的國際地位可言，客郵的建立，是在無視中國主權、侵犯中國主權的基礎上，實際成為了西方侵略、滲透的政治工具。正是由於其強烈的西方強權色彩，客郵局進出口的郵件，可以是不受中國海關檢查的，經常成為走私販毒的淵藪。據 1902 年的海關報告，幾天之內，就從上海「客郵」內查出價值約 5 萬餘兩的走私小包，內裝嗎啡、珍珠、首飾、鐘錶、藥材等。〔註78〕1921 年太平洋會議上，中國代表公開發言也曾提到：「凡由外國郵局寄送的包裹，從不受檢查。外國郵局因

〔註74〕 曹漢生：《廣州灣郵政簡況》，載北京市郵政管理局文史中心編：《全國各級政
　　　　協文史資料・郵電史料》（中冊），北京燕山出版社，1995 年 4 月第一版，第
　　　　1350～1351 頁，原載廣東《湛江文史資料選輯》第 9 輯（1990 年）。
〔註75〕 高仰止、楊金鼇：《上海郵政大樓話滄桑》，載於北京市郵政管理局文史中心
　　　　編：《全國各級政協文史資料・郵電史料》（上冊），北京燕山出版社，1995
　　　　年，第 275 頁。
〔註76〕 王樨：《郵政》，上海，商務印書館，1933 年，第 131 頁。
〔註77〕 客郵之外，當時還有所謂上海租界工部局設立的工部局書信館的存在。該館
　　　　設立於同治二年（1863 年），到光緒二十三年（1897 年）為中國剛設立的官
　　　　方郵政歸併，設立長達三十五年之久。參見王樨：《郵政》，上海，商務印書
　　　　館，1933 年，第 183 頁。
〔註78〕 鄭游主編，《中國的郵驛與郵政》，北京，人民出版社，1988 年，第 140 頁。

此變爲私運違禁物品嗎啡、鴉片等之助力」云云。而且，外僑利用外國郵局取巧寄遞國際郵件，將寄外國郵件貼上他本國的國內郵資，匯總加一封套由其住地貼中國國內郵資寄到口岸外國客郵拆封，再作爲他本國郵件。這都是客郵在中國妨礙我國郵權的事例〔註79〕。

客郵對中國國家安全和領土完整的危害尤其不容小覷。

如前所述，客郵的設置地域和母國勢力範圍的延展是完全一致的。19世紀80年代以後，隨著英國、法國、俄國的殖民觸角由中國的海疆伸到了邊疆地區，客郵局也緊緊跟上。

新疆的喀什噶爾，西藏的亞東、江孜、帕克里等地都設立了英國客郵。在西藏地區的英國客郵，歸英屬印度管理。由西藏地區寄中國內地郵件，或交設在江孜的中國郵局，或經由亞東英國郵局送由印度轉寄。〔註80〕1884年，英國在疏附縣縣城（今喀什市）設郵局。

也是在1884年，沙俄西伯利亞鐵路通車後，開闢了喀什噶爾至中俄邊境線上伊爾克斯塘郵路，由雙方馬夫騎馬送往兩國交界處進行郵包交換。同時發行了沙俄郵票。新疆與內地的通信往來全被沙俄壟斷，信件、郵包全貼沙俄的郵票，蓋沙俄日戳，收沙俄貨幣，由新疆出境轉西伯利亞，入滿洲里，再送關內。俄國在新疆境內，每年的郵資收入就達十萬盧布以上。

辛亥革命期間，沙俄鼓動庫倫活佛，以軍費讚助，誘使其宣佈獨立。外蒙宣佈獨立後，沙俄首先承認，並於1912年11月3日訂立《俄蒙協約》，該條約分六部分，除了宣佈「俄國帝國政府，正式承認外蒙古爲獨立國家」以外，還攫取了俄國在蒙古駐屯軍隊、開設郵局、佔有土地、協助抵禦中國「入侵」等方面的特權〔註81〕。《俄蒙協約專款》第十條規定：「俄國人民，經商允蒙古政府後，得在蒙古境內設立郵局，以便於蒙境各處相互間，以及該各處與沿俄邊境各處，運送信件商品。郵局經費，概由俄國人民負擔。又如遇站房以各種房屋之堪充郵局用項而爲蒙古所有者，可由俄國人民照本協約第

〔註79〕 霍錫祥：「帝國主義與中國郵政」，載北京市郵政管理局文史中心編：《全國各級政協文史資料·郵電史料》（上冊），北京，北京燕山出版社，1995年4月第一版，第79頁，原載全國政協《文史資料選輯》第15輯（1961年）。

〔註80〕 霍錫祥：《帝國主義與中國郵政》，載北京市郵政管理局文史中心編：《全國各級政協文史資料·郵電史料》（上冊），北京燕山出版社，1995年，第78頁。

〔註81〕 參見張廷灝：《不平等條約的研究》（沈雲龍主編：《近代中國史料叢刊續編》第三十七輯第369號），臺北，文海出版社有限公司，1984年，第59～60頁。

六條規定，租賃或購買。」〔註82〕據此，俄國取得了在蒙古設立郵局的特權，並藉此逐步完成對蒙古各地的侵蝕和控制，達到分裂中國的目的。

正因如此，朝野上下、國內民眾對於驅除客郵一直有強烈的呼聲。如光緒十九年（1893年），總理衙門多次接到南洋大臣劉坤一、北洋大臣李鴻章報告：「上海英美工部局現議增設各口信局，異日中國再議推廣，必更維艱。」鑒於各國在各通商口岸紛設郵局，侵犯主權，光緒二十一年（1895年），南洋大臣張之洞奏請清廷批轉赫德等人擬就的郵政章程，將海關附設的郵政系統，推廣到沿江沿海各地，並逐步向內地延伸，最終達到使各國客郵見勢撤離的目的。〔註83〕「驅除客郵、還我國權」，成爲清末引入西方模式，建立中國自己的近代化郵政的重要原因之一。

1.4　郵政的誕生

1.4.1　特殊的出身：海關創辦郵政

《中英天津條約》〔註84〕第四款規定：「大英欽差大臣並各隨員等皆可任便往來，收發文件、行裝囊箱，不得有人擅行啓拆。由沿海無論何處皆可送文。專差同大清驛站差使，一律保安照料」。〔註85〕

該條約之後，清政府於同治二年（1863年）與丹麥，同治三年（1864年）與西班牙，同治四年（1865年）與比利時，同治五年（1866年）與意大利和奧匈帝國、日本等國，相繼簽訂了類似的條約。此後，中國政府就必須依約擔負起對各國公使的郵件進行保護照料的責任。但當時中國根本沒有西方式的郵政，如何處理這個問題，中國政府並沒有太多的準備。

咸豐十一年（1861年）6月，英國人赫德來華，代理海關總稅務司。初到北京，晉見恭親王奕訢（時任總理各國事務衙門大臣）時，赫德就建議仿

〔註82〕程道德、張敏孚、饒戈平等編，《中華民國外交史資料選編（1911～1919）》，北京，北京大學出版社，1988年，第90頁。轉引自《東方雜誌》第9卷第10號，內外時報，第20～22頁。
〔註83〕張之洞上奏：「轉飭赫德妥議章程，將稅關附設之郵政，推行於沿江沿海各省，兼及內地水陸各路，務令各國將所設信局全撤。」引自晏星：《中華郵政發展史》，臺北，商務印書館，1994年，第10～11頁。
〔註84〕咸豐八年（1858年）訂立。
〔註85〕沈雲龍訪問，林泉紀錄，郭廷以校閱，《劉承漢先生訪問紀錄》，臺北「中央研究院近代史研究所」，1997年，第1頁。

照西方創立國家郵政，但清廷當時未予重視。同年，俄、英、法三國派公使來華。按照條約，三國公使自行派遣信差寄送公文，其路線是先由北京送天津，然後由各國輪船運輸到上海。但是由於一到冬季，天津海面就會結冰，各國船舶不能入港。各國駐京使節的郵件，只得交給總理各國事務衙門，轉命郵驛代寄。這就是中國政府依約代替各國公使遞送郵件的開始。這種模式推行一段時間以後，不僅各國外交官員深感不便，而且每年十二月至次年三月走陸路運輸，中途費時十二天不說，危險還很多〔註86〕，郵件安全不易保證，「故處理外交事務之總理衙門，才會傷透腦筋」〔註87〕。

同治二年（1863 年），赫德正式繼任總稅務司。1865 年，總稅務司署由上海遷往北京。各通商口岸的稅務司與總稅務司署的往來文件，均改寄北京，一時郵件增多。此時赫德創立國家郵政的建議尚未實現，但迫於海關業務的需要，總稅務司和沿海各口岸間的海關不能沒有通信交通。爲解決此問題，總稅務司決定自行創設郵路。除冬季封河期外，總稅務司署在北京及天津之間，雇用人員以按班計酬方式運送郵件；天津至其他通商口岸，交海輪順帶；在冬季封河期內（12 月至次年 2 月），須改由鎮江寄發，海關郵件仍交總理衙門通過郵驛在北京和鎮江之間遞送。

同治五年（1866 年），又規定在海口封凍期間，由總稅務司彙集各使館文件，按期送交總理衙門代寄，等春天解凍時，即由總稅務司自行派差送天津，轉寄到上海。後來又演變爲「不論冬夏，改由總稅務司常期派差往來」〔註88〕。其後，總稅務司署設立郵務辦事處，設置常差，辦理京津往來郵件業務〔註89〕。

〔註86〕當時適值天平天國、捻軍等農民起義活躍於中國南北許多省份，不斷發生戰事，交通經常中斷。參見郵電部郵電史編輯室：《中國近代郵電史》，北京，人民郵電出版社，1984 年。

〔註87〕彭瀛添：《民信局發展史——中國的民間通訊事業》，臺北，中國文化大學出版社，1992 年，第 125 頁。

〔註88〕晏星：《中華郵政發展史》，臺北，商務印書館，1994 年，第 212 頁。

〔註89〕據同治六年二月，總稅務司署郵務辦事處公佈的郵件封發時刻表，當時往來京津滬的郵件，每星期封發一次。歐美各處寄來的郵件，運到天津交付稅務司後，即派專差，遞送到北京。計算郵費的方法，分繳納經常計費和按件計費兩種。如果繳納經常計費三十兩，每次由北京封發時，可以交寄重量不超過三斤的郵件一袋。或者按件稱重收取資費。信件重量不超過一英兩的，收取寄費銀四分，從一英兩到四英兩的，收費銀二錢；四英兩到八英兩，收費五錢。新聞紙每件收銀二分。各種寄費都在北京收取。參見王檉：《郵政》，上海，商務印書館，1933 年，第 2 頁。

這就是中國海關兼辦郵政的開端。〔註90〕

同治六年（1867年）12月，總稅務司所設多季通郵辦法逐漸推行到天津的外僑，但「內裝之件以洋文信函為限」，中國人還「不得享受此種權利也」。〔註91〕

然而，海關所兼辦的郵務，至此已邁進三大步，由自送稅務司文件而代遞使館文件，其後又由使館文件進入到為一般外僑的信件服務。「總稅務司兼辦郵遞，其始不過管理外國文件，然漸推而收寄普通人民信件，已為我國暫委總稅務司兼辦郵政之嚆矢。」〔註92〕儘管還沒有開始收寄中文書信，「尚未完成公用事業應有的使命，但其發展方向已朝著公用事業的途徑邁進可知。」〔註93〕

1.4.2 海關郵政向國家郵政的過渡

同治五年（1866年），北方各口海關設立郵務處以後，海關郵政雖屬試辦、兼辦性質，但經過逐步演進，頗見新興氣象，漸有邁向創辦國家郵政的氣勢。總理衙門對於海關郵政，也逐漸表示贊許。

到光緒二年（1876年）總稅務司繼續擴充海關郵政機構（海關撥駟達局），多處地方海關也設置了郵務處，由總稅務司管理。當時社會對建立國家郵政已深感需要，但清政府內守舊的反對勢力過大，無法推行。無奈之下，赫德曾欲利用外力以謀內政革新，但未能成功。〔註94〕

光緒四年（1878年），海關郵政開始收寄公眾信件。這是郵政發展史上的一件大事，因為在此之前，海關郵政只收寄洋文書信，主要服務對象是西方人。開始收寄公眾信件，意味著郵政向中國普通百姓開放，華洋文郵件從此一致待遇。這也是海關郵政服務一般民眾的開始。

〔註90〕民國「交通部、鐵道部交通史編纂委員會」編輯：《交通史郵政編》第一冊，1930年，第3頁。

〔註91〕民國「交通部、鐵道部交通史編纂委員會」編輯：《交通史郵政編》第一冊，1930年，第3頁。

〔註92〕民國「交通部、鐵道部交通史編纂委員會」編輯：《交通史郵政編》第一冊，1930年，第3頁。

〔註93〕沈雲龍訪問，林泉紀錄，郭廷以校閱，《劉承漢先生訪問紀錄》，臺北，「中央研究院近代史研究所」，1997年，第6頁。

〔註94〕1876年，中國和英國商訂煙臺條約過程中，赫德曾要求英國公使威妥瑪將中方開辦國家郵政事項列入條約中，未果。詳見沈雲龍訪問，林泉紀錄，郭廷以校閱，《劉承漢先生訪問紀錄》，臺北「中央研究院近代史研究所」，1997年，第6頁。

　　海關郵政的創辦，打破了中國傳統的以驛站和民信局爲主的通信格局，首次實現了官辦通信機構的社會公用，使中國的通信形式和手段向近代化邁出了重要一步。但是，海關郵政並未請旨批准，又無詳細的郵政章程，還不能算是正式的國家郵政。它既得不到各國的承認，也無權加入國際郵聯。此外，其通信範圍只限於通商口岸，不僅不能滿足當時旺盛的通信需要，不能取代日漸衰敗的驛站和遍佈各地的民信局，更無法阻止日益猖獗的客郵在華蔓延。而列強佈設客郵的主要藉口就是中國沒有正式的郵政，「其在華的僑民通訊不便，不得不自設『客郵局』於通商口岸」〔註 95〕。鑒於這種形勢，以李鴻章等爲首的洋務派感到，如不盡快設立正式的國家郵政，以後必多生枝節，故以郵政爲官民通用符合「萬國通例」，遏制「客郵」氾濫以維國體爲由諮呈，力主裁撤驛站，仿傚西方先進通信形式開辦國家郵政。

　　其實，朝野上下、國內民眾對於驅除客郵一直有強烈的呼聲。早在光緒十一年（1885 年），候選州同李圭向浙江寧紹臺道薛福成遞呈報告，主要內容就是請求試行郵政。當時寧海關稅務司是英國人葛顯禮（H.Koesch）。薛福成通告了葛顯禮後，葛顯禮在覆文中，也主張在通商各口創設郵政局，然後告知香港英國郵局，將英國在中國所設置郵政機構一律撤回，而美、法、日本即可效法撤郵。薛福成拿到覆文後，申報南洋大臣兩江總督曾國荃，曾又轉諮總理衙門，可見當時設郵的動機，即在抵制客郵。光緒十八年，總稅務司赫德向總理衙門致函。赫德稱：清政府應該加快設立官郵局，作爲抵制客郵的基礎，否則時日拖延，將來恐怕將另生枝節。光緒十九年（1893 年），南洋大臣劉坤一、北洋大臣李鴻章也先後稟稱，上海英美工部局正在增設各口信局，一旦蔓延，不但侵犯國家利益，而且將來中國自己建立的郵局要想推廣，「必更維艱」。〔註 96〕

　　1894 年甲午戰後，中國上下一片譁然，反思自己一敗再敗的原因，「非由於器械之不精也、資源之不廣也，或人才之不足也」〔註 97〕，而是敗在「顢頇落伍、貪污無能」的制度上。至此，「朝野上下始如大夢初醒」，變法改製成爲上下一致的呼聲。清廷也終於將建立國家郵政體制之事列入議程。總理衙門態度趨向積極。此時，赫德擬定了《開辦郵政章程》四項，共四十四條。

〔註 95〕晏星：《中華郵政發展史》，臺北，商務印書館，1994 年，第 318 頁。
〔註 96〕參見晏星：《中華郵政發展史》，臺北，商務印書館，1994 年，第 10～11 頁。
〔註 97〕唐德剛：《晚清七十年》，長沙，嶽麓出版社，1999 年，第 227 頁。

在此期間，南洋大臣張之洞也鑒於其時國勢陵夷，客郵分設，侵權攘利，認為「稅關所設之郵遞，與國家所設之郵政體制不同……推廣每多窒礙」，於光緒二十一年（1895 年）提出：「轉飭赫德妥議章程，大局開辦，推行沿江沿海各省，兼及內地水陸各路，務令將（外國）所設信局全行撤去，並與各國入會，俾傳遞文函，互相聯絡。」〔註98〕

對於主張設立郵政的人們來說，這一奏章如逢春雨，來得正是時候。翌年（光緒二十二年，1896 年）3 月 20 日，總理衙門依據張之洞的《擬請設立郵政》奏摺，連同赫德草擬的《開辦郵政章程》，起草了《議辦郵政摺》入奏光緒帝：請准正式開辦郵政，飭總稅務司專司其事，仍由總理衙門總其成。當日，光緒皇帝批准「依議」，其所附章程也一併批准。郵政終於有了「奉准成立」的依據。1897 年 2 月 20 日，「海關郵政」從此更名為「大清郵政官局」。由總稅務司赫德兼任總郵政司一職，仍歸總理衙門節制。〔註99〕

1.4.3　初具規模

海關郵政的通郵地點，開始僅以北京、天津及上海三地間互寄為限。1878年春擴展至牛莊、煙臺。第二年再延伸到蕪湖、九江、漢口、宜昌等長江各埠。1882 年起，所有溫州、寧波及其以北各埠，均已出售郵票，收寄郵件。

大清國家郵政於 1896 年奉准開辦，第二年 2 月正式開業時，全國僅有郵局 24 處。〔註100〕但到了 1899 年，已增至 47 處。1901 年起，郵局向內地加速推廣，當年底郵局及代辦所增至 176 處；1910 年為 5357 處。到宣統三年（1911 年）郵傳部接管郵政時，已有 6201 處。〔註101〕其業務除信件以外，逐步增加了郵政匯兌、包裹、明信片、官報、報紙、快遞信件等多種業務。〔註102〕光緒三十四年（1908 年），全國郵政人員共約 7800 餘人，到宣統三年（1911 年）增至 15339 人。郵政人手的迅速增加，也足以反映郵務之蓬勃發展。〔註103〕

〔註98〕晏星：《中華郵政發展史》，臺北，商務印書館，1994 年，第 346 頁。
〔註99〕晏星：《中華郵政發展史》，臺北，商務印書館，1994 年，第 347 頁。
〔註100〕即北京、天津、煙臺、牛莊、漢口、沙市、宜昌、上海、蘇州、杭州、寧波、溫州、鎮江、九江、蕪湖、福州、廈門、廣州、汕頭、瓊州、北海、重慶、蒙自、龍州
〔註101〕晏星：《中華郵政發展史》，臺北，商務印書館，1994 年，第 376～377 頁。
〔註102〕晏星：《中華郵政發展史》，臺北，商務印書館，1994 年，第 377 頁。
〔註103〕晏星：《中華郵政發展史》，臺北，商務印書館，1994 年，第 373 頁。

1.5 第一部郵政法——大清郵政章程的制定

　　大清郵政建立以後，馬上面臨著如何明確身份，如何處理與政府其他部門關係，如何開辦業務，如何拓展網絡，如何處理與新老競爭對手的關係等等極爲複雜的問題。對於同樣問題，中國洋務運動中的其他「新政」也同樣會遇到，但由於多數新政是以中國官員爲主持，在邊幹邊摸索的過程中，難免帶上濃厚的中國式治理色彩，甚至形成一個巨大的、灰色的協商空間，社會對此也習以爲常，其制度和法律的成型往往經歷一個漫長的、後發的過程。而大清郵政卻頗有些與眾不同，從一露臉就呈現給世人一種比較強烈的西方管理特色，其突出表現之一就是迅速頒行了專門性的法律，使一切行動「皆能有法有章」。這種特色，和創始人赫德又有著莫大的關係。赫德來自現代資本主義文明發源地之一的英國，對法制的作用似乎有一種天生的信仰。和中國官員的傳統辦事方法不同，他更重法治、而非人治，在爲郵政「正名」，爭取中央政府認可的同時，將眼光放到了立法上，高度重視法律的作用，依靠國家立法的力量來推廣郵政，實現他的理想〔註104〕。

1.5.1 《郵政章程》十三條

　　早在光緒十八年（1892 年）十二月，總稅務司赫德就向總理衙門呈遞了《郵政章程》十三條〔註105〕，可算是中國近代郵政立法的雛形。

〔註104〕赫德與郵政淵源深長，在其於咸豐十一年（1872 年）初到北京，即有創立郵政的建議。到同治五年，天津海關開始代辦郵政。到光緒二十二年（1896 年），郵政正式開辦，距離其最初建議，已經過去了三十多年。難爲可貴的是，赫德其人不但提出了動議，更持守以恒，努力不懈地終於將近代郵政制度引入了中國。此中的艱辛如縷，堅守如斯，即使百年之後，也不免令後人動容。參見《赫德評傳》，載王開節、何縱炎編：《郵政六十週年紀念刊》，沈雲龍主編：近代中國史料叢刊續編第九十三輯，臺北，文海出版社有限公司，1982 年，第 38 頁。

〔註105〕赫德呈遞郵政章程十三條（標點由本人加注）
一 中國郵遞之事分爲三種。各省城鄉鎮社由陸路往來寄遞一也，由海路往來寄遞二也，寄送外國三也。
一 其第一各省由陸路寄送與第三寄送外國暫時無庸更易。
一 其第二通商口岸來往寄遞書信等件，嗣後即照後開各條辦理。
一 通商口岸各新開所設之郵政局所，應作爲中國官郵局，凡收發寄送書信，一切事宜皆準承辦。
一 京都總稅務司署中之郵局應作爲總局，所有各新開郵局由總局督理指示一切。

《郵政章程》十三條的主要內容是：

一、將兼辦性質的海關郵政上升爲國家郵政，明確海關郵局「應作爲中國官郵局」，「凡收發寄送書信一切事宜皆準承辦」。

二、明確郵政的主管部門，即總稅務司管理郵政事務。

三、對民信局實行嚴格管理，限制民信局的寄遞業務。

包括：

1、在通商口岸往來的船隻只能收運官郵局所交信包，其他無論何人何處寄送信件一律不准收運。

2、民信局由一個通商口岸到另一通商口岸寄遞的書信，應交官郵代送到第二口，再交民局查收。所有計費按照規定先行繳納。

3、民信局如有書信由一個通商口岸到另一通商口岸，如果收件人地址就在所到達的通商口岸內，該書信可以由官郵局代投，並與民信局記帳；如果收件人地址不在所到達口岸內，則交由民信局自投，但口岸之間的郵費仍要黏貼郵票，民信局可以向收件人收取陸路投遞的費用。

四、限制客郵在中國境內的經營活動。凡書信由外國郵政運到中國後，

一 總局及各分局所需之信票，由總局備辦寄交各局發賣，所收支款項由各分局按期繕單，開報總局轉呈總理衙門核鑒。

一 凡船隻由通商口岸來往，除新關郵局所交之信包外，無論何人何處寄送信件一概不准收運。

一 民間所立之信局若有書信由通商此口欲送通商彼口，則應交新關郵局代送遞至第二口民局查收，所有寄費照例先行繳納。

一 凡書信由通商此口寄到通商彼口，若係寄交該口內，即由新關郵局分投亦可，若係寄遞他處，即交民間信局寄往。其寄送之費，除此口至彼口照章黏貼信票外，其餘陸路寄送之費由承送局向收信之人自取，如有民間信欲將書信交由新關郵局代送或願代送，新關郵局隨時記帳。

一 除收發書信等外，所有傳送對象之包封及匯兌銀兩發給匯票以及通商口岸已設之洋信局代辦一切等事，應由新關郵局酌議妥章，次第舉辦。其包信輕重、分量、大小、尺寸並匯兌之銀數，均須定有制限，容後再議。

一 凡書信等件由外國運到，應由進口之外國郵政船交新關郵局分投（或暫時交該口之外國信局亦可）。

一 凡書信等件寄送外國，應交新關郵局轉交外國郵政船寄送（暫時交該口之外國信局亦可）。除上海等外國郵政輪船時常來往之口准交外國信局外，其餘各口只准交由新關局寄送。

一 所有京都及通商各口寄送外國之信，中國既經附入各國郵政會，則凡寄遞會內各國書信之費即照郵政章程則例徵收。除京都及通商各口外，若寄他處，寄遞外國交由民局轉送，該民局所抽之資亦須加納。

其國內段的投遞應交中國官郵（但是考慮到僑民的習慣以及大清郵政一時尚難具備海外通郵的實力，所以又做了一些通融，即「暫時交該口之外國信局亦可」）；凡寄往國外的信件，應交中國官郵轉交外國郵政船。（出於同樣的原因，此處再次發揮了靈活性，即暫允許「上海等外國郵政輪船時常往來之口，准交外國信局」）。〔註106〕

這部《郵政章程》十三條僅是一個立法設想。由於尚處於海關代辦郵政時期，郵政並沒有獲得完整的國家機構身份，清政府對正式成立國家郵政處於一個觀望、猶疑階段，立法條件並不具備，所以並未成法，更未能頒佈，因此《郵政章程》十三條還不算是一部眞正意義上的法律。但是，作爲其後中國近代郵政法律的淵源之一，它已經非常清晰明白地反映了赫德對於未來大清郵政發展的一些重要的思想，搭建起了清末郵政立法的基本框架。

1.5.2 《大清郵政章程》

光緒二十一年（1895 年），總理衙門與總稅務司赫德商議開辦郵政。赫德抓住大好時機，擬具《大清郵政章程》（簡稱《郵政章程》）共四項四十四條。這部章程同日奉光緒皇帝批覽，正式頒佈。自此，大清郵政的各項事務即依據此奏定郵政章程施行。

赫德在《郵政章程》的前言裏，開門見山地提出了他的指導思想：〔註107〕

> 郵政開創之初，訂立章程無需過繁甚細，但宜大概酌訂分晰分類，俾外人易於知曉，並使在事員工得所遵循。俟行之既熟，體察情形，再爲因時制宜酌立詳章，分歸各類，登記奉行，所有中國開辦郵政擬訂之章，宜分四大類，以清眉目。

可見，《郵政章程》既是郵政開辦的法律文件，又是赫德逐步健全郵政網絡的總體方案，集中體現了赫德「穩紮穩打」的辦郵思想。

按照這一思路，章程分爲四個大項，分別是：（一）通商口岸互相往來寄遞；（二）通商口岸往來內地寄遞；（三）通商口岸往來外國寄遞；（四）郵政總章。從以上劃分，可以清楚地看出，開辦之初，大清郵政的網絡尚局限在通商口岸。

〔註106〕參見民國「交通部鐵道部交通史編撰委員會」編輯發行：《交通史郵政編》，1930 年，第一冊，第 15～16 頁。

〔註107〕參見民國「交通部鐵道部交通史編撰委員會」編輯發行：《交通史郵政編》，1930 年，第一冊，第 16 頁。

《郵政章程》的正文可見如下主要內容：

第一，賦予海關郵政法定地位。將已有的海關「寄信局」，改爲郵政局。

第二，明確郵政局的管理，仍由稅務司負責。

第三，在總稅務司署設郵政總局，管理北京、天津、煙臺、牛莊、漢口、沙市、宜昌、上海、蘇州、杭州、寧波、溫州、鎮江、九江、蕪湖、福州、廈門、廣州、汕頭、瓊州、北海、重慶、蒙自、龍州等各通商口岸的郵政局。

第四，待條件成熟後，可由各郵政局在附近逐步設立分局。

第五，規定了寄送信件、匯款、包裹等郵政主要業務種類，以及郵政局的內部處理流程、資費收取、郵票印製購買、與民信局和輪船等相互間的郵件交接程序等基本制度。〔註 108〕

第六，制定了郵政局財務管理和業務統計等方面的制度。〔註 109〕

第七，設立了禁止性條款。如禁止僞造郵票（「僞造信票應按僞造錢票據之罪懲辦」）、禁止郵局工作人員侵犯通信秘密（「凡郵政局之員役等，若有私行拆動信封及傳揚洩露等事，除照局中定章罰辦外，尤須按其本國律例治罪。」），並設定了相應的處罰。

《郵政章程》的一個重大特點，是設置了一個所謂「專款」，對民信局的經營做出了專門性的規定〔註 110〕。

〔註 108〕如「寄送信件，既分口岸、内地、外海三項，其信資亦當分析爲三：一爲岸資，一爲内資，一爲外資」；「明信片每張應收洋銀一分。封口信每件計重二錢五分、五錢、一兩以下，應收洋銀二分、四分、八分；餘以此類推」；「凡將信件交付郵政局寄送，必須於信面上黏貼郵政局之信票，作爲信資」。

〔註 109〕如「各郵政局應將進出款目，按月具報造冊處管理郵政稅務司，按結轉報總稅務司查核。俟屆年底，由總稅務司彙報總理衙門鑒查」，「郵政應將信件各類往來若干隨時登記冊簿，其冊簿式樣應照聯約條例第四、第三十七款暨二十三與二十四條詳章辦理」。

〔註 110〕該「專款」的主要内容如下：

一、凡民局之信件，途經通商口岸交輪船寄送者，均須由該民局將信件封固，裝成總包，交由郵政局轉寄，不得徑交輪船寄送，並應按往來通商口岸之章，由該民局自行酌定收取。

二、郵政局接運民局之封固總包，應寄交書明處所之同行民局查收，取回收單備查。

三、凡民局開設聯約處所，應赴郵政局掛號，領取執據爲憑，無需另納規費。倘該民局領有執據後，不願復行承辦此項事件，應先赴郵政局呈明，將執據撤銷。

四、五等款，俟嗣後有同類應載事宜，即添注於此。

在大清郵政初創時期，赫德對於郵政的未來發展雖然有遠大的目標，但鑒於郵政實力薄弱，所以立法只能基於現實的局限，既允許民信局繼續發展，並利用民局和客郵的資源，發展郵局的業務，建立起新式國家郵政的網絡、客戶群與社會信用；又借助立法的威力，發動國家行政力量，對競爭者實行限制、控制，逐步削弱，一步一個腳印地實現「郵權歸一」的理想。《郵政章程》的「專款」部分以及其他的一些相關條款，正是從制度設計上一步一步地落實赫德的立法目標。

第一步，如前所述，《郵政章程》規定：各海關所設寄信局改爲郵政局。這就明確了國家郵政的法律地位，大清郵政從此具有了合法性。

第二步，《郵政章程》規定，郵政局能夠自行寄送的就「自作總包」，「若寄送內地，即用已設之民局代遞」。這是大清郵政在網絡尚未普及到內地的情況下，合法利用民局資源的法律依據。

第三步，「專款」部分規定：民信局信件不得自行交輪船寄送，須由該民信局將信件封裝成總包後再交郵政局轉寄。民信局和郵政局應辦理總包交接手續。「凡民局將封固之總包交郵政局，應照所書，寄交他處之郵政局，轉交彼處之掛號同行民局查收」。「凡外海寄來之信件必須交由本口郵政局轉交應收各人，不得自行另交轉送，惟上海一處暫時不在此例。若有須寄往內地不聯約處所投遞者，即由郵政局交給掛號之民局轉寄，其內地運送之資，可由民局收信之人按其自定條規收取。」這一規定，與 1892 年赫德草擬的《郵政章程》十三條可謂一脈相承。按此規定，民信局的信件運輸必須交郵政轉運，實質是民信局的經營活動被納入到大清郵政網絡體系中去了，無異於大清郵政的代辦所。這就爲以後郵政吸收民信局留下了伏筆。

第四步，民局開設局所「應赴郵政局掛號，領取執據爲憑，無須另納規費」。如果該民局領了執據後，不願再辦理業務，應先到郵政局報告將執據撤銷。按此規定，事實上是給民信局的經營設置了一個行政許可的程序。民信局必須經過郵政官局行政許可後，才能開設局所，大清郵政由此取得了對民信局的行政管理權。

第五步，在《郵政章程》的「示禁」部分規定：「凡有郵政局之處，除掛號之民局外，所有商民人等不得擅自代寄信件，違者每件罰銀五十兩」。「輪船進出通商各口，除承寄郵政局所交之信件外，所有本行之船主水手搭客等，不得攜帶郵政局應寄之信函等件，惟露寄之字紙如薦書暨辦事之隨身單

據等類、與本船之本行本貨各情之書件等項不在其內，違者每次罰銀五百兩。」〔註111〕所謂「示禁」，應該是相當於現代法律中的「罰則」或者「法律責任」，對商民違反《郵政章程》，擅自代寄信件或者輪船擅自代運信件的行為，予以了相當嚴厲的處罰。這也是目前可見最早的對郵政專營的行政保護。當然，制定這一條款也明顯參考了當時西方的立法例，將未封口的推薦書、單據、貨單等（「露寄之字紙如薦書暨辦事之隨身單據等類、與本船之本行本貨各情之書件等項」）排除在郵政專營的範圍之外。

總的來看，《郵政章程》的某些條款，尤其是郵件交接、財務管理等部分，非常近似於郵政業務的指南或操作手冊，這反映了郵政早期即具有的「政企合一」的特色，同時也與郵政初創時期，尚不具備完整嚴密的業務制度，需要依靠《郵政章程》來完成內部管理的建章立制任務有很大關係。

民國時期郵政法學專家劉承漢評價：「新式郵政的創設，將舊式郵政進行推翻，而重新創造新制，所以郵政法令，『亦較舊制截然不同』。」但他認為赫德經過總理各國事務衙門奏請設立郵政時所附郵政章程，只是徵收郵資、匯寄錢鈔的簡單手續，「不但法規之形式未備，即法規之實質，亦異常貧乏。」〔註112〕筆者認為，劉承漢先生的這種認識可以商榷。因為《郵政章程》的主要內容已明確規定了郵政局、用戶、民信局、運輸方等各相關主體的權利義務。在得到光緒皇帝認可後，它就成為清政府制定和頒佈的、由國家強制力予以保障的成文法，法律的基本要件均已具備。因此，筆者認為，將《郵政章程》作為中國第一部近代郵政法是恰如其分的。

《郵政章程》的起草者是赫德——一位來自英國的西洋人。以當代的眼光來看，一國法律由外國人來起草，似乎是匪夷所思的。但是，如果結合到當時的客觀環境，我們對這種情況的發生就不難理解了。受洋務運動和維新變法影響，新興的士紳階層對模仿西制，制定經濟法規的呼聲日益高漲。到清末修律期間，清政府陸續制訂了一批經濟法規，比如涉及工商方面的《商標註冊暫擬章程》、《破產法》、《公司律》、《公司註冊試辦章程》、《商人通例》；涉及礦業方面的《大清國礦務正章》、《礦務鐵路公共章程》、《礦務暫行章程》、《籌辦礦務章程》；涉及金融方面的《大清銀行則例》、《試辦銀行章程》、《銀

〔註111〕參見民國「交通部、鐵道部交通史編纂委員會」編輯：《交通史郵政編》，1930年，第一冊，第16～22頁。
〔註112〕參見劉承漢：《郵政法原理》，臺北，三民書店，1985年，第10頁。

行通行則例》、《奏定幣制則例》、《票據法》等；涉及鐵路方面的《重訂鐵路簡明章程》。這些經濟類法規，大部分在中國法律史上屬於首次，其開創意義不言而喻。但是也正是由於與中華法系的傳統大相徑庭，前無借鑒，通曉西洋法律的人才缺乏，所以清政府在制訂過程中，不僅大量參考、移植外國的有關法律規定，甚至有的法律乾脆就邀請外國人幫助起草。比如《破產律》就是由日本法學家松岡正義起草，《大清商律草案》是由修訂法律館聘請另一位日本法學家志田鉀太郎仿照日本商律起草的。〔註113〕所以，《大清郵政章程》由赫德起草也就不足爲奇了。

同時需要指出的是，在《郵政章程》的眾多條目之後，往往附有「XXX等款，俟嗣後有同類應載事宜，即添注於此」的格式。其實，立法者是在明白地告知：此章程絕非完備。作爲大清郵政正式開辦的制度框架，《郵政章程》只是粗有梗概。立法者的思路是等郵政開辦一個較長時間以後，在實踐中如果發現章程中有缺失錯漏或者需要補充制定的內容，即可在此適當地方，予以修改或添加。這也和《郵政章程》前言部分，赫德專門解釋的本意是相符的。〔註114〕

正因如此，在《郵政章程》施行之後，總稅務司仍在不停地制訂各項實施細則，補充完善《郵政章程》，以求達至方便適用的目標。〔註115〕

比如，光緒二十二年（1896年）11月11日，總稅務司赫德擬定《通行各口兼辦郵政章程》呈總理衙門核定施行。該章程共十條，主要規定了各地官郵在處理民局總包時的具體程序。

光緒二十三年（1897年）1月17日，總稅務司赫德呈覆總理衙門《各國郵政局通融辦法章程》三條，主要內容是：1、通商口岸的外國分局間互相寄遞的信件，應交中國郵政局系統傳遞後再轉交另一地的外國分局。2、收寄投遞全過程均在中國境內的信件，即使由各口的外國分局寄送，也應在上面黏貼中國郵票作爲郵資，不得黏貼外國郵票。3、外國分局交中國郵局遞送的信件總包，按規定走海路納銀二元、走陸路納銀一元。

〔註113〕參見李青：《洋務派法律思想與實踐的研究》，北京，中國政法大學出版社，2005年，第169頁。

〔註114〕即「訂立章程無需過繁甚細，但宜大概酌訂分晰分類，俾外人易於知曉，並使在事員工得所遵循。俟行之既熟，體察情形，再爲因時制宜酌立詳章」

〔註115〕參見吳昱：「清代郵政的初期運轉及其運行障礙」，《鹽城師範學院學報（人文社會科學版）》，第31卷第5期，2011年10月。

1897 年 3 月 23 日，總稅務司赫德將《改定郵政章程三條》呈總理衙門。其主要內容：一是對資費做出調整；二是解釋了原章程中「商民擅行代寄信件者，每件罰銀五十兩，輪船行主、船主、水手搭客違章代寄信函者，每次罰銀五百兩」的規定，「係專指私帶郵局應寄之信而言」。如有人是因為幫朋友稍帶書信，或者寄信人委派專人投遞自己的信件，完全可以由水陸自由行走，「斷不至阻滯盤詰。」；三是申明郵政局「實無飭令廝役人等搜查旅客之事」，「如有不肖關胥」冒充郵政人員檢查旅客，發生「婪索等弊」，受害人有權到海關檢舉申告。至於商民私帶的貨物，如果涉嫌違章偷稅漏稅的，一旦被海關搜到處罰，實屬海關的正常職責，「與郵政局無干」。由上述修改可見，當時執法引起的社會反響不小。而海關與郵政長期合署辦公，也暴露出了一些問題。

1897 年 10 月 23 日，規定《郵政局匯寄因鈔章程並執照式樣》。所謂執照，即類似今天的匯款憑據。

光緒二十五年（1899 年）11 月，公佈《大清郵政民局章程》，分為《奏准創基之條例》與《總局推衍之章程》兩部分，對《大清郵政章程》有關民局條款做了細化，主要規定有五條：〔註 116〕

一、凡在設有郵局地方之民局，應向郵局請准掛號領取執據；

二、民局所收經由火車輪船帶寄之郵件，應封成總包，交由郵局轉寄，不得徑行運遞；

三、民局交郵局的總包按國內平信郵資半數納費；

四、凡由郵政處所與非郵政處所之內地往來寄送信件，得由民局照舊辦理，其資費亦由民局自定自取，與郵局無涉；

五、郵局交掛號民局轉寄內地之信件，除民局可向收件人索取內地資費外，郵局並按該件原納資費至半數付給民局。

由上可見，此時郵政局已經把民信局視為郵政局的代理機構，而不是獨立經營的事業了。

《郵政章程》自身也在不斷地修訂，其內容也逐漸詳盡。1910 年《交通官報》所載之《郵政章程》，已經遠非 1895 年剛剛頒佈時的「四項四十四條」可比了，體例上達到二十六章，二百四十五條。章節名稱分為：郵便總署；

〔註 116〕沈雲龍訪問，林泉紀錄，郭廷以校閱，《劉承漢先生訪問紀錄》，臺北「中央研究院近代史研究所」，1997 年，第 12～13 頁。

郵政處所；辦公時刻；郵票種類；禁寄之物；信件等類；明信片類；新聞紙類；刷印物類；貿易契類；貨樣類；掛號郵件；包裹類；保險章程；代貨主收價；匯寄銀鈔；快遞信件；郵政責成暨賠抵之法；投遞郵件之法；存局候領之件；無法投遞之郵件；郵件改寄他處；撤回郵件辦法；欠資郵件；指誠要覽；探詢呈訴各項情節。《郵政章程》最後附有各類郵件之資費表。章程規定，「郵政總公署設立在北京，所有一切郵政事務，均由郵政總辦擬議，申由總郵政司核奪，詳呈稅務處、郵傳部訂辦」，各郵界總局共有四十五處，各郵界以內設總局一所，下設分局及郵政代辦處；郵局每日開門，辦公時刻由各局酌定，除夕、元旦、端陽、中秋等節日放假；郵票價值從半分到五元不等；郵件上黏貼之郵票，若有塗刮、污損或用過而復用者，作爲欠資郵票，向收件人加倍索取；信件包裹內禁寄危險物品、稅關禁止之物、貨幣金銀等，一經查出，照例充公或另行懲辦；國內信件須先付郵費，寄往外洋信件若掛號先付全費，若普通之信付足與否聽便；掛號郵件加收掛號費，如欲索收件人回執則須另加付費；郵局員工不得代人書寫信面、代人裝置封內之物、代人黏貼郵票等；掛號信交於本人或本人制定之代理人；郵局掛號只可於往來皆有郵局處開展，掛號郵件一經收件人妥給收據，郵局責任即爲完畢；海關對包裹有徵稅與查驗之權，外洋寄來之包裹，收件人須交納稅銀；包裹內不准封有信件或於包內書有類似信件之語，若查出加倍罰取郵費；包裹若不封固，遇有丟失郵局不承擔責任；包裹一經交局，非經郵政司允許不得將之撤回或截留拆動；無法收寄之包裹可應寄件人要求改寄，也可請予寄回，若該包裹三月內均無人領取，則將之拍賣；郵件須將寄件人之姓名、住址等詳細注明，以便無法投寄時退還；寄件人若於封面上書明由某路或某船運寄，郵局即交由某路或某船寄遞；疑有或遇有郵件延誤、錯投等情，可呈請郵局查辦，郵局務須謙和接待、詳細對答……。

由上可見，此時的《郵政章程》已是較爲全面，對各類郵件、匯兌、郵票種類、郵件資費、投遞、郵政責任及賠償、探詢呈訴等方面都有著較爲詳細的規定，表明晚清郵政已發展到了一定的水平。此外，還可看到，《郵政章程》大量借鑒國外郵政立法，並在與外國聯郵方面直接應用萬國郵聯之規定，注重郵政的安全與效能，同時章程又於放假、投遞等方面一定程度上考慮到中國國情。〔註117〕

〔註117〕葉士東：《晚清交通立法研究》，中國政法大學法律史 2005 年博士論文。

其後，隨著大清郵政的郵務逐年擴張，《大清郵政章程》又多處修改。到宣統三年（1911 年）訂正的郵政章程，已分為二十九章，[註118] 規模進一步擴大。民國元年後，郵政章程又隨時有修正，越來越詳盡，也越來越著重於郵政業務操作和管理方面。到民國九年（1920 年）修正章程時，除宣統三年所定的二十九章外，又補加郵政儲金一章，共三十章，並附有國內包裹資費倍數表及加入郵會各國清單及全國各行政城邑所轄地方的人口數目表。民國十一年（1922 年）又將郵政章程修正。同時，也在章程中規定了資費。[註119]

1.5.3 以立法確立國家郵政的優勢地位

1878 年，北京、天津、上海、煙臺和牛莊（今營口市）率先試辦海關郵政。但到 1896 年 3 月光緒皇帝批准在全國設立大清郵政時，整整 18 年時間，海關郵政僅僅由 5 個郵局擴展到 24 個郵局，發展並不是非常快。1896 年，當赫德聞悉他籌擬的《郵政章程》，獲得皇帝批准後，曾經感慨萬千地和老友金登幹說：「三十年的舌敝唇焦，二十載的艱難經營，現在終於獲得皇上的聖旨，國家郵政終於奉准可以成立了。」[註120] 此時，他對國家郵政正式開辦後的發展，可謂充滿了希望。

然而，他很快就看到，儘管《郵政章程》的頒行，確立了大清郵政的國家郵政地位，並賦予了優先經營權和行政管理權，但並未立即收到預期的效果，大清郵政的發展依然困難重重。

一是郵政沒有得到朝野上下的普遍支持，遇到了強大的阻力。除總理衙門

[註118] 第一章郵政總局及管理局；第二章郵政處所；第三章辦公時間；第四章郵票種類；第五章印花稅票；第六章禁寄之物；第七章信函類；第八章明信片類；第九章新聞紙類；第十章刷印物類；第十一章貿易契約；第十二章各類傳單；第十三章貨樣類；第十四章掛號郵件；第十五章保險信函；第十六章包裹類；第十七章包裹保險；第十八章代貨主收價；第十九章匯票；第二十章快遞郵件；第二十一章郵政責成及賠抵；第二十二章投遞郵件；第二十三章存局候領；第二十四章無法投遞之郵件；第二十五章改寄他處之郵件；第二十六章撤回郵件；第二十七章欠資郵件；第二十八章各項指誡；第二十九章探詢呈訴各項情節。

[註119] 以上參見民國「交通部、鐵道部交通史編纂委員會」編輯：《交通史郵政編》第一冊，1930 年，第 178～185 頁。

[註120] 赫德於 1876 年 3 月 22 日致金登幹第 1913 號信函，《The I.G. in Peking》，第 1056 頁。轉引自晏星：《中華郵政發展史》，臺北，商務印書館，1994 年，第 318～319 頁。

和洋務派官員、維新知識分子同情新政外，當時「滿朝青紫無不狃於舊習」，很多保守官員並不覺得設立郵政有多麼必要，而且認爲《郵政章程》有「與民爭利」之嫌，如果依法執行，民信局將被納入郵政局體系內，發展必然受到限制，對商民影響過大。所以，即使在《郵政章程》已經施行一年以後，保守派仍然「奏章交馳，紛請裁撤」。如光緒二十三年（1897 年），御史徐道焜奏稱：「各海關附設郵政局所議章程，需防流弊」。在他看來，章程存在兩大弊端：第一是「帶信之罰太嚴」。他認爲，中國託人帶信，已經是習以爲常的事情。但在章程施行後，信件要由大清郵政經營。而且章程規定，查出民信局私帶信件，一封就要罰銀五十兩；查出輪船代運民信局私信，就要罰銀五百兩。萬一有內地商民對章程禁令還不明了，一旦違法，就會被罰得傾家蕩產，「是便民者轉以擾民」。第二是「寄報之費太重」，也就是說郵局寄發報紙的郵費太高，和報紙售價相等，「阻報館銷行之路，即阻華人閱報之機。」兩廣總督譚鍾麟則更爲激烈。光緒二十三年（1897 年），他上奏清廷稱：「郵政局瑣碎煩苛，眾怨沸騰，無裨餉需，徒傷政體」，「懇將郵政局一體裁撤。」譚鍾麟認爲，「郵政章程，皆外國之法」。一封重量在二錢五分以內的信件，收銀二分，「原不爲多」，但信件採取累計收費制，累加上去，收費就過高了。郵局人員和老百姓經常爲了稱重和計價，「每至齟齬」。除此之外，譚鍾麟認爲，郵政章程最大的問題還「在於苛罰商民」。過去書信來往，或者以委託的專人投遞，或者送民信局收寄，寄信人自願選擇，「原聽其便」。現在如果交民信局寄遞，會被罰款，而且罰沒款項「不歸公而歸私」，故郵局「人役專以搜刮爲利」。他還提出，總稅務司赫德是一個洋人，「不可以不深慮也」。何況郵局開辦以來收入不多，所以「合應仰懇天恩，將郵政局一體裁撤」，同年，閩浙總督邊寶泉致電總理衙門也認爲：「郵政局瑣碎煩苛，商民胥怨，嚴搜重罰，尤爲煩擾」，請求清廷裁撤郵政或者從寬制訂《郵政章程》，「可否奏撤，抑寬定章程？」〔註121〕

　　一些清朝官員形成以上的看法，部分原因是對由西洋引入的郵政模式不熟悉、不瞭解，且存有明顯的「華夷之辨」的戒心，另一部分原因則是郵政當時處於襁褓初創階段，服務能力和盈利能力都非常弱，官民尚未信任、依賴，郵政自身經營管理也有待提高。《郵政章程》中關於「國家專營郵政、限制其他經營主體」的規定，其實是當時西方的通行做法，赫德不過是把它由

〔註121〕參見晏星：《中華郵政發展史》，臺北，商務印書館，1994 年，第 364～365頁。

西方法律中移植過來，參酌中國國情，稍加修改而已，但守舊勢力仍然把這樣的規定視爲「與民爭利」、「苛罰商民」。因而，這也可以理解大清郵政的初期爲何只能在已設有海關的城市設立機構。

二是利益相關方反對聲浪緊跟而上。先有廣州七十二行商，以郵政不便爲藉口，聚眾聯名要求取消，稱其爲「虐政」。繼之有民信局由於觸犯了利益，強烈反對，並掀起輿論攻勢。據記載，民信局「始則呶呶，冀將成命收回。繼知不能中止，又復多方爲難，倡言郵政諸多不便，一時無識之徒，遂爲所惑，從而和之。」〔註122〕

三是郵政作爲新產生的通信機構，還未獲得中國民眾的瞭解和信任。郵政實行預付郵資，不貼郵票就不能寄信，更是聞所未聞。對於長期利用民信局傳遞信件、并且習慣於民信局「先服務後交費」的中國人來說，要改變消費習慣肯定不是一朝一夕的事情。許多民眾也還不放心把視逾性命的信件、匯款、包裹交給這樁「洋人辦的新買賣」。〔註123〕

四是儘管國家郵政是經過上諭批准開辦，但清政府並未從國庫撥付經費，郵政財政能否實現自給自足是一個擺在面前的現實而迫切的問題

五是競爭者的壓力越來越大。大清國家郵政已經開辦起來了，但清政府當時並沒有宣佈廢除驛站，初期對民間信局也未加實質性的限制。而且，由於中國在 1894 年甲午戰爭中的慘敗，帝國主義的入侵更加嚴重，外國在華設立的「客郵」日趨增多，網絡進一步深入中國內地，這還不包括武裝入侵時強行設立的軍郵局。因此，中國當時出現了國家郵政、郵驛、民信局、客郵多個通信組織並存的局面，競爭異常激烈。大清郵政不過是市場的新進入者，其實並沒有太多的優勢，面臨著開拓市場、打開局面的巨大困難，這就要靠郵政提供更好的服務。正如民國十年郵政事務總論記載：

> 爾時驛站未裁撤，民局又未禁止，且各衙署之公文仍交驛站寄遞，民局則振刷精神與初辦之郵政競爭……按極廉之郵資寄遞，……嗣後總稅務司畢竟決定以辦一較民局更善更速，資費較廉之郵便，供給公眾，以冀公眾將向來讚助民局之心，移而擁護郵政。〔註124〕

〔註122〕晏星：《中華郵政發展史》，臺北，商務印書館，1994 年，第 364 頁。

〔註123〕鄭游主編：《中國的郵驛與郵政》，北京，人民出版社，1988 年，第 130 頁。

〔註124〕轉引自王開節、何縱炎編：《郵政六十週年紀念刊》，沈雲龍主編：近代中國史料叢刊續編第九十三輯，臺北，文海出版社有限公司，1982 年，第 107～106 頁。

　　作爲中國通，赫德深知中國的國情，他認識到：郵政雖然是「奉旨辦理」，有一個「國家郵政」的官方身份了，但仍然不過是初生的嬰兒，特別需要謹愼從事，步步踏實，漸序發展。所以在制定《郵政章程》和相關辦法時，應當防止對既有的機構產生影響，對其背後的利益格局做不必要的干涉，並且儘量減少影響有關人們的生計。他相信，總有一天官方和民間都會認識到郵政的作用，到時郵政會廣泛發展。〔註125〕1896 年 3 月 29 日，赫德致函友人金登幹說：「對我來說，郵政開辦已經嫌晚了，但這總是一件好事，我要把它辦起來。我的方針是穩步前進。」〔註126〕這種穩紮穩打的方針，用赫德的話說：「我們應該效法龜行，而不是兔走」，「走得愈快，我們就愈會失足而陷入沙洲或浮沙之內」，「以我的老牛破車而言，如此進行，已經是夠快的了」。〔註127〕

　　在此指導思想下，大清郵政採取「迂迴漸進」的方法來執行《郵政章程》，根據不同情況和自身實力，對郵驛、民信局和客郵採取了不同的策略。

　　一、撤並郵驛

　　郵驛組織制度與新式郵政雖然「多息息相關之處」，但正如著名郵政史學家樓祖詒所指出：「舊式郵驛與新式郵政，各有淵源，自成體系，原不容相混」〔註128〕。郵政與郵驛的主要區別就在於前者是向廣大公眾開放的，通過發行郵票，不論何人貼上郵票交寄的信件，郵政都要予以傳遞，而後者只是運寄官府的公文，非官方的文件、物品是不能通過郵驛傳遞的。創設郵政，就是在郵驛之外另設一種既傳遞政府公文又傳遞民眾信件的機構。幾乎所有人都看得到，古老的郵驛已經不適應社會發展的需要，改革勢在必行，郵政取代郵驛勢不可擋。但現實是，要實現這一轉變卻是頗費時日。

　　大清郵政成立後，各方鑒於驛政弊病太多，「裁驛歸郵」的呼聲日益高漲。宣統三年（1911 年），郵傳部在其奏請接管郵政奏章中，更明確宣示「此次歸部收回，尤須認眞推廣，務使驛站由漸裁撤」。這是「裁驛歸郵「正式見於公文的開始。

　　驛站原隸兵部，由車駕司管理，後於京城設立捷報處，專門管理承發內廷交寄事件，分發各路遞送，並呈遞各省由各路弛驛遞呈之物。光緒三十二

〔註125〕參見鄭游主編：《中國的郵驛與郵政》，北京，人民出版社，1988 年，第 139 頁。
〔註126〕晏星：《中華郵政發展史》，臺北，商務印書館，1994 年，第 347 頁
〔註127〕鄭游主編：《中國的郵驛與郵政》，北京，人民出版社，1988 年，第 130 頁。
〔註128〕

年（1906 年）9 月，清政府預備立憲，將兵部改為陸軍部，並設立郵傳部。原定官制清單載明，將驛站劃歸郵傳部管理（原由兵部車駕司掌管）。但陸軍部考慮到郵政當時依賴的鐵路輪船通達範圍不廣,而驛站過去所傳遞的文件「以軍報為重」，從軍事保密角度出發，奏請驛站事宜仍暫由該部管理。〔註129〕直到宣統三年 7 月 1 日，驛站事務才由陸軍部移交郵傳部接收，郵傳部增設通譯科和郵報處，作為接收驛站和捷報處的準備。此時已是清朝行將覆滅之時了。民國元年（1912 年），民國政府交通部成立後，驛站正式撤銷。這一古老制度與新式郵政並存達四十五年之久（1866 年至 1912 年）。當年 5 月 30 日，交通總長施肇基呈報大總統，將郵報處於 6 月 1 日起裁撤。此後，北京外發公文一概由北京郵局掛號寄遞，到各省驛站先後裁撤，公文均由郵局寄遞了。〔註 130〕

　　「裁驛歸郵」已是眾望所歸，在實際操作中尚且耗費時日。那麼，對民信局和客郵問題的處理，就更不是一件簡單的事情，困難可想而知了。

二、對民信局既利用又限制

　　民信局的貢獻是顯而易見的：在郵驛不承擔民間通信，郵政還沒有出現甚至是大清郵政產生之後的相當一段時間內，民信局在一定程度上解決了民間通信難的問題，為普通中國民眾提供了通信服務。它是中國帶有一定民族資本主義性質的早期通信機構，適應了中國剛剛發育起來的商品經濟的需要。而且，民信局的服務能夠貼近民眾，簡單方便，熱情周到，有的民信局制度也比較嚴格，深得民眾信賴。

　　但是，民信局有自己的弱點：

　　一是組織的分散性。全國有幾千家互不聯繫或聯繫甚少的信局，本小利微，各自為陣，不能形成統一的民間通信網，更沒有規模效應。

　　二是網絡的局限性。民信局主要分佈與商業集中的城鎮，對於內地的廣大城鄉，因無利可圖而很少涉足。

　　三是交通運輸的依賴性。特別是在近代交通工具出現以後，民信局不能不依賴行駛於中國沿海內江的外國商船，有的民信局也自稱是「輪船信局」。由於資本微小，民信局基本上沒有現代交通工具，除了要依賴外國輪船外，

〔註129〕參見民國「交通部鐵道部交通史編撰委員會」編輯:《交通史郵政編》第一冊，1930 年，第 27 頁。
〔註130〕王樨:《郵政》，上海，商務印書館，1933 年，第 6～10 頁。

自有運輸也只能靠人背馬馱，這就決定了民信局不可能形成現代交通網絡，民信局的業務天然地受到限制，無論是提速還是拓寬服務品種都是非常困難的。

四是經營管理的不規範性。民信局多爲一家一店，各不統轄，服務質量很難有一個統一的標準。服務上多注重大客戶、大商家，對小客戶、零寄用戶的服務就比較隨意。有的民信局屢屢發生盜竊、損毀交寄物品的問題，有的民信局在送件後向收件人索要「酒金」，經常引起矛盾衝突。

五是資費收取方式的風險性。絕大多數民信局採取後付費或「寄件人、收件人各付一半」的方式，對大客戶則是信用賒帳，到年節再結算。對於來自民間、小本經營的民信局來說，這種資費方式存在較大風險，使民信局常處於資金缺困的境地，很難投資發展，常見到小局因信用或拖欠問題倒閉現象。而且，民信局所收信件、包裹按照路程、遠近、重量等多個標準收費，採取一事一議、一件一議，這也限制了民信局的規模化經營。

由於這些自身的弊病，在新式郵政出現後，民信局自然敵不過以國家名義開辦並受到政權保護的郵政，最後終於在與大清郵政的競爭中失敗。

早期，大清郵政對客郵、對驛站和短暫出現過的文報局〔註131〕基本上是採取不觸動的政策，而將主要精力放在同民信局競爭上。

海關郵政剛創辦時，業務表現不佳，赫德曾下令做過一個調查。據 1891年 12 月煙臺海關的報告：「通過海關郵局寄遞的中文信件，年約二三千封。本地人不大使用的原因是：（1）一般人不知道有海關郵局的開設；（2）知道有海關郵局的人仍寧可把信件交民信局寄遞，因爲他們按途程遠近收費而不論重量。（因此）大部分海關郵票是在夏天出售給遊客。」〔註 132〕瓊州郵局 1901年處理郵件 2.5 萬件，但當地的民信局卻處理了 4.8 萬件。新成立的郵局爲什麼競爭不過幾千家分散的民信局呢？原因大致是：第一，民信局歷史悠久，人們習慣於到民信局寄信。第二，民信局業務種類廣泛，適合各階層人士需要。第三，民信局的資費無統一標準，對老主顧往往以減價相招攬。第四，民信局服務周到，傳遞手續簡便、迅速。比如，上海南市北市的民信局，派出專人到輪船碼頭等候信件，收到以後立即在僻靜地方將信包開啓分發，直接送給收件

〔註131〕 文報局是清朝後期在驛站之外設置的一種通信機構，專遞清政府駐外使臣與
中央的來往文報。大清郵政出現一段時間後，其業務逐漸被郵政接管。
〔註132〕 鄭游主編，《中國的郵驛與郵政》，北京，人民出版社，1988 年，第 143 頁。

人。如果是由郵局運來的總包，民信局便在郵局的空場上開啓分運，比郵局靈活、迅速。又如在東北，海關報告說：「這裡的商人絕大多數都在每天營業終了之後再開始寫信，民信局就派遣信差夜間去收取。因此，他們寧願出較高的信資交民信局寄遞，而不貪圖大清郵政較廉的資費。」〔註133〕

如前所述，《郵政章程》中，有專門的對於官辦郵政局與民信局關係的規定，分爲郵政局與民信局在通商口岸、內地以及海外的郵務關係。以兩者間互遞信件而言，凡通火車輪船之處，由郵局辦理。反之，內地尚未設置郵局的地方，信件投遞由民信局辦理。至於信資（寄信費用），凡是口岸之處，由郵局訂定，凡內地信資，民信局可以在郵局備案後，自行擬定。民信局與郵局聯約（聯網）後，即須到郵局掛號。如果不掛號，或者掛號後而拒絕與郵局合作互遞，就喪失委託郵局免費代遞的資格。凡是民信局與郵局聯約的，民信局應當將郵件封成總包。反之，如果郵政局委託民信局傳送郵件的，也要封成總包。《郵政章程》中另有「示禁」條款，規定：除立案信局外，任何人不得攜送郵局應寄之對象。其實，就是在要求所有民局都要向郵局掛號。1896 年 7 月，《郵政章程》正式公佈，同時通告各地民信局於 8 月 15 日前，就近赴海關註冊。11 月開始，掛號民信局正式作爲「郵政代辦所」。〔註134〕

當時內地交通不便，政府行政職能並不完整。在郵政創立初期，由於人力、財力、物力所限，無法組成一個全國性的郵政網絡。要在短期內將郵務立即推廣到全國各地，的確不是一件易事。而且民信局經營時日已久，具有較爲雄厚的根基，官辦郵政要想短時間內就取而代之，困難頗多。而引導、迫使民信局到郵局掛號，則可以迅速獲得爲數眾多的、遍佈國內的「代辦所」，對於郵政的擴張，可謂立竿見影、大有裨益。

總稅務司赫德在光緒二十六年（1900 年）曾發表下列主張〔註135〕：

> 著手辦法，須令在通商口岸設有字號之民局向郵局掛號。郵局
> 並須設法代各民局運寄往來各埠之郵件。凡已在郵局掛號之民局，
> 須令其將往來各埠之郵件，交由郵局寄遞。此外更須設法聯絡各民

〔註133〕鄭游主編，《中國的郵驛與郵政》，北京，人民出版社，1988 年，第 144～145 頁。

〔註134〕張樑任：《中國郵政》（上），第 29 頁，轉引自彭瀛添：《民信局發展史——中國的民間通訊事業》，臺北，中國文化大學出版社，1992 年，第 200 頁。

〔註135〕沈雲龍訪問，林泉紀錄，郭廷以校閱，《劉承漢先生訪問紀錄》，臺北「中央研究院近代史研究所」，1997 年，第 23 頁。

局，使其爲郵局代辦機關，寄遞往來各内地之信函。根據以上之主旨，另訂專章，令各民局遵循辦理。凡交民局寄遞函件之人，仍照常按各該民局所定之資例納費，而民局則向郵局交納寄費。郵局則按照所定之特別資例代各民局運寄往來各埠之郵件，照此辦理，各民局目前既可暫延時日，且與郵政並立而存，不受郵局之牽制，而終究又可爲國家郵政吸收無遺，且毋庸加以限制或禁止也。

這就是對民局命運的「遠景規劃」，意圖可謂昭然了。

爲了控制和吞併民信局，大清郵政採取了一系列措施：

一是採取行政手段，要求民局赴郵局掛號。

民信局設立的手續在晚清時期原本很簡單，「只須呈請地方官備案。其餘一切自由，不受官廳拘束」，備案後在報上登一則廣告即可。〔註136〕因民信局的經營純屬一商業行爲，官員常避免過多地介乎其中。這種「不與小民爭利」的觀點，曾一度成爲有關方面反對開辦國家郵政的理由之一。〔註137〕

光緒二十五年（1899 年），大清郵政公佈《大清民局章程》，這是針對民信局發佈的第一部專門性的國家章程，也是日後強化管制民局的有力憑據。根據《民局章程》，「凡光緒二十五年三月以前開設之民局，可准掛號；其以後所開者，應否准其掛號，隨時酌定」。掛號的程序也更爲嚴格標準，「凡民局申請掛號，應呈明（1）字號，（2）開設年月日，（3）開設地點及街名，（4）局東姓名籍貫，（5）同行地點，（6）代辦處地點及字號，（7）寄遞信件地點、次數、收取信資數目及需時多寡等項。」〔註138〕

二是控制運郵工具，對民局信包交輪船、火車寄送予以限制。

《郵政章程》規定「凡民局之信件途徑通商口岸交輪船寄送者，均須由該局將信件封固裝成總包，交由郵政局轉寄，不得徑交輪船寄送，並應按往來通商口岸之意完納岸資」。此外，《民局章程》還規定：「凡民間信函逕交郵

〔註136〕如：「今議設一信局公司。專管天津、漢口、九江、鎮揚、南京、香港、寧波及蘇杭各碼頭。來往貨物、行李均可代寄，信貲減取一半，所有章程尚未坐定，俟有開張日期再行奉布。四月十四日，信局司啓。」
參見吳昱：「略論晚清民信局的興衰」，《西華大學學報（哲學社會科學版）》，第 31 卷第 3 期，2012 年 6 月。
〔註137〕吳昱：「略論晚清民信局的興衰」，《西華大學學報（哲學社會科學版）》，第 31 卷第 3 期，2012 年 6 月。
〔註138〕彭瀛添：《民信局發展史——中國的民間通訊事業》，臺北，中國文化大學出版社，1992 年，第 200～201 頁。

政局或交民局，均聽其便。惟不得擅交火車、輪船私寄。違者一經察覺，得罰以應付郵資之三倍。」〔註139〕

在掛號和控制運輸兩項措施之中，以後者對民局生意影響更重。

雖然《郵政章程》規定「凡有郵政局之處，除掛號之民局外，所有商民人等不得擅自代寄信件」，違者每件可受到罰銀五十兩的嚴厲處罰。這種「掛號」的要求，實質是設置了行政許可或備案措施。但是，以當時新生郵政的微薄力量，實際上很難讓民信局乖乖就範，即使章程規定得十分嚴格，但因為缺乏足夠的監管，在實際操作中，往往就流於形式。倒是「民局信包不准交輪船寄送」的規定，拿住了民信局的命脈所在，幾乎成為斷絕民局經濟的致命一著。因為當時民局基本上是採取委託輪船工作人員的方式來寄遞信包。早在海關郵政時期，由於海關和郵政特殊的關係，海關曾做出規定：各外國輪船，如果同意除了搭載本國郵件外，只兼運中國郵政局的郵件，拒絕帶運其他機構的郵件，就可享受海關「買關費」的減半優惠。外國輪船當然樂於接受。〔註140〕由此，外國輪船紛紛禁止船員代收代運民信局的信件包裹，造成民信局運件的困難，成本大為提升。光緒二十九年（1903 年）三月間，清政府頒佈《鐵路運送郵政章程》八條，其第一條即規定：「鐵路只允中國官局運送包件，其民局及別國官員郵件，概不准行運送」。〔註141〕「民局信包不准交輪船火車寄送」的禁令施行後，民局運輸渠道越發狹小，經營成本劇增。

三是不斷提高郵局代運郵資，增加民信局成本。創郵之初，凡往來通商口岸的已掛號民信局郵件，郵局均免費代寄。凡不通輪船處，又未設郵局者，才按總包重量支付全費。此後，隨著郵局網絡拓展和能力增強，這項優惠幾經周折，終於取消，民信局郵件改為按重量收取郵費。〔註142〕

〔註139〕彭瀛添：《民信局發展史——中國的民間通訊事業》，臺北，中國文化大學出版社，1992 年，第 200～201 頁。

〔註140〕按照當時海關規定，辦公時間是早上 6 點至下午 6 點。外國輪船如於法定時間之外裝卸貨物，則需支付相應海關費用，每半夜收銀十兩，全夜二十兩，稱為「買關費」。參見彭瀛添：《民信局發展史——中國的民間通訊事業》，臺北，中國文化大學出版社，1992 年，第 202～203 頁。

〔註141〕彭瀛添：《民信局發展史——中國的民間通訊事業》，臺北，中國文化大學出版社，1992 年，第 204 頁。

〔註142〕這一過程比較複雜，也是民信局和郵局利益博弈的例證，甚至發生了民信局罷工、向南北洋大臣申訴等事件。詳見彭瀛添：《民信局發展史——中國的民間通訊事業》，臺北，中國文化大學出版社，1992 年，第 205～206 頁。

需要注意的是，一系列的晚清郵政立法雖然嚴禁民局私行寄遞郵件，但「民局私寄活動終晚清之世而不息，民局私寄與官方打擊猶如攣生姊妹，不斷進行著持久的拉據戰。」〔註143〕

民局的私寄活動，有很多是通過鐵路進行的。1890年代，天津海關報告稱，雖然對民信局賄賂鐵路職員的說法尚無直接的證明，但民局的小量郵件可以肯定是由鐵路人員秘密運走的，鐵路人員每月也可從中可獲一定津貼。1905年9月7日，鐵路方面在來津火車上查獲到大批寄給未掛號民信局的郵件。天津郵局因而照章收取了三倍於郵費的罰款。

對於私寄的處罰，起初只是針對帶送者，但這顯然並不是治本之策。1897年，廣東南海知縣董元度致函粵海關，稱「應請貴稅務司嗣後查有民局走私，即將該局字號函知地方官給諭從嚴戒飭。……想經官戒飭以後，亦斷不敢冒禁違章，重滋罪戾，似勝於枷號帶送信包之無知愚人也」。

對於民局的處罰，有時是很嚴厲的。1907年，天津城內的胡萬昌信局於7月19日私帶小包共計11件。這已是第三次被當地海關查出，當即被照章罰銀五十兩。因爲信局罰款屢催未交，津海關道就把此案移送天津地方審判廳。天津地方審判廳傳訊信局執事人王昇平到案進行訊問。王表示，請求寬延期限繳納罰款，其後陸續籌措銀兩上交結案。可是案件剛剛結案，該信局又被海關查獲小包一件，內有公私信件等物。於是，津海關道嚴令照章查處，並再次將案件移交審判廳。審判廳以「胡萬昌信局私寄信件，違犯郵章，被獲至第四次，已成慣習，似難悛改，自應照章勒令歇業，不准復開，以儆效尤」，命令該信局關門歇業。〔註144〕

即使面對查禁和處罰，民局私寄活動仍然屢禁不絕。1907年，郵政總辦帛黎感歎說：〔註145〕

> 走私之事依舊難免。官局於此自必嚴加防範，每經查拿一次，民局一時畏懼，群將信件交付官郵，甚至較諸往時忽增三倍。及至查拿稍懈，則仍舊不肯交付。且走私之包封拿獲後，照章以科罰示

〔註143〕葉士東：《晚清交通立法研究》，中國政法大學法律史 2005 年博士論文，第145 頁。

〔註144〕參見葉士東：《晚清交通立法研究》，中國政法大學法律史 2005 年博士論文，第145～159 頁。

〔註145〕葉士東：《晚清交通立法研究》，中國政法大學法律史 2005 年博士論文，第159 頁。

懲，但彼等不將包封取回，不將所罰之銀輸納郵政，究亦無法可措。倘因不納罰款撤銷掛號執照，此則仍屬無濟。緣一無執照，彼更可以隨意走私。況近來照章辦理較前愈難，所有包封外面所書，每非真實行號，雖欲究辦無從徹查。如罰辦應行收信之人，而彼則並非正犯，且於郵政名譽亦大有所關。於是郵政司遇有撤銷之民局，則請地方官派人查封，勒令歇業，然此仍係難以辦到。其故並非地方官不願協助，實因詳細辦法章程本未載明。

這番話同時也暴露了一個問題，對於走私郵件的掛號民信局，郵局方面可以依章罰款，或撤銷執照；但對於未掛號者，郵局無執照可撤銷，更可輕易逃脫處罰。

「消極的限制與取締民信局，難免遭遇社會各階層的反對。因此打擊民信局的最有效辦法，還是在改善及加強郵局本身的業務。」〔註146〕大清郵政逐漸認識到，要想壓垮民信局，最有效的辦法就是業務競爭：一是靠先進的經營管理制度和辦法，一是靠向自己的對手學習。

從 1902 年 4 月起，大清郵政平信資費大幅度降低，壓價與民信局和客郵競爭。如本埠平信由收費四分降為半分，國內互寄平信由收費四分降為一分。減費措施使得通過郵局寄遞的信件激增，收投郵件成倍增長。如果以 1902 年郵件業務量為基數，1903 年的郵件達到 1902 年的 2.1 倍，1904 年則達到 1902 年的 3.3 倍。

1905 年，在民信局最發達的上海、廣州、福州、漢口和天津，大清郵政委派了專任郵政司，加強管理力量，以專責成。

通過詳細的市場考察，大清郵政發現：對於某些路線偏僻難以設置分支機構局的地方，民信局常會尋找商鋪等作為代理，「在試辦期間，代理店每年規定繳款若干，有盈餘則歸承辦人。如收支不能相抵時，得由信局從繳款項下撥補。業務穩定後即改為正式代理店，自是依規定繳款，不再貼補。此為東南信局中贛省獨有之辦法。」〔註147〕大清郵政迅速學習並借鑒了這一辦法，在交通不便的地區，也發展當地商號店鋪為郵政代理，代辦代收書信、報紙

〔註146〕彭瀛添：《民信局發展史——中國的民間通訊事業》，臺北，中國文化大學出版社，1992 年，第 208 頁。

〔註147〕王孟瀟：《清代之民信局》，載《郵政資料》第二集，第 13 頁。轉引自吳昱：「略論晚清民信局的興衰」，《西華大學學報（哲學社會科學版）》，第 31 卷第 3 期，2012 年 6 月。

和包裹。1908 年，又增加了郵政代辦薪酬，提高代辦人員的士氣。〔註 148〕

在增開業務上也下了不少工夫，逐項與民信局競爭。如 1905 年實行新聞紙（即現在的報紙）優待辦法，一下把報紙的運寄業務由民信局手中搶走。1905 年，開辦了快遞信函業務，組織專班投遞，印製快信專票，每天出班多至 9 次。凡當晚 10 點前所到的快信，一律要求必須在當夜投寄。本市範圍內寄遞的信件，一般都能當日遞達，由上海到漢口的信件寄遞也只需 4 至 5 天。〔註 149〕1906 年，首次開辦日夜兼程的郵差班，加速了郵遞。〔註 150〕1909 年，快遞信件業務推廣到全國重要地區。快遞業務對民信局來說是最有力的競爭，因爲民信局的長處就是快，而大清郵政的快遞服務超過了民信局，也就爭奪到大部分業務。〔註 151〕此外，大清郵政還陸續開辦了匯兌、號信（供銀行和大商號使用的信）、保險（類似今天的保價郵件）業務，大大提高了便民性和通商性。

大清郵政在服務方面也注意改進。如推遲郵件封班時間以適應商戶夜間寄信的習慣；上門攬收銀行錢莊、商行的信件；在郊區由郵差攜帶日戳和郵票，攬收掛號信等等。在局所設置和基礎設施建設等方面，成效也頗爲顯著，不但在城市裏進一步提高服務覆蓋深度，多設局所、代辦所、信櫃〔註 152〕（如 1900 年 5 月起武昌城開辦了 10 處信櫃，漢陽開辦了 6 處，漢口開辦了 8 處信櫃），郵政局所還逐漸由城市伸向農村和內地。「這一設施證明非常成功，公眾不斷增加地使用它們寄平信、掛號及包裹」。〔註 153〕

大清郵政還十分注意加強業務宣傳。如上海郵局廣泛宣傳郵政優點，公告輪船開行時刻。北京郵局 1911 年印製了《京師郵政指略》，相當於北京城內郵政業務的宣傳廣告冊，公佈了全市 15 個支局、29 個信箱、167 個信筒的位

〔註 148〕彭瀛添：《民信局發展史——中國的民間通訊事業》，臺北，中國文化大學出版社，1992 年，第 208 頁。

〔註 149〕參見鄭游主編，《中國的郵驛與郵政》，北京，人民出版社，1988 年，第 145〜146 頁。

〔註 150〕彭瀛添：《民信局發展史——中國的民間通訊事業》，臺北，中國文化大學出版社，1992 年，第 208 頁。

〔註 151〕鄭游主編，《中國的郵驛與郵政》，北京，人民出版社，1988 年，第 146 頁。

〔註 152〕郵政信櫃是清末民初最小的郵政代辦點，建國後根據 1949 年第一次全國人民郵政會議決議案，取消村鎮信櫃名稱，改爲代辦所或代收郵票處。參見郵電部編輯：《郵電法規彙編》（第一輯），北京，人民郵電出版社，1988 年，第 5 頁。

〔註 153〕鄭游主編，《中國的郵驛與郵政》，北京，人民出版社，1988 年，第 146 頁。

置，營業時間、郵件投遞次數、每次開筒時刻、業務種類簡介、郵件延誤的責任等等。〔註 154〕

　　上海郵件量 1900 年還只有 100 萬件，而到 1911 年，已經達到 2300 萬件。〔註 155〕由此可見，郵政在同民信局競爭時，學習了對方的優點和長處，克服了生搬硬套的傾向，採取了一些適合中國國情和習慣的措施，加速了初期郵政的發展，也爲後來國家統一經營郵政創造了條件。〔註 156〕

三、利用客郵，緩圖驅斥

　　赫德來自近代郵政起源地的英國，親眼見到郵政對溝通世界的巨大作用。因此，他深知郵政是國際性的事業，「郵政必須積極參與國際活動，非此不足以圖自存」。〔註 157〕所以海關郵政時期，就已開始研究如何與各國通郵。可問題是海關郵政基礎薄弱，而且並沒有加入萬國郵聯，國際通郵渠道還未打開，要實現與各國通郵光靠自己的力量幾乎是不可能的。所以，海關郵政和後面的大清郵政的國際郵件，在創辦初期主要是利用客郵居間傳遞，送往目的國。這種辦法顯然只能是權宜之計，是一種階段性的、不得已的方法。實際上，爲了在國際郵務中宣示自主郵權，新生的大清郵政可謂不遺餘力，「爲貫徹我國境內郵件應由我國郵局辦理的主張，對國際郵件的往來，均竭力爭取」〔註 158〕。大清郵政規定，凡經過大清郵政（海關郵政）發往外洋的郵件，「資費必須以中國郵票預付」〔註 159〕。整個晚清時期，中國都沒能加入萬國郵聯，事實上造成國際郵務上的巨大不便。按照當時的國際慣例，凡是沒有加入郵聯的國家，其印製發行的郵票就只能在本國使用，不具有國際公認的地位。因此，凡是遇到寄往國外的信函，郵局就得力勸寄件人按照萬國郵聯的收費規定，先貼足中國郵票，然後由中國郵政方面加貼等值的外國郵票，再把信交給相關的在華客郵寄出。反之，自外國進口的郵件，中國郵局均予接收，並分送國內各處，一概不另收費。這樣的辦法，維持了相當長的時期。如此周折，肯定是增加了

〔註 154〕鄭游主編，《中國的郵驛與郵政》，北京，人民出版社，1988 年，第 145～146 頁。

〔註 155〕鄭游主編，《中國的郵驛與郵政》，北京，人民出版社，1988 年，第 147 頁。

〔註 156〕鄭游主編，《中國的郵驛與郵政》，北京，人民出版社，1988 年，第 147 頁。

〔註 157〕晏星：《中華郵政發展史》，臺北，商務印書館，1994 年，第 378 頁。

〔註 158〕沈雲龍訪問，林泉紀錄，郭廷以校閱，《劉承漢先生訪問紀錄》，臺北「中央研究院近代史研究所」，1997 年，第 27 頁。

〔註 159〕鄭游主編，《中國的郵驛與郵政》，北京，人民出版社，1988 年，第 136 頁。

手續和成本，在經濟上當然「可謂毫無所得」，〔註160〕但其意義就在於不惜一切爭取一個「我國境內之郵件應歸我國郵局自行辦理」的原則。撫卷沉思，不得不感慨於艱難時局下大清郵政的良苦用心。

國家郵政的創辦，原始動機在於抵制客郵，但這一主要目的似仍無由達成。

首先是加入萬國郵聯的申請未能如願。郵政創立後，中國曾經請瑞士代提出加入萬國郵聯的申請，但萬國郵聯認爲中國初辦郵政，規劃布置還不完善，需要等辦有成效以後，再予考慮，實際上婉拒了中國的入會申請。如此，中國與海外的通郵往來，就不得不繼續依靠客郵的幫助。〔註161〕

其次是由於國力衰微，即使是中國國家郵政已經成立，客郵也毫無所動，反而有增無已。1897年，英、美、法、德、日、俄六國在華客郵有25處，到1906年，十年間增到65處。客郵由沿海沿江口岸，蔓延深入到內地城市，經營範圍從原先收寄外僑郵件爲主，一步步擴展到爭奪中國商民的國內郵件。「其猖狂之勢，較前猶有過之。」〔註162〕

儘管如此，國家郵政的開辦，對於中國爭回部分主權、防止國家分裂還是有所裨益的。光緒三十四年（1908年），中英議定西藏通商章程，清政府對於英國人在西藏擅設郵局，十分不滿，但中國當時沒有能力拿出其他的應對之策，只能籌議在該地「開辦各埠郵政，可爲收回英國郵政之預備」。〔註163〕宣統元年（1909年），俄國以保護郵件爲名，派兵進入張家口，引起國人重視。當時的外務部認爲「該處郵政未興，以致爲彼藉口」，所以「欲保主權，杜絕俄派護兵，則郵政自辦一舉，實不容緩圖。」〔註164〕

1884年，英國在疏附縣縣城（今喀什市）設郵局。同年，沙俄也開闢了喀什至中俄邊境線上伊爾克斯塘的郵路，發行了沙俄郵票。新疆與中國內地

〔註160〕晏星：《中華郵政發展史》，臺北，商務印書館，1994年，第381頁。
〔註161〕萬國郵聯的答覆是：「中國初辦郵政，規劃布置，在在需時，俟辦有成效，方明定入會日期。」
〔註162〕晏星：《中華郵政發展史》，臺北，商務印書館，1994年，第369～370頁。
〔註163〕郵傳部：《郵傳部奏議類編續編》，臺北，文海出版社，1967年，第1225～1226頁。轉引自彭瀛添：《民信局發展史——中國的民間通訊事業》，臺北，中國文化大學出版社，1992年，第195頁。
〔註164〕《外交部檔案》A-二-二，「宣統元年俄派兵入張家口保護郵件案」。轉引自彭瀛添：《民信局發展史——中國的民間通訊事業》，臺北，中國文化大學出版社，1992年，第196頁。

的通信往來全被沙俄壟斷。1907 年（清光緒三十三年），新疆布政司王樹楠上書朝廷，如實報告以上情況。於是，1909 年（宣統元年），清廷批准在新疆開辦了郵政，以原有驛站經費的一半作爲開辦新疆郵政的經費。郵傳部頒佈了郵政章程，經營全由新疆自理。〔註165〕

1.5.4　大清郵政初步打開局面

　　光緒二十三年（1897 年），萬國郵政聯盟大會在華盛頓召開。中國駐美大使伍廷芳作爲中國代表與會。7 月 5 日，伍廷芳在大會上發表宣言，專門介紹了中國郵政情況。

　　伍廷芳說：中國政府在本年（1897 年）創辦郵政局，擬定了郵政章程，在通商口岸共設立郵政局 33 所。特派總稅務司赫德作爲郵政督辦，各處稅務司負責郵政。同時，中國郵政局除了海關所設以外，另有三種：

　　「第一種郵政局，即各國在中國設立之信局也。」中國政府的態度是，不但不命令撤銷，而且願意幫助他們繼續開辦。因爲「撤去此等信局，時尚未至」，官郵可以幫助各國設立的信局在中國口岸間轉寄信件，「不收分文」。

　　「第二種郵政局，即外國丁部郵政局」。「不日自行廢弛，勿庸爲其另議」寄遞章程。中國官郵將妥善辦理該局原辦業務。

　　「第三種郵政局，即本國商人信局」。對此，國家要進行管理。這類信局不單在設立國家郵政的口岸已經辦理多年，即使是在其他官郵還沒有延伸到的地方也有其足跡。有大量商人「藉以糊口」，而且送信和包裹「頗屬妥捷」。這樣的信局，在當時也是不可缺少的。現在仍準備允許其「照常開辦，以示鼓勵」，只是要使事權歸一，即命令各信局在官局登記掛號，作爲通商口岸的官郵分局。而其在各口岸寄遞的信件，須交官郵寄遞。也就是說將「此等信局作爲郵政局內地送信代理人」。像這樣的經過掛號的民局已有三百多家。「民局與官局原屬兩相隔閡，然久而久之自能與官局聯絡歸併，勿庸強迫。」

　　伍廷芳在宣言中指出，我國開辦國家郵政的舉動，比較謹愼，預先籌劃多年，「固非一蹴所能竟其全功也」。「中國地方情形各有不同，民間之利益與輿情之意旨無處不需斟酌允當。故欲克勝其難，以圖有成，必須設有格外妥

〔註165〕張宇子：《喀什噶爾郵電史話》，載北京市郵政管理局文史中心編：《全國各級政協文史資料・郵電史料》（中冊），北京燕山出版社，1995 年，第 1558 頁，原載新疆《喀什市文史資料》第 1 輯（1986 年）。

善之法，勒定專條，定製辦理至萬國郵政之原議」。但相信「我國向來興辦之事，郵政乃一大端」，「官辦之郵政畢漸推行通國」。〔註166〕

事實是，到 1911 年清朝覆滅前夕，大清郵政已經站住了腳跟。郵政相繼開辦了信函、明信片、新聞紙、印刷物與貿易契及書籍、盲人所用文件、貨樣、掛號郵件、快信及快遞郵件、報價信函、保價包裹、普通包裹、匯兌等 13 種業務。郵局和代辦所發展到 6000 餘處，郵路 30 餘萬公里，郵件量上升到 1 億件以上，經辦匯兌近 600 萬元，收寄包裹 1000 多萬公斤，爲後來的扭虧爲盈創造了條件。

通郵之初，由於民眾不瞭解、不信任，習慣於使用民間信局，內地新辦郵政經營慘淡。據說成都郵局有時一天竟然只能賣出 1 枚 1 分的郵票。但慢慢地，隨著民眾體驗到郵政的方便低廉，終於出現「商務日興，郵匯發達」的局面。到了抗戰時期，四川灌縣郵政局一次就可以收寄數噸的商業包裹。〔註167〕

民眾對郵政的態度也大爲轉變，從《民國潼南縣志》和《民國萬源縣志》地方志的記載評述可見一斑。《潼南縣志》稱：自從設立郵政以來，「官民交便」國家增加了收入，「新政之善，無逾於此。」〔註168〕《萬源縣志》認爲郵政是變法的產物，「創設郵政，費廉行速，靡遠弗屆」，盛讚「郵務遂爲我國新政之最良者。」〔註169〕即使在「僻處西偏」之地，國家郵政也是發展極速，「粲然大備」〔註170〕，頗具規模了。

此時，已經不難看出，由西方引進、代表了當時先進生產力的國家郵政的出現是歷史發展的必然，驛站、民信局被淘汰是大勢所趨。大清郵政作爲

〔註166〕參見民國「交通部、鐵道部交通史編纂委員會」編輯：《交通史郵政編》第三冊，1930 年，第 908～911 頁。

〔註167〕李重華：《民國時期的基層郵政——以原四川省爲例》，重慶郵電學院學報（社會科學版），2006 年第 6 期。

〔註168〕王安鎮：《民國潼南縣志》，成都，巴蜀書社，1992 年。轉引自李重華：《民國時期的基層郵政——以原四川省爲例》，重慶郵電學院學報（社會科學版），2006 年第 6 期。

〔註169〕原文爲「清末，鑒於大勢，變法圖強，仿傚鄰邦，創設郵政，費廉行速，靡遠弗屆，一時稱便，郵務遂爲我國新政之最良者。」劉子敬：《民國萬源縣志》，成都，巴蜀書社，1992 年。轉引自李重華：《民國時期的基層郵政——以原四川省爲例》，重慶郵電學院學報（社會科學版），2006 年第 6 期。

〔註170〕王祿昌：《民國瀘縣志》，成都：巴蜀書社。轉引自李重華：《民國時期的基層郵政——以原四川省爲例》，重慶郵電學院學報（社會科學版），2006 年第 6 期。

國家經辦的新式通信機構，以集中的指揮、巨大的財力和不斷拓展的網絡、較爲先進的經營方法，逐漸將驛站和民信局兩大競爭對手擠到牆角。〔註171〕驛站此時已形同朽木，1912 年開始就被裁撤。「自從強化郵政組織，改善各項業務之後，民信局的營業，遂遇強有力競爭，故宣統年間，民信局漸非昔比，無力阻止郵局正常發展了。」〔註172〕民信局除了依賴郵局或冒險私運郵件外，只有改業或歇業的出路。

　　1911 年 5 月，由清政府郵傳部正式接管了郵政，結束了海關管理郵政的歷史。而赫德在開辦郵政之初，不得不採取的穩紮穩打的策略，到了 1905 年，已收到了明顯效果。他頗爲滿意地說：〔註173〕

> 　　郵政部門已經站住腳跟，它的聲譽傳佈日廣，而且由於它的工
> 作做得令人滿意，也得到了更多的官員以及一般公眾的重視，所以
> 它的前途甚足令人鼓舞，郵政大發展的時機已經到來。

〔註171〕參見鄭游主編，《中國的郵驛與郵政》，北京，人民出版社，1988 年，第 147
　　　　 ～148 頁。
〔註172〕彭瀛添：《民信局發展史──中國的民間通訊事業》，臺北，中國文化大學出
　　　　 版社，1992 年，第 208～209 頁。
〔註173〕鄭游主編：《中國的郵驛與郵政》，北京，人民出版社，1988 年，第 130 頁。

第 2 章　民國郵政條例

2.1　法律民族主義——民國初期立法的重要特徵

2.1.1　近代中國的民族危機

談到中國近代史，甲午戰爭是絕對繞不開的一道坎。它產生了兩方面的重大後果。對內來說，中國人內心殘留的最後一點「天朝上國」的自人與尊嚴，被東鄰小國打了個落花流水。對外來說，列強徹底看清了中國的虛弱和無助，過去多少還存在過的與中國發展大致平等關係的政策被完全拋棄，如何搶在他人前面奪取中國利益成為列強優先考慮的重點。所以，1895 年以後，帝國主義國家掀起了一場瓜分中國的狂潮，紛紛劃定勢力範圍，中國的殖民地化程度前所未有地加深了。

內憂外患把中國推到了火山口上，民族危機到了空前加劇的地步。而隨著近代國家、民族、社會思想的加速傳播，統一的「中華民族」的意識逐漸形成。在 19 世紀末 20 世紀初極為特殊的國際經濟政治環境下，強權者信奉的是「弱肉強食、適者生存」，貧弱的中國自然處於被他人欺凌、宰割、瓜分、甚至亡國滅種的不利地位。也正因為如此，中國人的屈辱感和自尊心同向增長，對民族命運的關切，對民族身份的認同、對國家主權和民族獨立的渴望、對政治經濟文化軍事侵略的反抗意識都迅速凝聚。這一時期，也成為中國民族主義最為蓬勃發展的一個時期，對當時的社會政治經濟文化走向乃至法律的制定都起到了至關重要的影響。〔註1〕

〔註 1〕正如學者李國祁指出：「在 19、20 世紀帝國主義強烈的侵略下，民族主義思

　　鴉片戰爭後幾十年的時間裏，清政府與列強簽訂了一系列條約，逐漸形成了不平等條約體系。〔註2〕

　　有人曾對《中外舊約章彙編》所載文件做了逐個梳理，得出近代中國不平等條約的數目是 340 餘個〔註3〕。其中，比較重大的有：1842 年 8 月 29 日的中英《南京條約》，1843 年的《中英五口通商章程》和《虎門條約》；1844 年的《中美望廈條約》和《中法黃埔條約》；1851 年的《中俄伊寧條約》；第二次鴉片戰爭後，1858 年《中英天津條約》、《中法天津條約》、《中俄天津條約》、《中美天津條約》、，1860 年《中英北京條約》、《中法北京條約》、《中俄北京條約》；1874 年《中日北京專條》；1876 年《中英煙臺條約》；1894 年《中日馬關條約》；1901 年，與英、法、德、意、美、日、俄、奧、西、荷、比等 11 國訂立《辛丑條約》……。在武力威脅、政治訛詐或經濟施壓下簽訂的不平等條約，使中國割地賠款〔註4〕，喪失主權，人民遭受極大苦難，成爲中國

想極其強烈，鬥志昂揚，既要洗雪國恥，亦要重振聲威。由於帝國主義的對華侵略，20 世紀尤甚於 19 世紀，故 20 世紀是中國歷史上民族主義沸騰的時代，幾乎每個中國人均生活於民族主義激動之中。它不僅推動中國的歷史與文化快速地向前發展，但亦波濤洶湧的產生激情與理性的相互鬥爭，使國家與民族，以致於個人均付出慘重的代價。悲憤與戰鬥是此一時代中國歷史的寫眞。」

李國祁：《激情與理性：二十世紀中國歷史演進的省思——帝國主義、民族主義與共產主義的互動》，載張啓雄主編：《二十世紀的中國與世界》（上），臺北「中央」研究院近代史研究所 2001 年版，第 10 頁。轉引自曹全來：《國際化與本土化——中國近代法律體系的形成》，北京，北京大學出版社，2005 年，第 16 頁。

〔註2〕《劍橋中國晚清史》這樣評論：

「條約制度興衰的一百年來，經歷了帝國主義入侵中國的開始及其高潮，也經歷了中國人民對侵略不斷增強革命反抗的各個階段。中國的主權在條約中不斷受到損害；隨著民族主義和革命的興起，主權漸漸地又得到了維護。……因此，必須把 19 世紀 40 年代和 50 年代條約制度形成的時期，堪稱是外國對中國生活施加錯綜複雜和驚人影響的起始階段，儘管這一有著外國影響、特權、控制和最終是掠奪的時代，在中國人民歷史長河中只不過是一個小小的插曲。」

〔美〕費正清編，中國社會科學院歷史研究所編譯室譯：《劍橋中國晚清史》上冊，北京，中國社會科學出版社，1985 年，第 231 頁。

〔註3〕《近代中國不平等條約知多少？》，載於鳳凰網 http://news.ifeng.com/history/special/bupingdengtiaoyue/news/200808/0801_4259_688615_2.shtml，最後登錄時間：2012 年 8 月 23 日。

〔註4〕近代中國由於戰敗等原因，根據不平等條約規定，支付巨額款項作爲戰勝國

近代貧窮落後的重要原因。〔註5〕

通過不平等條約，列強從中國攫取的特權，歸納起來大致有十二種：1、割地；2、賠款；3、領事裁判權與上海會審公廨〔註6〕；4、協定關稅；5、租借地、租界及居留地；6、勢力範圍及優先權；7、最惠國條款；8、通商航行及製造權；9、內地旅行貿易權；10、建築鐵路及開礦權；11、駐兵及警察權；12、傳教權。〔註7〕

的軍費和受害等損失賠償。近代中國共有 8 筆戰爭賠款，即：（1）第一次鴉片戰爭賠款 2100 萬元，其中軍費 1200 萬元、鴉片煙價 600 萬元、商欠 300 萬元；（2）第二次鴉片戰爭賠款 1600 萬（庫平）兩，其中，英國軍費 600 萬兩、商虧 200 萬兩，法國軍費 700 萬兩、商虧及撫恤費 100 萬兩；（3）1874 年琉球事件賠款賠償日軍軍費 40 萬兩、撫恤費 10 萬兩，共 50 萬（庫平）兩；（4）1876 年滇案賠款，賠償英軍軍費、商欠、撫恤費共 20 萬（海關）兩；（5）1881 年伊犁賠款，賠償俄國「代收、代守伊犁所需兵費」、俄商商虧、「被害俄民」撫恤費共銀盧布 900 萬元，折庫平銀 500 萬兩；（6）1895 年甲午戰爭賠款，賠償日軍軍費 2 億兩、威海衛駐軍費 15 萬兩、「贖遼費」3000 萬兩，共 2315 萬（庫平）兩；（7）1900 年庚子賠款，賠償 8 國軍費 4.5 億（海關）兩；（8）1906 年中英《藏印條約》附約賠款 50 萬英鎊。參見王年詠：「近代中國的戰爭賠款總值」，《歷史研究》，1994 年第 5 期。

〔註 5〕然而奇怪的是，1898 年中國與剛果、1899 年中國與墨西哥也模仿列強條款，簽訂了不平等的通商條約。「剛果與墨西哥都是世界小國，其實力也不會勝過中國，中國竟甘心自屈訂立不平等條約，可見中國當時的外交實在糊塗已達極點。」
參見張廷灝：《不平等條約的研究》，沈雲龍主編：《近代中國史料叢刊續編》第三十七輯第 369 號，文海出版社有限公司，1984 年，第 51 頁。

〔註 6〕會審公廨是上海歷史上在特殊時期、特殊區域成立的一個特殊司法機關，由清朝上海道臺任命中方專職會審官（讞員），與外方陪審官（領事）會同審理租界內與華人有關的訴訟案件。根據中外雙方的約定，如果案件涉及洋人或洋人雇傭的華籍僕人，由外國領事參加會審或觀審；純粹華人案件，由中國讞員獨自審斷。1902 年 6 月 10 日，各國駐上海的領事團通過的《上海租界權限章程》，進一步擴大了法外特權。該章程共有四條，規定了設在上海的各國租界總領事和各國領事有拘捕、傳訊、審判被告的權力，該章程實際上使得上海的裁判權皆由外國人所掌控。辛亥革命爆發後，上海光復，道員逃遁，公廨陷入癱瘓。各國駐滬領事乘機曲解相關章程，自行委任讞員，公廨內部組織及運作遂由駐滬 16 國領事團完全操縱。本應屬於中國政府的司法機構，一步步淪為列強在華行使特權的保護傘。經過不懈努力和艱苦談判，1926 年 8 月，中方和外國領事正式簽定了《收回上海會審公廨暫行章程》。1927 年 1 月 1 日，有五十多年歷史的會審公廨被中方收回。詳見王學斌：「『會審』會審公廨」，《看歷史》2011 年 12 月刊。

〔註 7〕張廷灝：《不平等條約的研究》，沈雲龍主編：《近代中國史料叢刊續編》第三十七輯第 369 號，臺北，文海出版社有限公司，1984 年，第 338～339 頁。

　　以租界爲例。租界是超越條約權利而發展起來的。起初，它只是外人集中居住之地。但外人慢慢地從擁有市政建設權，到擁有界內行政權、警察權、司法權，形成了一個個「國中之國」。〔註8〕

表2-1　1911年列強在華租界情況表〔註9〕

租界	佔地面積（畝）	租界	佔地面積（畝）
上海公共租界	33503	漢口英租界	795
鼓浪嶼公共租界	2000	漢口德租界	630
上海法租界	2135	漢口俄租界	414
天津英租界	6149	漢口法租界	400
天津法租界	2360	漢口日租界	2150
天津德租界	4200	鎮江英租界	156
天津日租界	2150	廈門英租界	24.6
天津俄租界	5474	廣州英租界	264
天津比租界	740.5	廣州法租界	66
天津意租界	771	九江英租界	150
天津奧租界	1030	杭州日租界	900
重慶日租界	701.3	蘇州日租界	483.9

　　與租界比起來，列強在租借地取得了更大的權利。就地域範圍而言，租借地的規模遠遠超過了租界。〔註10〕

〔註8〕　獲取專管租界的國家共有8個，包括了除美國之外的最主要的資本主義國家，其中，日本5塊，英國6塊，法國4塊，德國、俄國各2塊，比利時、意大利、奧匈帝國各1塊。美國等國家則在公共租界中享有權益。就中國城市而言，被迫開設租界的城市共有13個，其中，天津8塊，漢口5塊，上海、廣州各2塊，廈門、鎮江、杭州、蘇州、重慶、鼓浪嶼、九江各1塊。

〔註9〕　王建朗：《中國廢除不平等條約的歷程》，江西人民出版社，2000年4月第1版，第2～9頁。

〔註10〕　租借地與租界最主要的區別在於，嚴格根據條約規定，中國在租界仍應保留統治權、行政權和警察權（儘管實際上這些權力均告喪失），但租借地在租借期間內，這一切權利均爲承租國享有，承租國實際上獲得了如同統治本國領土的各種權利，並在租借地內都駐有軍隊。租界的管理權常由僑民自治團體工部局或領事行使，而租借地的最高長官多由本國政府任命，其統治機構直屬本國政府。列強在租借地實行的是殖民統治。

表 2-2　1911 年列強在華租借地〔註 11〕

租借地	租借國	起租日期	租借期限
膠州灣租借地	德國	1898 年 3 月	99 年
旅大租借地（原爲俄國租借，日俄戰爭後轉入日本手中）	日本	1898 年 3 月	25 年
廣州灣租借地	法國	1898 年 4 月	99 年
九龍租借地	英國	1898 年 6 月	99 年
威海衛租借地	英國	1898 年 7 月	25 年

　　此外，俄國在中東鐵路沿線地區，日本在南滿鐵路沿線地區非法侵佔中國主權，在路區建立行政管理機關，並駐軍設警，形成了兩個特殊的自行統治的地區。

　　列強之間還有未經中國同意而進行利益劃分的勢力範圍。勢力範圍是一個更爲廣泛的區域，它是一個不具有明確的法律規定的而由優先權和排斥權兩種因素所構成的勢力影響範圍。在這個範圍內，一國享有經濟上的優先權，並盡力排斥其他國家的參與。〔註 12〕

　　進入民國初年，民族危機仍然在繼續擴大，中國內陸邊疆地區成了列強割占新的目標。沙俄利用中國辛亥革命，誘使外蒙獨立，於 1912 年 11 月 3 日訂立《俄蒙條約》，承認外蒙獨立，企圖將「外蒙獨立」條約化、合法化。1913 年 10 月，中、英、西藏地方政府召開委員會。西藏代表在英國支持下，提出承認西藏爲「獨立國」，取消中國對西藏地區的主權；將新疆、青海、甘肅、四川、雲南等省藏區劃入西藏界內；英國與西藏「另議通商細則」，建立特殊關係等條件。〔註 13〕

〔註 11〕數據來源：王建朗：《中國廢除不平等條約的歷程》，江西人民出版社，2000 年 4 月第 1 版，第 2～9 頁。

〔註 12〕所謂勢力範圍，肇始爲 1847 年英國歸還舟山群島之時，英方要求中國「永不以舟山等島給予他國」。其後有 1897 年中國允諾法國不將海南島割讓他國；1898 年允諾法國不將兩廣和雲南與安南疆界地區的重要地點割讓或租借他國，又允諾法國對兩廣和雲南的礦產有優先開採權；1898 年允諾英國不將揚子江流域以租借、抵押或其他方式割讓給他國；1898 年允諾德國對山東全境有經濟上的優先權；1898 年允諾日本不將福建及其沿海一帶割讓給他國，又允諾日本有建造鐵路的優先權。

〔註 13〕林雲陔譯：《孤立之日本》，載《建設‧第一卷》，人民出版社，1980 年影印，第 624 頁。

2.1.2 法律民族主義的興起

在西方列強不斷進逼，落後貧困的中國迭遭挫敗，國亡無日的深重危機下，近代中國的民族主義被強烈激發出來。這是對西方帝國主義與殖民主義的自然回應。「在此期間，中國民眾日益認識到國家的困境，這種覺悟的提高超過了中國政治的緩慢進展。」〔註14〕

一般說來，民族主義的強弱程度與該民族所處的困境成正比。而中國近代屈辱的歷史和現實困境，決定了中國民族主義的核心內容和目標必然集中在「爭取國權，抵禦外侮」，挽救民族危機，實現國家獨立和自由，甚至只是要保持中國作爲一個獨立國家的地位和形象。但是，這種維護獨立的努力總是受到西方侵略勢力不斷的干擾和強烈的壓制。由於強大外部壓力的衝擊，處於弱勢地位的中國，要想生存下去，謀取改善不利地位，就必須動員一切可能的力量予以回應。在這種存亡危機之下，對貧弱中國的社會動員能力、民族團結精神乃至法律的調試和生存能力都提出了更高的要求。19 世紀末、20 世紀初，圍繞著「獨立富強」目標而產生的中國民族主義蓬勃興起，使得國人對國家權益、民族形象高度關注，也使得中國法律的產生、轉型和發展在一定程度上體現出強烈的民族主義的激情，成爲近現代中國法制外觀的一個重要特徵。而且，呈現外來壓力越大，危機越緊迫，民族主義和法律就會越發相互交織、相互融合、相互促進的情況。

如前所述，19 世紀中期以後中國簽訂了大量不平等條約。在這一條約制度下，中國的法律結構明顯地帶有外部強加的特徵，由此也造成中國法律的不平等性和從屬西方性。這種屈辱性的條約制度，自然會成爲民族主義的指向的目標。從其一出現，便遭到中國人民的強烈反抗。在長達一個世紀的時間裏，中國反抗不平等條約、維護主權的鬥爭以包括法律民族主義在內的多種形式呈現出來，不僅始終未曾間斷，反而日益高漲。

然而，法律民族主義的興起，並不只是體現在抵禦西方法律侵襲上這麼簡單，隨著中國與世界交流的增多，更由於中國近代工商貿易的發展，民族資本和外來資本不斷湧入，中國的法律信仰開始發生顯著的變化。學習西方法律，融入西方法律體系，通過獲得「承認」來實現民族主義的主張，成爲法律民族主義的一個重要的支點。事實上，清末十年的法律改革，正是從學

習、模仿西方制度，創立中國現代法律體系，進而修改不平等條約、廢除治外法權開始的。〔註15〕

　　鴉片戰爭之後，西方列強在租界，成立特別法庭，行使所謂領事裁判權，並極力渲染中國法律制度的落後，強調西方法律制度與中國法律制度的對立，以此作爲要求特權的理由。〔註16〕因此，晚清法制改革的目標之一，就是通過「採用西法」來「整頓舊法」，以期收回領事裁判權等西方治外特權。〔註17〕

　　當清廷宣佈變法修律後，諸列強確實曾表示：願意協助中國改良立法和司法制度。有的國家（如英國、美國等）甚至宣稱，一旦中國法律修訂妥善，即可放棄其治外法權。〔註18〕此後，1903 年、1904 年的一些條約中，相關國家也對中國改良法制後，放棄治外法權做出了承諾。〔註19〕

　　在這種形勢下，清政府深受鼓舞，頗有心以此爲契機，修改中國法律，形成完備法體系，以期收回喪失的治外法權，重整國家獨立與尊嚴。1902 年，清廷委派沈家本、伍廷芳爲法律大臣，主持修律，由此開始了中國法的全面改革。而「改良法制，冀以爭回國權」，也以此爲起點，延續到民國，成爲這個特殊社會歷史階段中國立法的神聖使命。

〔註15〕曹全來，《國際化與本土化──中國近代法律體系的形成》，北京，北京大學出版社，2005 年，第 28～29 頁。

〔註16〕比如西方要求的領事裁判權，就是以中國司法不公、法律制度不健全爲主要理由。由此特權，諸列強國家的「民人」在中國的各種活動和行爲，皆不受中國的司法管轄，而只受到本國領事的司法管轄；在少數設有會審公廨的租界內，外國領事甚至還取得了對華人的會審權。

〔註17〕《清史稿·刑法志》，轉引自公丕祥：《中國的法制現代化》，北京，中國政法大學出版社，2004 年，第 249 頁。

〔註18〕例如，在 1902 年 9 月 5 日簽訂的《中英續議通商行船條約》中，英國宣稱，鑒於「中國深欲整頓本國律例，以期與各國律例改同一律」，「英國允願盡力協助，已成此舉，一俟查悉中國律例情形及其審斷辦法以及一切相關事宜皆臻妥善，英國即允棄其治外法權。」
參見王鐵崖編：《中外舊約章彙編》第二冊，三聯書店，1957 年，第 109 頁。
轉引自公丕祥：《中國的法制現代化》，北京，中國政法大學出版社，2004 年，第 250 頁。

〔註19〕1903 年 10 月 18 日的《中美通商行船條》、《中日通商行船續約》，1904 年 11 月 11 日的《續訂中葡商約》中，都有類似規定。美國、日本和葡萄牙三國也承諾，只要中國改良法制，即可放棄其領事裁判權。
參見王鐵崖編：《中外舊約章彙編》第二冊，三聯書店，1957 年，第 188、194、236 頁。轉引自公丕祥：《中國的法制現代化》，北京，中國政法大學出版社，2004 年，第 250 頁。

2.2　一戰後的中國

2.2.1　對德宣戰與山東權益

　　1914 年 8 月，第一次世界大戰爆發。此後的 4 年時間，世界上大多數國家都捲入了這場戰爭。戰爭導致奧斯曼帝國、德意志帝國、俄羅斯帝國、奧匈帝國等四大帝國土崩瓦解，促成國際聯盟的成立。最終，戰爭以英、美、法爲代表的協約國集團的勝利而告終。

　　中國於 1917 年 8 月 14 日對德、奧宣戰，加入協約國集團。參加一戰，是中國近代史上的重大事件，對此後中國社會的一系列重大變化產生了直接的影響。

　　在對德宣戰後，中國立即取消了德國的不平等特權，採取了收回德國在華駐兵權，命令所有德國在華駐軍一律解除武裝，收迴天津和漢口的德租界等一系列措施。

　　但是，螳螂在前，黃雀在後。日本早就把中國大陸視爲囊中之物。戰前，日本加緊在中國擴張，獨佔中國的意圖已越來越明顯。歐洲大戰的爆發更爲日本提供了良好時機，使其可以避開除美國以外的其他對手而確立在華優勢，爲稱霸東亞大陸奠定基礎。日本以「英日同盟」爲藉口對德宣戰，把戰場放到了中國，「宣戰之程度，以攫奪權利爲限，而竭盡義務，則不與焉」。如此，日本「不甚費力，而德國在東方所遺之權利，已納入囊中」。〔註20〕

　　青島原是德國的租借地。1914 年 8 月 23 日對德宣戰後，日軍立即從青島下手。在迅速佔領青島以後，馬不停蹄地席捲整個山東。這是一場系統的、有計劃的預謀。德國佔領期間，其勢力僅及於膠州灣，軍隊也駐紮於膠州灣。日本在驅逐德國勢力以後，不僅「設民政署於膠州灣內，復設民政分署於坊子、張店、濟南」，日本軍隊「縱橫於膠濟鐵路沿線，佔據車驛，侵及內地」。此時，中國還保持「中立」狀態。但日本「軍行所過，中國之城鎮，則佔據之。中國之郵便機關、電報機關則收管之。濫行徵發，騷擾居民，使中國之領土以內，忽遇異國軍隊之蹂躪，使中國之中立，完全毀棄」〔註21〕。日本

〔註20〕　汪精衛：「巴黎和會與中日問題」，載《建設·第一卷》，人民出版社，1980
　　　　　年影印，第 1066 頁。一九一九年八月在上海創刊的《建設》月刊，是孫中山
　　　　　領導下的中華革命黨（後改組爲中國國民黨）主辦的理論刊物。
〔註21〕　參見汪精衛：「巴黎和會與中日問題」，載《建設·第一卷》，人民出版社，1980
　　　　　年影印，第 1069〜1070 頁。

希望通過這樣的既定事實，迫使列強在戰後承認「日本在中國享有特殊的、壓倒一切的權利」〔註22〕。

戰前，德國在山東設立了青島、濟南、芝罘三個客郵局。日本佔領青島後，立即以守備軍遞信部接管，並於青島李村以及膠濟鐵路沿線各要地，設立野戰郵便局 16 處。〔註23〕民國六年（1917 年）3 月 26 日，北洋政府交通部與日本駐華公使訂立《中日會訂膠州灣租借地及膠濟鐵路間處理兩國郵電事務暫行辦法》，規定：上述地方中日郵局都按照中國與德國政府及鐵路公司從前已有的辦法辦理。實際上是中國被迫承認將德國此前霸佔的山東郵電權利轉讓給日本〔註24〕。

2.2.2 戰後中國的強烈願望──「收回主權，與列國平等」

第一次世界大戰讓中國成爲了「戰勝國」，也讓國人借戰勝之地位，收回被侵奪的主權的願望空前地高漲起來。

其實，早在 1912 年 1 月 1 日中華民國臨時政府於南京宣告成立，孫中山在發佈第一張布告，闡述新政府的內外政策時，即發表了與各國平等發展外交的願望。〔註25〕但是，迫於當時的形勢，爲了避免引起列強的敵意，獲得列強對新政府的承認，臨時政府並沒有把收回被外人強奪的國家主權作爲付諸實施的急務。1 月 5 日，孫中山發表《臨時大總統宣告各友邦書》，宣示了新政府的八大政綱，承認革命以前所有滿清政府與各國締結的條約、賠款以及出讓的權利，均爲有效。〔註26〕但是，這不過是基於實力和長久計劃的一種權宜之計，

〔註22〕《顧維鈞回憶錄縮編》，天津編譯中心編，中華書局出版，1997 年
〔註23〕民國「交通部、鐵道部交通史編纂委員會」編輯：《交通史郵政編》第四冊，1930 年，第 1323～1324 頁
〔註24〕高仰止、楊金鼇：「上海郵政大樓話滄桑」，北京市郵政管理局文史中心編：《全國各級政協文史資料‧郵電史料》（上冊），北京燕山出版社，1995 年，第 279 頁
〔註25〕「臨時政府成立以後，當盡文明國應盡之義務，以期享文明國應享之權利。滿清時代辱國之舉措與排外之心理，務一洗而去之。與我友邦益增睦誼，持和平主義，將使中國見重於國際社會，且將使世界漸趨於大同。循序以進，不爲幸獲。對外方針，實在於是。」
引自「大總統宣言書」，《辛亥革命》，第 8 冊，第 17 頁。轉引自王建朗：《中國廢除不平等條約的歷程》，江西人民出版社，2000 年 4 月第 1 版，第 18～19 頁。
〔註26〕《臨時大總統宣告各友邦書》對外部分的內容爲：
「（一）凡革命以前所有滿清政府與各國締結之條約，民國均認有效，至於條

臨時政府外交政策的核心與目標仍是要取得獨立平等的地位。〔註27〕

　　一戰的爆發，爲中國挣脱不平等條約的羅網創造了一個突破口。中國參戰的動機之一，即在於藉此提升國際地位，争取與各國平等，「把參戰視爲列席和會的入場券」，並尋求公允解決被日本借機侵佔的山東問題。不管是北洋政府，還是民間，都有著强烈的願望，希望以戰勝國的身份，可以「平等地」向列强提出修正不平等條約、收回淪喪國權的要求。〔註28〕梁啓超即指出：「加入（協約國）之後，我國受其影響甚巨，不能不先有條件之磋商，如賠款問題，關稅問題，及修改辛丑條約等事，爲我國希望已久而未達目的者。今即有此機會，自未可輕易放過耳。」美國參戰後，駐美大使顧維鈞根據形勢，判斷協約國必勝，力促北洋政府向德奥宣戰，同時設立專門小組，爲戰後參加和平會議、争取廢除不平等條約做準備。〔註29〕

約期滿而止。其締結於革命起事以後者，則否。

　（二）革命以前滿清政府所借之外債及所承認之賠款，民國亦承認償還之責，不變更其條件。其在革命軍與以後者，則否。其前經訂借事後過付者亦否認。

　（三）凡革命以前滿清政府所讓與各國國家或各國個人種種之權利，民國政府亦照舊尊重之。其在革命軍與以後者，則否。

　（四）凡各國人民之生命財產，在共和政府法權所及之域内，民國當一律尊重而保護之。」

參見王建朗：《中國廢除不平等條約的歷程》，江西人民出版社，2000年，第18～19頁。

〔註27〕正如擔任臨時政府司法總長（同時也是臨時政府中第一流的外交家）的伍廷芳指出，清王朝外交喪失了不少主權，「言之殊可痛心。新政府興，自當亟圖挽救。惟現值軍書旁午，不宜多起交涉，重大事件雖斷不可退讓，其餘自應暫仍舊貫，留待後圖。此亦不得不然之勢也」

「雲南軍都督府關於中華民國對於租界應受之規則箚」，1912年1月12日，中國第二歷史檔案館編：《中華民國史檔案資料彙編》，第2輯，江蘇人民出版社，1981年，第9～10頁。

〔註28〕力主參戰的梁啓超曾發表《外交方針質言》，提出參戰「其根本義乃在因應世界大勢而爲我國家熟籌將來所以自處之途……從積極進取方面言之，非乘此時有所自表見，不足以奮進以求厠身於國際團體之林；從消極維持現狀言之，非與周遭關係密切之國同其利害，不復能蒙均勢之庇。」在當時的一篇演說中，他更明白地提出：「加入（協約國）之後，我國受其影響甚巨，不能不先有條件之磋商，如賠款問題，關稅問題，及修改辛丑條約等事，爲我國希望已久而未達目的者。今即有此機會，自未可輕易放過耳。」參見唐啓華：《被「廢除不平等條約」遮蔽的北洋修約史1912～1928》，北京，社會科學文獻出版社，2010年，第62～63頁。

〔註29〕顧稱：「自十九世紀中葉，中國與西歐列强開始交往以來，中國對外關係中始終處於不平等的地位。從那時起，中國一直受一系列不平等條約的約束。由

當時的國際國內環境對收回國權也是相對有利的。

第一，一戰後，中國的危險似乎比以前有所減少。曾對中國構成威脅的列強中，有兩個大帝國已經瓦解，而且德國失去了在山東的租借地，俄國受國內問題的拖累，暫時不再對中國北部構成威脅。英國和法國雖然取勝，但是也遭受巨大的損失，實力大大削弱，一段時間內已經沒有對外擴張的能力〔註30〕。

第二，一戰給國際關係帶來了新的變化。一戰前的世界，唯一通用的規則就是「弱肉強食」，赤裸裸的強權政治被視爲理所應當。戰後，列強從戰爭的殘酷性和勢力均衡出發，協調外交逐漸成爲主流，開始比較注重維護既存世界秩序的穩定。強權政治也不得不尋找合法的外衣。國際法和國際條約在國際關係中的運用相對戰前更多一些了，中國這樣的殖民地半殖民地國家的外部環境比過去略微寬鬆。

第三，憑藉一戰成爲第一強國的美國，對中國的態度比較友好。1918 年1 月，美國總統威爾遜發表著名的《十四條宣言》，內容包括公開外交、民族自決、各國相互保障政治自由及土地統轄權、國無大小強弱一律享有同等權利等。其中直接關係中國的有：第一條，「公開之和平條約，以公開之方法決定之。此後無論何事，不得私結國際之盟約。凡外交事項，均須開載布公執行之，不得秘密從事。」第五條，「對於殖民地之處置，須推心置腹，以絕對的公道爲判斷。殖民地人民之公意，當與政府之正當要求，共適權衡。此種主義，各國須絕對尊重，不得絲毫假借。」第十四條，「確定約章，組織國際聯合會。其宗旨爲各國交互保障其政治自由及土地統轄權。國無大小，一律享同等之利權。」接著他又發表了四項原則、四個目標、五點具體要求。這

於在對歐洲列強的戰爭中屢遭失敗，被迫割讓領土作爲賠償，中國的領土完整早已遭到損害，由於接受了強加於中國領事裁判權和其他各種特權，中國的主權早已被侵犯」，「現在正是時機，中國應該在即將召開的和會上向各國鳴不平，以爭回某些失去的權利。中國所不滿的不僅僅是歐洲列強的帝國主義政策，而且還有十九世紀後期使中國蒙受苦難的日本侵略者。日本侵略的最近事例便是日本提出的臭名昭著的二十一條要求，以及於提出最後通牒後強迫中國締結的中日條約。」

參見《北洋政府：外交拼死抗爭 世界終於正視中國》，鳳凰網，2008 年 07月 31 日，最後登錄時間：2012 年 8 月 28 日，http://news.ifeng.com/history/special/bupingdengtiaoyue/news/200807/0731_4259_685644.shtml。

〔註30〕〔美〕吉爾伯特・羅茲曼主編：《中國的現代化》，上海，上海人民出版社，1989 年，第 302～303 頁。

些條文主張「將來議和，應以無偏倚之公道爲原則，以組織萬國協會爲維持公道之方法」〔註31〕。當戰爭臨近結束之時，威爾遜又在一次演講中保證，美國「當視最弱國之利益，猶神聖不可侵犯，若最強國之利益也」，這是和平的基礎所在〔註32〕。這些原則的提出，在強權當道的時代，對於中國這樣的國家和人民而言，頗有石破天驚之感，大家似乎在長夜中看到了一線曙光。中國的民眾尤其是知識分子深感振奮〔註33〕，希求通過威爾遜主義達至「永久和平之目的」。

第四，中國國內民族主義思潮蓬勃發展。建立民國後，由於實行政治多元化，各種政治力量獲得了向社會充分展現自己的主張的機會。民族主義蓬勃發展，促進了能對政府決策施加影響的「社會輿論」的形成。這種社會輿論的影響力，在中國歷史上可謂第一次。

第五，一批接受過西方教育的新式職業外交官開始嶄露頭角。他們勇於並善於與西方列強打交道，具有比較強烈的民族和民主意識，也具有更爲豐富的國際政治和外交知識。他們同樣以爭取收回中國過去所失去的國權爲己任，但相比起來，由於自己的西方教育背景和經歷，這些新式外交官更加重視以西方通行的國際法準則爲依據。巴黎和會是這些新式外交官展現其才華的第一個重大場合。此後，他們逐漸佔據了民國外交舞臺的中心地位〔註34〕。

所以，從歐戰停火到和會召開之際，中國從上到下都抱有「公理戰勝強權」的良好願望，「國民外交」也蔚爲風潮。「許多中國人越來越意識到，當時的國際環境阻礙著本國的發展。這一認識帶來了積極的後果：由於國家輿論的一致性以及心理上的參與，使數量空前的中國人更能理解自己國家的困難處境和問題，從而導致民眾的憤怒情緒空前高漲。在整個現代世界，特別是不發達世界，人們要求動員起來爲國家效力的願望在實現現代化的過程中發揮著主要作用。」〔註35〕而且，協約國和美國在中國對德奧兩國宣戰後，

〔註31〕 參見《北洋政府：外交拼死抗爭 世界終於正視中國》，載於鳳凰網，2008 年 07 月 31 日，最後登錄時間：2012 年 8 月 28 日，http://news.ifeng.com/history/special/bupingdengtiaoyue/news/200807/0731_4259_685644.shtml

〔註32〕 蔣夢麟譯：《威爾遜參戰演說》，上海，商務印書館，1918 年，第 55 頁

〔註33〕 參見王建朗：《中國廢除不平等條約的歷程》，南昌，江西人民出版社，2000 年，第 43～44 頁。

〔註34〕 王建朗：《中國廢除不平等條約的歷程》，南昌，江西人民出版社，2000 年，第 42～43 頁。

〔註35〕 〔美〕吉爾伯特・羅茲曼主編：《中國的現代化》，上海，上海人民出版社，

也曾相繼向中國政府作出保證，願意盡力幫助中國在戰後獲得「當有之地位及其優待」。〔註36〕

1918 年 11 月 11 日，歐戰停火。1919 年 1 月 18 日，巴黎和會開幕，27個戰勝國派代表出席，商議戰後如何重建和平。

中國政府對巴黎和會極為重視，派出了有 50 多人的代表團。〔註37〕1919年 4 月，中國代表團提交了《中國希望條件說帖》，提出廢除列強的七項特權〔註38〕：

1、取消外國設立的所謂勢力範圍或利益範圍。2、撤退外國的駐華軍隊和巡警。3、撤除外國設立的郵政機構及有線無線電報機構：自 1921 年 1 月 1日起，所有外國郵局一律撤去。此後非經中國政府明白允許，不得再在中國設立有線無線電報機關，其業已設立者，由中國政府給價收回。4、取消領事裁判權。5、將租借地歸還中國。6、中國收回外國租界。7、實現中國關稅自主。〔註39〕

可見，中國參加巴黎和會的主要目的，就是「原欲乘機解決我國際地位上一切根本問題」。在《中國希望條件說帖》的緒言中，中國政府的態度是比較鮮明的〔註40〕：

自二十世紀之初，中國於政治、行政、經濟咸有可稱。而自帝

1989 年，第 302～303 頁。

〔註36〕 協約國作出了這樣的承諾：「本國政府欣願趁此機會，將友誼及聯帶責任並協助之處，特向中國政府確實表明，自必盡力讚助中國在國際上享得國當有之地位及其優待也」。吳東之主編：《中國外交史——中華民國時期（1911～1949）》，http://www1.bookan.com.cn/gzcom/Ebooks/T0201/200612251632272043/yuedu4.html，最後登錄時間：2012 年 12 月 10 日。

〔註37〕 中國朝野對通過巴黎和會收回國權抱有極大期許。北洋政府在參戰後，即積極籌劃參與戰後媾和事宜，外交部也設立籌備參與和會的組織，收集駐外公使報告與意見，研究應向和會提出的諸問題。歐戰停火後，北洋政府國務院立即設立歐戰和議籌備處，彙集資料。中國代表團中，外交總長陸徵祥為首席代表，駐美公使顧維鈞、駐英公使施肇基、南方政府代表王正廷及駐比公使魏宸組為正式代表。

〔註38〕 王建朗：《中國廢除不平等條約的歷程》，南昌，江西人民出版社，2000 年，第 54 頁。

〔註39〕 此外，中國還提出取消日本與袁世凱訂立的「二十一條」等不平等條約，歸還大戰期間日本從德國手中奪去的山東各項權利等要求。

〔註40〕 《秘笈錄存》，第 154 貞，轉引自唐啟華：《被「廢除不平等條約」遮蔽的北洋修約史 1912～1928》，北京，社會科學文獻出版社，2010 年，第 70 頁。

制改革、民國肇興以來，進步尤爲卓著。顧猶未能遂其發展之自由者，則苦於國際障礙之多也。諸障礙中，有本昔日從權待變之辦法，今事過境遷而因循未改者，亦有爲近日不合法律公道之舉動所迫成者。長此不變，必致滋生齟齬之端。案威總統十四要點所含公道、平等、尊重主權諸原到，業經聯盟及共事諸國公同承認，今平和會議方欲借爲基礎，而建設新世界，苟不絕遠東競爭之種子，其功未謂圓滿也。

　　中國代表爰提出說帖、臚列諸問題，冀依主權國所不可少之土地完整、政治獨主、經濟自由諸原則，而加以糾正。庶障礙消除，而發展得遂其自由，幸甚。

在《中國希望條件說帖》的結論部分，中國再次強調，召開和平會議的目的，不僅僅是與「與敵國訂立和約」，更應該著眼於戰後建設一個「以公道、平等、尊敬主權爲基礎」的新世界。中國提出的廢除西方特權問題，如果不能「亟行糾正」，必然會埋下國際紛爭的隱患，「種他日爭持之因，而擾亂世界和局」〔註41〕。

然而，巴黎和會的實權，完全操縱在英美法日意五強之手。中國熱望的結果，只是得到和會議長法國首相克里蒙梭出面的一封回信，說中國的要求不在和平會議的權限以內，將來召開國聯會議再行研究〔註42〕，輕描淡寫之間就將中國的請求推給國聯了事。更有甚者，巴黎和會起草的「對德和約」（即《凡爾賽和約》）中，竟然提出把德國在山東的特權，全部轉讓給日本。

中國人對巴黎和會原先抱有極大的希望和樂觀情緒。社會輿論相信，「列強在和平會議中一經提議遠東問題，對於中國之冤屈必大發其不平之鳴」，中

〔註41〕原文如下：「中國政府提出說帖於和平會議，非不知此類問題並不因此次世界戰爭而發生。然和平會議之目的，固不僅與敵國訂立和約而已，亦將建設新世界，而以公道、平等、尊敬主權爲基礎。徵以萬國聯合會約法，而益見其然。此次所提各問題，若不亟行糾正，必致種他日爭持之因，而擾亂世界和局。故中國改府深望平和會議熟思而解決之。」參見唐啓華：《被「廢除不平等條約」遮蔽的北洋修約史1912～1928》，北京，社會科學文獻出版社，2010年，第71頁。

〔註42〕克里蒙梭回信說道說道：「本會議充量承認此項問題之重要，但不能認爲在平和會議權限以內，擬請俟萬國聯合會行政部行使職權時請其注意」。張廷灝：《不平等條約的研究》（沈雲龍主編：《近代中國史料叢刊續編》第三十七輯第369號），文海出版社有限公司，1984年，第79～80頁。

國在 1840 年以來所受的一切不公正待遇和冤屈都將一洗而淨。當這種樂觀情緒遭遇到巴黎和會對中國的不公正處置時，所受打擊的強烈程度也就不難想見了〔註 43〕。英美法的對日妥協及日本的蠻橫態度，激怒了全中國人民，從而爆發了在中國現代史上具有重大影響的「五四運動」。在國內強大的壓力下，北洋政府不能不考慮作出選擇，最終默認了中國代表團拒簽對德和約的事實。

巴黎和會儘管沒有討論中國提出的廢除不平等條約的正當要求，但中國人畢竟在國際場合把追求平等的願望昭告於世界。自不平等條約產生並強加於身以來，中國政府第一次系統地在世界面前提出恢復獨立自主、取消列強特權的要求。以巴黎和會為開端，中國開始了連續性的、漫長的、爭取修約、廢約的歷程。

2.2.3 為參加華盛頓和會而制定郵政條例

巴黎和會創造的凡爾賽體系並沒有給世界帶來穩定的和平結構，反而造成了國際關係新的嚴重的不平衡。法國勢力擴張，得以稱霸歐洲大陸，英國雖然元氣大傷，但進一步鞏固了住中東、地中海的優勢。更重要的是，一戰後，遠東和太平洋地區的形勢發生了重大變化。俄、德退出了在這一地區的角逐，英國力圖極力保持在遠東地區的既有利益；日本利用歐戰期間列強無暇東顧之機，肆意侵犯中國主權，意圖獨霸中國，與同樣因為一戰國力大增的美國在東亞地區展開了日趨激烈的競爭，矛盾越發尖銳。列強的海上競爭從大西洋轉移到太平洋。同時，中國的民族革命運動蓬勃發展，列強意識到必須盡快協調對華政策，抵消蘇俄革命對中國的影響；根據新的情況重定列強各國在華「均勢」，成為當務之急。這就是召開華盛頓會議特殊的國際背景。

1921 年 7 月 10 日，美國國務卿休斯向英、日、中、法、意等國發出非正式照會，邀請各國到華盛頓召開一次以裁減軍備、解決遠東及太平洋問題為主要內容的國際會議。各國除日本態度曖昧外皆表態同意。北洋政府外交總長顏惠慶表示中國「樂願參與」，但聲明中國代表在會議中的地位應與各國完全平等。自此，華盛頓會議被正式納入中國的外交議程。

〔註43〕 參見陳廷湘：「1920 年前後兩次爭國權運動的異樣形態及形成原因」，中國社科院近代所、四川師大歷史文化學院編：《一九二○年代的中國》，北京，社會科學文獻出版社，2009 年，第 559～560 頁。

　　儘管中國剛剛在巴黎和會上遭遇冷遇和欺辱，但中國代表拒絕在和約上簽字的正義行爲和五四運動強大的衝擊蕩滌，讓中國人精神爲之一振，通過外交途徑爭取國權的模式得到了國人的認可，民族主義、愛國主義浪潮更加勃發。從中國的角度來看，華盛頓會議與國家的前途命運關係巨大，因爲召開會議的初衷之一就是協調列強立場，制定今後「中國事件應適用各原則及政策」，也就是說會議內容必然有相當一部分重點是關於中國問題，這在過去國際關係史上是前所未有的。因此，很多中國人認爲華盛頓和會的重要程度超過了巴黎和會，不但政府重視，更得到國人關注，成爲中國政治生活的一大中心、時論之焦點。

　　當時普遍的社會輿論認爲，應當抓住此「千載難逢之時機」，吸取過去「事前茫無所覺，及時臨渴掘井」這一「歷史上外交之失敗骨由」的教訓，「愼重考慮」，「充分預備」中國的外交路線、會議提案以及各項方針策略。「惟茲事體大，……，皆非少數人之學識智慮所能奏功，必須合全國人之才力心思，始克有濟」。「凡我國民，……惟有趁此時機，合全國之人，考求自立方法；盡全國之力，保留自強地步。」〔註44〕外交家顧維鈞在回憶錄中這樣說：「舉國上下，憂國憂民者莫不翹首以待，盼望華盛頓會議能解救中國時局，帶來和平，使國家能夠得到發展。」〔註45〕

　　這樣的時代背景，爲民國創建後第一部郵政法規——《中華民國郵政條例》的立法培育了土壤。

　　民國建立後，北洋政府交通部一直想起草一部郵政法，以作爲行政依據，規範郵政管理，保證郵政業務安全。自民國元年以來，每年交通部都派員商討制訂郵政法（郵律），但是因爲「頭緒紛繁、考訂難周、時作時輟、迄無成

〔註44〕《太平洋會議之兩團體》，《申報》1921年8月29日，第11版。轉引自鄧思敏：《華盛頓會議期間的國民外交》，華中師範大學2007年碩士論文。

〔註45〕顧維鈞在回憶華盛頓會議時說：「這次會議（華盛頓會議）對於中國顯然是很重要的。中國的主要對手是日本。中國非常盼望趁這個機會徹底解決山東問題，要求國際上確保中國的安全，承認中國與世界其他國家的平等地位。換言之，中國政府和人民最關切的是兩個主要問題：馬上解決山東問題，立即廢除那些不平等條約，廢除不平等條約在當時尤其是針對日本，要免受日本在中國大陸推行領土擴張和經濟滲透政策之害。中國本身則被一些派系之間的政治鬥爭和軍事衝突弄得四分五裂，當時不僅南北對抗，督軍之間也互相爭奪。舉國上下，憂國憂民者莫不翹首以待，盼望華盛頓會議能解救中國時局，帶來和平，使國家能夠得到發展。」

　　《顧維鈞回憶錄縮編》，天津編譯中心編，中華書局出版，1997年，第71頁。

議」，一直沒有進入實際操作階段。到民國四年（1915 年）6 月 7 日才設立了一個「交通部郵律起草委員會」，任命了委員長和起草委員，起草委員基本上來自交通部郵傳司和郵政總局〔註 46〕。郵律起草委員會成立後，也開始著手郵政法及其附屬規則的起草工作，分別編訂了草案，送郵政總局徵詢意見。但不知何故，當時的郵政總局又另起爐灶，起草了一部有二十六條的郵政法草案交起草委員會審酌。因爲交通部郵傳司（不久改名爲郵政司）和郵政總局是郵政主管部門（郵傳司司長兼任郵政總局總局長），起草委員會起草的草案沒有得到這兩個部門的認可就無法向上報送，履行後續立法手續。所以又回到了由郵傳司會商郵政總局起草的路子上。此時，由郵傳司重擬郵律草案三十八條，送交郵政總局研究，由郵政總局簽署具體意見，起草委員會的各委員以司局人員身份在司或局內研究並共同進行協商。此時的「郵律起草委員」實際上弔在了空中，「既未正式開會也沒有正式取消」。〔註 47〕

　　下面對起草階段草案變化的大致情況做一概要介紹，重點是有關郵局專營權力和民信局管理的相關內容。

　　一、郵政總局最早所擬的郵律草案，共三章二十六條。〔註 48〕

　　第一章「建設」，簡要說明郵局的創立歷史和管理體制沿革。

　　第二章「郵局之主要權項及職務」，共十五條。

　　第一條規定：

　　「郵局有唯一之權項，將信函、明信片既每期不逾十日之新聞紙以及各項包封類各書籍貨樣包封並郵局可寄之所有各項包封或郵件，由設有郵局之一處運至無論國內國外設有郵局之他處，且有唯一之特權辦理關於郵件一切收取寄發投遞等項事務。

　　關於上列之運送事宜，其資費則例（即郵資）係由郵政長官規定用郵票交付。

　　凡可不在郵政寄遞範圍之內者，既係（甲）通運公司爲交貨無誤起見，必須隨貨發出之提單及各項貨單。（乙）定期新聞紙距發行日期之逾半年以外

〔註 46〕在該委員會中，周萬鵬被任命爲爲郵律起草委員長，徐洪、陳斯銳、蔣煒祖、范靜安、王文蔚、鐵士蘭、巴立地、申瑪思爲起草委員。
〔註 47〕參見民國「交通部、鐵道部交通史編纂委員會」編輯：《交通史郵政編》第一冊，1930 年，第 71～72 頁。
〔註 48〕原文參見民國「交通部、鐵道部交通史編纂委員會」編輯：《交通史郵政編》第一冊，1930 年，第 72～78 頁。

且係成捆成包成箱輸送，其中並未書有不同之姓名住址者。（丙）信函或新聞紙無論封口或露寄，由一特僕或雇傭之人寄送者。惟託寄之人及代送人其收寄信函或報紙，無論收自寄件人或寄交收件人抑或係由寄件人收件人等之主動，各不得在兩人或兩人以上。

凡違本章者，得罰以郵局因私運行將損失之郵資六倍，此外，仍得按件索取例行郵資，並在付清罰款以前，得將郵寄之包封扣留。

情節較重者，得科罰郵資十二倍。

凡一人或一人以上，無論是否開設商號或公司、行家或他項合資所辦之營業，如違本章，將無論何種郵寄包封收取寄送投遞或正在設謀收取寄送投遞，藉圖無論何項費用酬勞償報者，無論爲首或唆使或有連帶冠以，一經訊實，每案得分別科以五十元至五百元之罰金，並將關於收取寄送投遞或因此設謀所用之一切對象全行充公。」

第三章「郵局之特權」共十一條，規定了郵局的幾項特權：

一是郵政專用標識不得冒用或妨害。二是運送郵件的車船免收執照費和通行費。三是郵件的優先通行權。四是船主對所運郵件的特殊關注和保護。五是船舶免費運送郵局郵件且禁帶郵局以外的郵件。六是鐵路按章運輸郵件。七是警察官吏負有查緝私郵和其他違反郵律行爲的義務。「官警及關吏經郵局之請，應盡力襄助搜緝私運之郵件或偵查他項違反郵律之舉動」。八是郵局發行郵票權。九是安裝信箱權。

第二十六條是關於掛號民局的例外規定：「本律第一條第二節之規定，對於本律公佈日以前已經開設而在郵局照章掛號之民局暫不執行。此項民局得暫行執業作爲郵局代理人。惟郵局所訂經營民局之章程，各該民局必須恪切遵守。」

二、此後，郵傳司重新擬訂的郵律草案，未分章節，共有三十八條〔註49〕。

第一條「郵件由國家經營委任主管廳管理。」

第二條「郵件之種類如左：信函，明信片，十日以下定期出版之報紙，印刷物、貨樣、貿易契，其他爲郵局可以寄遞之郵件。」

第三條「左列各款不在郵局範圍之內得由個人或請人自行遞送：一、承攬運送業者因轉運貨物而發之證券。二、逾發行日在六個月之報紙匯寄於特

〔註49〕原文參見民國「交通部、鐵道部交通史編纂委員會」編輯：《交通史郵政編》第一冊，1930年，第79～83頁。

定人者；三、臨時雇用或委任特定人以信函報紙向特定之一人收取或遞送者。」

第五條「無論何人不得為遞送郵件之營業或意圖遞送郵件因而收取報酬」。

第六條「郵件之收取寄發及投遞為郵局之特權，寄件人如不違反本律及郵務章程交寄者，郵局不得拒其收寄，不論國內國外凡已設有郵局之處應按照寄件人之指定為之遞送。」

第十七條「檢察官警察官地方官應襄助郵務之進行盡偵查保護之責。」

第二十三條「違反本律第三條者，除照納郵費外，併科六倍以上十二倍以下應納之郵票。」

第二十五條「違反本律第五條者，處以五十元以上五百元以下之罰金並將其對象沒收之。如不能完納罰金者按刑律易以監禁。」

三、郵政司呈交通總長草案

民國五年（1916 年），郵傳司改名為郵政司後，以原先郵傳司所擬的三十八條草案為基礎，綜合郵政總局的修改意見，並參酌「各國成例」，於當年年底完成新的四章四十三條草案。民國六年（1917 年）1 月，郵政司將該草案呈請交通總長審核。該草案的主要內容包括〔註50〕：

第一條「郵政由政府掌管之」。

第二條「郵件之收取寄發及投遞為郵政機關之特權」。

第三條「郵政機關主管之郵件種類如左：一、信函；二、明信片；三、定期每月刊行一次以上之出版物；四、印刷物、書籍、貨樣類、貿易契約；五、其他可以遞送之郵件。郵件種類容積另以章程規定之。」

第四條「郵政機關於郵件外得經營左列事務：一、匯兌；二、包裹；三、儲金；四、其他事務而為其他加入郵會之各國郵政所經營者。右列事務之詳細辦法，另以章程規定之。」

第五條「無論何人不得為遞送郵件之營業或意圖遞送收取報酬，但左列各款不在此限：一、承攬運送業附於貨物發交之憑券。二、逾發行日六個月以上之報紙匯寄於特定之一人者；三、臨時雇用或委任特定之一人以信函報紙向特定之一人收取或遞送者。」

第十二條「檢察官警察官及其他地方行政官吏對於郵政事務應襄助進

〔註50〕原文參見民國「交通部、鐵道部交通史編纂委員會」編輯：《交通史郵政編》第一冊，1930 年，第 84～89 頁。

行，盡偵查保護之責。」

第二十六條「違反本律第五條者，除沒收其對象外，併科以五十元以上五百元以下之罰金。右犯罪人如不能交納罰金時，得處以相當之有期徒刑。」

該草案由總長交郵政總局和郵政司會商後，作了少量改動，調整爲四十五條。

四、交通部送法制局郵政條例，未分章節，共四十六條

民國七年（1918 年）11 月，郵政總局向交通部報告，稱：郵律底稿報部後，尚未修訂頒行。現在第一次世界大戰已近尾聲。戰爭結束後，萬國郵聯大會必將擇期舉行。到那時候，郵律也將成爲必要的問題。由於加入郵聯的各國都已有了郵律，而中國雖已加入郵聯，卻沒有自己的郵律。如國外問到中國郵律的情況，「我國將無所措詞」。而且各國郵政往來都要依據郵律，可見郵律的頒佈，不單是對內管理的依據，也是對外郵政事務的必需。請求交通部盡早頒行。

同年 12 月，郵政司將前年編訂的草案四十五條交郵政總局，又進行了一些修改。民國八年（1919 年）3 月，借鑒同樣由交通部所管的電信鐵路等立法通例，「郵律」改名爲「郵政條例」，此時草案共有四十六條。同月，交通部送北洋政府法制局審查。在移送審查函中，交通部已經根據當時的戰後世界形勢，指出了盡快制定郵政條例的緊迫性。函中提出「我國開辦郵政二十餘載，郵政條例尚付闕如」，郵政立法已經明顯落後於郵政發展的需要。特別提到此時已是歐戰講和的階段，外國侵華勢力受到一定限制，爲收回不平等特權創造了難得的機遇，「亟宜趁此時機，提出撤銷客局之問題，以謀郵權統一」，「亟盼郵政條例從速施行」。

此時郵政條例的主要內容有〔註51〕：

第一條「郵政由政府掌管之」。

第二條「信函明信片之收取所寄發及投遞爲郵政機關唯一之特權」。

第三條「郵政亦承辦他項郵件之收取寄發及投遞，其所括者如左：一、每月發行一次或一次以上之新聞紙及定期出版物；二、刷印物、書籍、貨樣類、貿易契約；三、其他可以遞送之郵件。信件、明信片以及他項郵件之重量尺寸另以章程規定之。」

〔註51〕原文參見民國「交通部、鐵道部交通史編纂委員會」編輯：《交通史郵政編》第一冊，1930 年，第 98～103 頁。

　　第四條「郵政機關於郵件外得經營左列事務：一、匯兌；二、包裹；三、儲金；四、其他事務而為加入郵會之各國郵政所經營者或為政府所特別委託者。右列事務之詳細辦法，另以章程規定之。」

　　第五條「無論何人不得為遞送信函明信片之營業或意圖遞送收取報酬，但左列各款不在此限：一、承攬運送業附於貨物發交之憑券。二、逾發行日六個月以上之報紙匯寄於特定之一人者；三、臨時雇用或委任特定之一人以信函內特定之一人收取或遞送者。」

　　第十二條「檢察官警察官及其他地方行政官吏，除擔負施行本條例全部之責任外，對於郵政事務及郵政產業必須實行維持保護。」

　　第二十七條「違反本條件第二條獲第五條者，除沒收其對象及私走之郵件併科以五十元以上五百元以下之罰金外，仍按郵章所規定之數，將各該郵件科罰資費。右犯罪人如不能交納罰金時，得處以相當之有期徒刑。」

　　五、民國八年（1919年）4月法制局函覆交通部意見

　　法制局對郵政條例草案提出了修改意見，關於郵政專營的意見主要有兩點：〔註52〕

　　一是認為原案第二條以郵件之收取寄發及投遞為郵政機關唯一之特權，而第三條所規定的郵件分為六種，「其範圍甚為廣泛」。各國郵政權的範圍，除少數國家以外，多以信函明信片報紙為限。現在中國郵政機關尚未十分完備，人民利用郵政機關的習慣也尚未能普及。如果以書籍、報紙、貨樣、貿易契據及其他可以遞送的物品「概屬郵政機關之特權」，「恐實行時，頗多窒礙」，「擬將專屬郵政機關郵送之郵件定位信函及明信片之兩種」。

　　二是認為郵政專營是對商業自由的限制，從立法層級效力上考慮，應由國會制定頒佈為適宜（「本案規定的郵政事務之專占，於人民營業之自由有關，依約法之規定，似應提出國會議決公佈」）。

　　對上述意見，郵政總局答覆，同意明確限制郵政專營範圍，即：

　　擬將郵政條例第二條改為：信函明信片之收取寄發及投遞為郵政機關唯一之特權。擬將第三條改為：郵政亦承辦他項郵件之收取寄發及投遞，其所括者如左：一、每月發行一次或一次以上之新聞紙及定期出版物；二、刷印

───────────

〔註52〕原文參見民國「交通部、鐵道部交通史編纂委員會」編輯：《交通史郵政編》第一冊，1930年，第104～105頁。

物、書籍、貨樣類、貿易契約；三、其他可以遞送之郵件。信件、明信片以及他項郵件之重量尺寸另以章程規定之。

六、民國八年（1919年）4月交通部將郵政條例提交國務院審議

郵政條例的最終頒佈，「與撤銷客郵案頗有關係」〔註53〕。在向國務會議作說明時，當時的交通總長曹汝霖對於立法背景和原因有這樣的闡述：

中國開辦郵政二十多年，郵政條例一直未能制定出來，不管是對內經營還是開拓國際業務都有很多的阻礙。特別是外國勢力在中國開設客郵局，經常以中國沒有郵政條例，發生騙取郵件、僞造郵票等案件無法使用法律等作爲藉口。此時正值一戰結束，中國正應該盡快抓住難得的時機，提出撤銷客郵問題，收回外國特權。從速頒佈郵政條例，既讓外國無法再以中國無郵政法律爲藉口，又可以爲統一郵權提供法律依據，將來也將有助於我對外交涉的口徑措辭。〔註54〕

此時郵政條例的主要內容已經基本成型，大致有〔註55〕：

第一條「信函明信片之收取寄發及投遞爲郵政之特權」。

第二條「郵政由國家經營」。

第三條「郵政機關除第一條事項外，得兼營左列各項對象之收取寄發及投遞：一、報紙、書籍及其他印刷物；二、貨樣類及貿易契約；三、包裹；四、其他可以遞送之件。信件、明信片以及前項各種郵件之重量尺寸以命令定之。」

第四條「左列事務亦得由郵政機關兼營：一、匯兌；二、儲金；三、凡加入萬國郵會各國之郵政機關所經營之事務。四、其他依法律命令之所定屬於郵政機關之事務。」

〔註53〕 沈雲龍訪問，林泉紀錄，郭廷以校閱，《劉承漢先生訪問紀錄》，臺北「中央研究院近代史研究所」，1997年，第119頁。

〔註54〕 「我國郵局開辦二十餘年，郵政條例尚付闕如，對內對外窒礙良多。外人在國內設立客局，每以條例未訂，對於騙取郵件及僞造郵票等事科罪無所適從爲藉口。是條例之郵務，關繫於國家行政權者至大。茲值歐戰告終，於亟宜趁此時機，提出撤銷客局問題，以謀郵權統一。惟彼須速將郵政條例頒佈，較易措辭。」參見民國「交通部、鐵道部交通史編纂委員會」編輯：《交通史郵政編》第一冊，1930年，第106頁。

〔註55〕 原文見民國「交通部、鐵道部交通史編纂委員會」編輯：《交通史郵政編》第一冊，1930年，第106～107頁。

第五條「無論何人不得經營第一條之事業，但左列各款不在此限：一、承攬運送業附於貨物發交之憑券。二、臨時雇用或委任特定之人向特定之人收取或遞送信函。」

第十二條「檢察官警察官及其他行政地方官，除依本法之規定應付完全責任之外，對於郵政事務及郵政產業須以實力維持保護之。」

第二十七條「違反本條件第二條獲第五條者，除沒收其對象及私走之郵件併科以五十元以上五百元以下之罰金外，仍按郵章所規定之數，將各該郵件科罰資費。右犯罪人如不能交納罰金時，得處以相當之有期徒刑。」

一戰後國際形勢發展相當迅速。1920 年，交通部又向北洋政府國務院報告，提出萬國郵聯大會定於當年 10 月在西班牙馬德里召開，應利用這個機會向各國通報中國已有郵政法，而且考慮到郵政條例草案的若干規定都涉及到國際聯郵，「全案關繫聯郵各種問題，極為重要」，所以應該加快立法程序，「急應提前公佈，以便有所依據」，為中國申請撤銷客郵、收回郵權打下基礎。但是，鑒於形勢緊張、時間迫切，如果按原計劃經過國會議決後公佈，「勢須延緩時日」。所以交通部提出兩條路同時走的建議〔註56〕，即一方面「由國務院將該法案先行定名為條例，提交國務會議議決後呈請大總統，以教令公佈」，以解燃眉之急；另一方面，將郵政條例草案同時報國會「詳細討論」，待完成國會依法程序後，再「議決公佈」。

民國十年（1921 年）9 月，由於「華盛頓會議開會在即」，中國代表團擬抓住這一機會，提出「撤銷客郵」的提案，希圖藉此實現巴黎和會上沒有成功的願望。然而，儘管此時中國的國家郵政已經開辦 25 年，但「還沒有郵政專法作為準繩」，不但對內無法適應發展和管理的需要，對外交也不利，「對外更使各國客郵有所籍口」，列強仍會以「中國沒有郵政法、法制不健全、管理不規範」為由，拒絕撤回客郵。所以，加快國內立法進程，與外交鬥爭相互呼應已是勢不容緩。

在交通部再次報告催促下，北洋政府國務院採納了便宜從事、簡化程序的建議，經國務會議「議決照辦」。10 月 12 日，以大總統教令〔註57〕形式（時

〔註56〕參見民國「交通部、鐵道部交通史編纂委員會」編輯：《交通史郵政編》第一冊，1930 年，第 114～115 頁。

〔註57〕按照民國三年（1914 年）5 月 1 日公佈的《中華民國約法》規定，大總統的職權在制定法律和發佈命令方面的職權可分為兩方面：第一，屬於法律的：（一）公佈法律；（二）提出法律案、預算案於立法院；（三）對立法院議決

任大總統徐世昌），公佈郵政條例四十七條。同時，該法案也經眾議院審議通過，移送參議院討論。但是，由於當時的北洋政府實際上是軍閥政治的舞臺，「城頭變幻大王旗」之事屢見不鮮。「受政治時局的影響，國家立法活動時斷時續」，並「處於嚴重、激烈的政治鬥爭之中」〔註58〕。1920年直皖戰爭結束不久，1922年1月又爆發了第一次直奉戰爭。「旋因京畿戰事發生」，北洋政府及國會陷於癱瘓，「參議院久未開會」，將《郵政條例》上升爲《郵政法》並公佈一事就此擱置了下來。因此，在整個北洋政府時期，中國頒布施行的就是這部具有行政立法性質的《郵政條例》。而《郵政條例》的立法進程本來一直緩步進行，在華盛頓和會前夕突然加快、一切便宜從事、從速頒佈，主要即鑒於「條例之郵務，關繫於國家行政權者至大」，「茲值歐戰告終」，出於爭回主權的需要，「亟宜趁此時機，提出撤銷客局問題，以謀郵權統一。」〔註59〕

2.2.4 撤銷客郵——華盛頓和會上中國得到的唯一成果

1921年11月12日～1922年2月6日，在美國首都華盛頓舉行了對一戰後國際形勢具有重大影響的國際會議，史稱華盛頓會議或「太平洋會議」。〔註60〕

華盛頓會議主要有兩個議題，一是限制海軍軍備問題，目的是對戰後各大國間的海軍力量進行調整；二是遠東和太平洋問題，重新劃分列強在遠東、太平洋

的法律案不同意時得交覆議，若立法院以出席議員三分之二以上堅持前議，規定「大總統認爲下內治外交有重大危害或執行有重大障礙時。經參政院之同意。得不公佈之」；（四）制定官制、官規、但不附加任何條件，如須經立法院議決之類。第二，屬於命令的：（一）大總統爲增進公益或執行法律，或基於法律的委任，得發佈命令：「但不得以命令變更法律。」（二）第二十條規定：「大總統於維持公安或防禦非常災害、事機緊急不能召集立法院時，經參政院之同意、得發佈與法律有同等效力之教令，但須於次期立法院開會之始請求追認；前項教令立法院否認時，嗣後即失其效力。」

參見錢實甫：《北洋政府時期的政治制度》上冊，北京，中華書局，1984年，第70頁。

可見，大總統教令是民國時期行政立法的一種特有形式，在一定條件下與法律具有同等效力。

〔註58〕謝振民編著，張知本校訂，《中華民國立法史》上冊，北京，中國政法大學出版社，1999年，序言，第2頁。

〔註59〕民國「交通部、鐵道部交通史編纂委員會」編輯：《交通史郵政編》第一冊，1930年，第106頁。

〔註60〕參加國有美國、英國、日本、法國、意大利、比利時、荷蘭、葡萄牙和中國等9個國家，所以也稱「九國會議」。

地區的勢力範圍。爲此，分別設立了由美、英、日、法、意等 5 國組成的「縮減軍備委員會」，以及由參會的全部 9 個國家組成的「遠東和太平洋問題委員會」。

　　儘管中國沒有被邀請參加海軍軍備會議，只能出席關於「遠東和太平洋問題」的會議內容，但中國仍對通過華盛頓會議「主持公道與正理」、廢除不平等條約抱有極大希望。1921 年 8 月 16 日，中國北洋政府在接到美國正式邀請後，即表示「深願與各國一律平等參預，共襄盛舉」，對於美國總統聲明「涉及太平與遠東之討論，不欲設法劃定範圍」，更是表示「讚同」。北洋政府派出的代表團陣容強大，駐美公使施肇基出任首席代表，另由駐英公使顧維鈞、大理院院長王寵惠作爲全權代表，此外還任命曾任財政總長、代外交總長、代陸軍總長及國務總理的周自齊、曾任外交總長的梁如浩以及海軍中將蔡廷幹爲高等顧問。中國代表團人數達 130 名之多，遠遠超過巴黎和會期間的中國代表團 35～40 名的規模。〔註 61〕

　　華盛頓會議上中國想達到的目標可歸納爲三條：一是確定各國對華政策的一般原則，防止對中國主權產生任何新的侵害和損失；二是借戰勝國地位，明確廢除列強各種不平等條約；三是取消「二十一條」，解決山東問題。〔註 62〕

　　此前，中國已經利用一戰的時機，收回了戰敗的德國和發生革命的俄國在中國的客郵〔註 63〕。因此，繼續設有客郵局的還剩英國、美國、法國和日本。

〔註 61〕參見《顧維鈞回憶錄縮編》，天津編譯中心編，中華書局出版，1997 年，第 70～71 頁。

〔註 62〕爲此，中國代表對會議期間的工作任務做了分工：施肇基負責撤銷和移交外國郵局、撤軍問題；王寵惠負責廢除領事裁判權、收回外國租界、取消「二十一條」問題，顧維鈞負責勢力範圍問題、租借地問題、山東問題、關稅問題、以及修改不平等條約問題等。
　　參見石源華：《中華民國外交史》，上海，上海人民出版社，1994 年，第 182～184 頁。

〔註 63〕民國六年（1917 年）3 月，中國與德國斷絕邦交，通令所有各埠的德國郵政機關一律停止營業，並由中國地方官派員看守，然後又命令全國交通機關不得爲德國客郵寄遞郵件。到 4 月 25 日爲止，德國在華郵局完全關閉歇業。其後三年，又撤消了俄國客郵。當時俄國統一民意政府尚未組成，中俄邦交尚難恢復，駐華使領館已停止工作，鑒於該國設華郵局也是俄國政府所屬機關之一，「自無存在之理」，於是民國九年（1920 年）9 月 23 日經大總統令公佈撤銷。各處俄國客郵也於當年底先後關閉。
　　參見王雲五主編，王樨著：《郵政》，上海，商務印書館，1931 年，第 134～137 頁。

1921 年 9 月，中國向會議提交了「撤銷客郵」提案。提案指出：中國郵政開辦已有 25 年，「成績昭著，中外稱便」，不論網點、業務品種和國際通郵能力都已經具有一定規模。而客郵的存在，如同毒瘤，「固同贅疣」，「實有傷國家之主權及郵政之尊嚴」。因此，中國政府提出撤銷客郵的請求，希望會議主持公道，公正地解決中國的客郵問題，「主持公道與正理」，「使世界上少一不公正之事」。〔註 64〕

11 月 25 日，施肇基向遠東和太平洋問題委員會宣讀了中國政府關於撤廢各國在華郵局（客郵）的宣言。宣言開篇即指出：主權不但體現在領土完整上，也體現在行政完整上。從過去到現在，中國一直迫不得已「允認」列強對中國主權的侵害限制，並深感痛苦。這種侵害限制，甚至根本沒有條約依據，完全是對獨立國家權利的侵犯。列強不但在中國駐紮軍隊和鐵路警備部隊，還設置有線無線電信設施、設立外國郵局和警察局，公然侵犯中國主權。所以，中國請求參加本次會議的各國將現設在中國境內的一切客郵郵局立即予以撤除〔註 65〕。

宣言分三點闡述中國要求撤銷客郵的理由：

（一）中國郵政事務現已遍及全國，與各國保持通郵往來，各方都表示滿意，其他國家已經沒有必要在華設立郵政。宣言特別強調：中國立法規定了國家經營管理郵政，「爲政府專利事業」。1921 年 10 月 12 日頒佈的郵政條例第一條就有「郵政事務專由政府辦理」的規定。

（二）「客郵之存在足以妨礙中國郵務之發達，使之愈爲困難並剝奪其正當應有之收入」。

（三）「外國政府在中國設置郵局係直接侵犯中國土地及行政之完整，且無條約或其他合法權利之根據」。而且，萬國郵政聯盟「並不准一國在其他會

〔註 64〕 中國政府在提案中提出：「深望此次主持公道與正理之太平洋會議，更進而將在中國之客郵問題下一公正之判決，使世界上少一不公正之事，以保持郵政之尊榮」。參見民國「交通部、鐵道部交通史編纂委員會」編輯：《交通史郵政編》第四冊，1930 年，第 1333～1334 頁。

〔註 65〕 原文爲「中國主權上不但於領土及行政完整上，從前及現在所受限制爲中國迫不得已而允認者，感受痛苦，且有絕無條約上之根據侵犯獨立國權利者。……凡此侵犯中國權利之事，如在中國駐紮外兵及保護鐵路之警兵、設置有線無線電信與外國郵局巡警局等皆是。……中國請參與此次會議之各國將現在中國境內一切郵局立即撤廢。」見民國「交通部、鐵道部交通史編纂委員會」編輯：《交通史郵政編》第四冊，1930 年，第 1334 頁。

員國境內設置郵局」。在華客郵自行印製郵票，在中國「戶口繁盛及工商發達之中心地點」奪取郵務利益，且不受中國海關查驗，成為毒品走私和「偷運違禁品之護符」。

施肇基宣言最後提出：客郵阻礙了中國郵務發展，使中國財政蒙受損失，「實為最直接侵犯中國領土及行政之完整」，是列強對中國人民和中國政府的「藐視」，所以「在中國設置之客郵，不論從何方面視察，均應廢棄之。」〔註 66〕

11 月 26 日，召開了太平洋與遠東問題委員會第七次會議，繼續討論中國客郵問題。此次會議出現了轉機。

列強相互間本有矛盾。美國在中國只有一處郵局，為實現在華均勢，比較支持中國撤銷客郵。因此，美國代表會議主席許士表態很乾脆，痛快地支持中國的要求，聲明：美國願將其在上海的郵局與他國在華所設郵局同時撤去。並稱：「此項郵局在條約上無根據，無論中國如何姑容，究係侵害主權」。羅托也表示，郵局在初設時尚有必要，但「今日存在殊無理由，徒使中國政府不能見重於人民，實悖協助中國建設強固政府之旨。」〔註 67〕

英國和法國代表雖對於撤消這些於法無據的郵局也無法表示反對，但這兩國自有其特殊利益，都有大量人員在中華郵政擔任高職，所以提出：中國現在的郵務發展得力於外籍管理人員甚多，希望中國在若干時期內仍將協助中國郵務的外員留職繼任。否則，若以後郵務廢弛，各國必然會要求重設郵局〔註 68〕。

唯有日本立即表示了抵制。日本代表埴原強詞奪理，稱：日本在中國的僑民人數比其他國家多 30～50 倍，因此，需要經過一段時間詳細地審查中國的郵遞穩妥狀況。等確認其在華郵局確實無繼續存在必要時，日本才能同意撤去。

〔註 66〕施肇基宣言，參見民國「交通部、鐵道部交通史編纂委員會」編輯：《交通史郵政編》第四冊，1930 年，第 1334～1340 頁。
〔註 67〕中國代表團電，1921 年 11 月 29 日，《秘笈錄存》，第 427 頁。轉引自王建朗：《中國廢除不平等條約的歷程》，南昌，江西人民出版社，2000 年 4 月，第 53 頁。
〔註 68〕例如法國提出三個條件：1、其他各國在華設置郵局也一律撤廢；2、中國須保持完善的郵政服務；3、現任的郵政總局總辦（一直由法國人擔任）「仍維持其位置」。如滿足這三個條件，則「法國不反對撤廢法國在華郵局」。參見民國「交通部、鐵道部交通史編纂委員會」編輯：《交通史郵政編》第四冊，1930 年，第 1341 頁。

　　施肇基接受了英法的意見，表示外國人確曾對中國的郵務發展作出了貢獻，中國願繼續借助外國人才，現時並無對此大加改革之意。但對日本的無理要求，予以反駁。指出：日本如果對中國郵政事務的改良有所建議，中國代表團可以考慮。但日本以「在華日僑多於他國」作爲設立郵局的理由，不符合國際公法，中國代表「殊不能讚同」，「不知國際公法中果有何項原則可以佐證埴原君之理由也。」〔註 69〕施肇基追問「日本在華郵局何時可撤？」日本代表稱，郵局係多年的建設，非有準備，難以立即撤消。面對日本的驕慢態度，施肇基予以了堅決的回擊。他表示：中國「從未承認各國有設立此客郵之權利」。客郵的存在，已經超出外交信差範圍之外，足以破壞中國行政完整，損害中國郵政稅關的收入。中國原先就預料撤銷客郵會面臨種種困難，但「中國人民深信倘其熱心毅力，不爲恐懼外國侵略之心所挫折，又倘中國之行政自主不被橫加干涉，則必能解決」。〔註 70〕

　　其後，這個問題轉入由英、美、法、日和中國代表組成的分組會議討論。

　　在分組會議上，看到英、美、法三國的意見已越來越傾向於贊成中國要求，日本代表不得不勉強表示「並無異議」擇期撤郵，但又採用拖延手段，提出其需要由本國政府授權，才能表態讚同撤郵日期，「非得本國政府之訓示，不能讚同現擬之日期」。其後，日本代表又提出「在租借地和日本管轄的鐵路範圍之內的郵局不在此案規定之內」，爲留下位於旅大鐵路和南滿鐵路沿線的各日本客郵局埋下伏筆。經過數個回合艱難的外交鬥爭，列強終於同意擬於 1923 年 1 月 1 日起取消客郵。而且，針對客郵大量私寄毒品、違禁品，中國卻無權檢查處罰的情況，經過中方竭力爭取，有關國家終於同意：在客郵未撤之前，中國海關可以稽查客郵有無應納稅品種和違禁品。但是，根據日本代表的要求，這一檢查的範圍被加上了「尋常書信除外」的限制。此後，中國代表在遠東委員會會議上對此提出異議，指出在尋常書信內，經常有人夾帶毒品，要求修改。經過磋商，會議將此條的表述修改爲：「該有關係之四國對於中國海關官員應各予以充分之方便，俾得調查各該外國郵局之郵件（尋常掛號或非掛號之信於外面考察後，似乎內所裝者只係繕寫之物，則不在此

<hr>

〔註69〕　民國「交通部、鐵道部交通史編纂委員會」編輯：《交通史郵政編》第四冊，
　　　　　1930 年，第 1342 頁。
〔註70〕　民國「交通部、鐵道部交通史編纂委員會」編輯：《交通史郵政編》第四冊，
　　　　　1930 年，第 1342 頁。

例），所以經過此項關官之手者，因可考察所裝之件應否納稅，是否違禁之品，或違反海關章程及中國法律。」〔註71〕

1922 年 2 月 1 日，經徵求意大利、比利時、荷蘭、葡萄牙等其他參會國家意見，大會通過了《關於在中國之外國郵局議決案》。該案承認「關於中國政府表示在中國境內之外國郵局除在租借地或為約章特別規定者外期得撤銷之志願，認為公平」。因此，英國、日本、法國、美國四國，承諾在 1923 年 1 月 1 日以前將其在中國設立的客郵局撤銷。但是，也附有兩個條件〔註72〕：1、中國保持切實辦理之郵務；2、中國政府保證現在郵務行政與外國郵務總辦之地位有關係者無變更之必要。〔註73〕

1922 年 2 月 4 日，中國代表團全權代表施肇基、顧維鈞、王寵惠與日本代表加藤、幣原、埴原在華盛頓簽訂《解決山東懸案條約》。該條約附件《關於締結解決山東懸案條約中日代表會議記錄中之議定條件》〔註74〕，規定撤除日本在非法搶奪山東期間設置的郵局。

華盛頓會議後，根據《關於在中國之外國郵局議決案》，英、法、美等國按照承諾，在 1922 年年底前基本撤銷了在華「客郵」。〔註75〕日本卻表現得

〔註71〕 中國代表團電，1921 年 11 月 28 日，《秘笈錄存》，第 431 頁。轉引自王建朗：《中國廢除不平等條約的歷程》，江西人民出版社，2000 年 4 月第 1 版，第 53～54 頁。

〔註72〕 參見王建朗：《中國廢除不平等條約的歷程》，江西人民出版社，2000 年 4 月第 1 版，第 53～54 頁。

〔註73〕 可見，這一條約仍然承認洋員在中國郵政中繼續保有現有的地位以及擔任郵務總辦的高職，明顯是為了照顧英法在華特殊利益。

〔註74〕 《關於締結解決山東懸案條約中日代表會議記錄中之議定條件》，共六部分十六條，其中第五部分「郵務局」規定：
「第十二條 所有膠州德國舊租界地以外之日本各郵務局，如青島濟南鐵路在一千九百二十三年一月一日以前移交，應於移交鐵路同時撤去，但無論如何不得逾上開日期。
第十三條 所有膠州德國舊租界地內之日本各郵務局，應於移交該租借地之行政權時同時撤去。「
參見王鐵崖編：《中國舊約章彙編》第三冊，三聯書店，1962 年版，1982 年 8 月第 2 次印刷，第 208～215 頁。

〔註75〕 英國還留有一些「尾巴」，即其設在中國西藏的「客郵」機構，並沒有在 1923 年撤銷。印度獨立後，英國又移交給了印度。中華人民共和國成立後，對印度繼承英國在西藏的郵電設施，採取了中印雙方協商處理的方式。1953 年，中印代表團就兩國在中國西藏地方的關係問題進行了會談。1954 年 12 月，印度政府同意將其在中國地方所經營的郵政、電報和電話等企業機器

心不甘、情不願。

日本在華郵局，原計 66 處，於 1922 年 12 月 10 日關閉 24 處，12 月 31 日關閉 42 處。但日本在南滿鐵路一帶所設郵局並不在《關於在中國之外國郵局議決案》撤銷之列。同年 7 月間，北洋政府外交部曾據以交涉，請其撤銷。8 月，雙方互派官員會商此事，然而談判歷時 3 月，一直沒能解決，「至今成爲懸案也」〔註76〕，一直保留至抗戰勝利日本投降後才撤銷。

至此，中國通過華盛頓會議「取消外國在華郵局」的要求基本實現。

但是，需要指出，這一局部的小勝利無助於改變「弱國無外交」的強權秩序。儘管中國代表反覆爭取，國內民眾也予以了大力支持，但華盛頓會議本質上是列強把持的舞臺，貧弱不堪的中國依然不得不面對與巴黎和會相差不多的境遇。

在華盛頓會議的最後決議中，「取消外國在華郵局」成爲「中國在華盛頓會議上取得的惟一實質性成果」。〔註77〕除此以外，中國提出的其他提案（包括修改不平等條約、合理公正解決山東問題、取消「二十一條」、外國軍隊撤軍、重訂關稅單、取消治外法權、收回外國租界、廢除領事裁判權、收回租借地、取消勢力範圍等）都未能解決〔註78〕。

但是，從另一個角度來看，借助華盛頓會議撤銷客郵基本成功，雖然沒能達成中國的全部要求，但中國畢竟第一次實現以外交方式廢除列強特權的勝利〔註79〕，並把反對不平等條約的願望系統地宣告於全世界，是中國走上

設備，無償地交給中國政府：並將其在西藏地方的 12 個郵驛站及其設施以雙方統一的價格折價交給中國政府。中國方面派出以陰法唐爲組長的代表團與印度代表齊伯爾辦理交接事宜。1955 年 2 月底，雙方派人分別赴江孜、帕里、亞東等地一起清點有關通信設施。同年 4 月 1 日，中印兩國政府的代表在西藏拉薩舉行了交接儀式，至此西藏全境的郵電通信設施，由中國郵電部門接管。

參見楊泰芳主編：《當代中國的郵電事業》，北京，當代中國出版社，1993 年，第 41～42 頁。

〔註76〕 參見王檉：《郵政》，上海，商務印書館，1933 年，第 134～137 頁。
〔註77〕 王建朗：《中國廢除不平等條約的歷史考察》，《歷史研究》，1997 年第 5 期。
〔註78〕 參見顧維鈞：《顧維鈞回憶錄縮編》，天津編譯中心編，北京中華書局 1997 年 6 月第 1 版，第 68～78 頁。
〔註79〕 有學者客觀地指出：華盛頓和會是中國第一次沒有喪失更多的權利，且爭回一些民族權利的國際交涉。參見陶文釗：《中美關係史（1911～1950）》，重慶出版社，1993 年，第 80 頁。

爭取獨立自主的平等國際地位道路的開端。〔註80〕

　　而且，如前所述，華盛頓和會前《郵政條例》的制訂，形成了外交手段與國內立法的遙相呼應。北洋政府為了撤銷客郵，在實力不逮的困頓境地，倚重外交手段，於強國的利益夾縫中尋找現實的空間；而要使外交手段更好地發揮作用，又必須引入和遵照國際規則，以「我國已有郵政法律」來證明中國已經進入西方認可的制度模式，建立了足可滿足社會需要的郵政體系，並且遵行西方路徑，對郵政的管理是依「法」而行；以「中國郵政法律規定郵政業務由國家專營」來排除西方藉口，為中國和當時西方通行的國家專營郵政制度尋找共同點，達到以彼之矛還擊彼盾的效果。所有這些立法意圖的指向，都是意欲配合外交主戰場，為弱國爭取收復國權形成支撐。由此也可看出在中國特定社會歷史時期，法律民族主義的無奈：一方面，法律民族主義的目標，是以獨立自主的法律制定和法律實施來排除帝國主義和殖民勢力的侵襲，實現國家和民族的徹底獨立自主；但另一方面，由於整個世界處於強勢的西方法律價值觀下，更由於中國貧弱不堪的現實，使得法律民族主義不能平鋪直敘地對外申揚自己的主張，只能通過表明自己與西方法律價值觀已經接軌，並且接受了西方法律制度來獲取承認、同情，從而將國內法應用於國際法舞臺，艱難地爭取本屬於自己的權利。歸根結底，是貧弱的國力，決定了在世界競爭的條件下，當時的中國立法只能進入這樣的路徑。套用「弱國無外交」的老話，世界政治版圖上也同樣不會為弱國留下實質平等的立法。當然，作為後人，我們不能苛求百年前的那些立法者和外交家們更多。相反，當後人以大量的、甚至稍顯累贅的篇幅來描述巴黎和會、華盛頓會議中國代表團的一次次希望而來、一次次拍案而起、又一次次落寞而歸的時候，想表

〔註80〕借用時人王正廷評價巴黎和會之語，或許可以更好地幫助我們理解在當時的歷史條件下此項成果的意義：

「於中國百年餘年來，外交大失敗後，忽然大放光明，於各帝國主義層層壓迫之下，竟突破其樊籠，展開外交之新局面，而造成吾國外交史上之新紀元者，則巴黎和會是也。蓋是會雖然失敗，而吾民族自決之精神，與夫國民外交意志之真實表現，均得顯示於世界各國之眼前。而列強亦遂知我民族非無外交政策，非無自由意志與獨立精神。終究非可輕侮，未可蔑視，則其收效蓋亦大矣」。

王正廷：「近二十五年中國之外交」，《王正廷近言錄》，上海現代書局1933年版，第138頁。轉引自王建朗：《中國廢除不平等條約的歷程》，南昌，江西人民出版社，2000年，第53~54頁。

達的除了理解和敬意之外,還想引申到一點反思:法律與政治當真能夠走平行線嗎?沒有國家的獨立,法律的作用其實很蒼白,收回國權,豈非空話?

2.2.5 撤銷客郵後,對中華郵政發展的促進

撤銷客郵,是中國近代廢約「殊足光榮者也」。對國家郵政的發展,也有很大益處。在客郵未撤銷之前,中國郵政多被牽制,尤其是國際郵政業務發展不是太好。一方面是與各國簽訂的郵政協議很少,所以國際郵件交換並不方便。另一方面,「外僑爲本國郵政之利益計,往往將寄往外洋之郵件,交由本國在華所設立之郵局寄遞。」〔註81〕所以中國不但喪失了郵權,也蒙受了經濟損失。

客郵撤銷後,對中華郵政發展的促進作用效果立見。

一是中國與各國郵政順利地增訂了各種業務協議。客郵撤消後,中國與加拿大、德國、荷蘭、英國、美國、法國、日本等都訂立了關於包裹、匯兌、航空方面的郵政協約,擴大了郵件通達地域和國際合作範圍。〔註82〕

二是中華郵政獲得長足發展。郵政局所由民國十一年(1922年)的11306處(含代辦所8877處),增長到民國十五年(1926年)的12224處(含代辦所9662處)〔註83〕,增幅達到8.2%。而由以下各表更可見撤銷客郵後中華郵政業務量的大幅度增長:

表 2-3　自 1922 年至 1926 年收寄各種郵件統計表〔註84〕

年份	普通郵件	掛號郵件	快遞郵件	保險信函	保險信匣	共計
1922 年	401093740	20425350	4824700	19926		426363616
1923 年	448009938	20427176	5171677	32915	10	473641716
1924 年	494609874	22274354	5410064	57766	37	522352095
1925 年	536311213	22868542	5757863	57766	463	565007763
1926 年	558619239	21796918	5296813	75498		585788468

〔註81〕 王雲五主編,王樨著:《郵政》,上海,商務印書館,1931年,第17頁。
〔註82〕 參見王雲五主編,王樨著:《郵政》,上海,商務印書館,1931年,第18～20頁。
〔註83〕 王雲五主編,王樨著:《郵政》,上海,商務印書館,1931年,第20頁。
〔註84〕 王雲五主編,王樨著:《郵政》,上海,商務印書館,1931年,第21頁。

表 2-4　1922 年至 1926 年收寄包裹統計表〔註 85〕

年份	件數	重量（公斤）	價值（銀元）
1922 年	4791420	24464426	114355940
1923 年	5307910	28781343	156940242
1924 年	5738830	32122936	140689921
1925 年	6540968	39706440	152239372
1926 年	6011171	37157738	160327173

表 2-5　自 1922 年至 1926 年郵政收入支出的統計表〔註 86〕

年份	收入（以銀元計算）	營業支出	資本支出
1922 年	$17100719.00	$13256358.00	$1902421.00
1923 年	20791610.00	16334787.00	1810066.00
1924 年	28257114.00	18906497.00	1597552.00
1925 年	25304672.00	21353820.00	708264.00
1926 年	28311251.00	25301149.00	1187878.00

〔註 85〕王雲五主編，王樨著：《郵政》，上海，商務印書館，1931 年，第 21～22 頁。
〔註 86〕王雲五主編，王樨著：《郵政》，上海，商務印書館，1931 年，第 23 頁。

第 3 章　民國郵政法

　　1927 年，民國南京政府成立。在此前後，郵政的發展進入一個「黃金時期」，成為當時公認的「辦得最好的公用事業」。而新的郵政立法也因時而生，呈現出新的特點。

3.1 立法過程

　　南京國民政府建立以後，郵政「南北統一」〔註1〕，進入新的發展時期。但是，當時通行的、具備一定法規形式要件的郵政制度卻「紛亂龐雜、殘缺不備」。據記載，大類有三種〔註2〕：

　　一是《郵政條例》，民國十年（1921 年）以大總統教令公佈。

　　二是《郵政章程》。原以英文本為主，其內容主要抄自英國的《郵政指南》，相當龐雜。〔註3〕而且從制定程序上看，既缺乏法律依據，也無需上級立法機關審核公佈，更沒有所謂公佈程序，經常修訂，也經常發佈，每次只需由郵政總局直接編輯發印即可（非常類似現在的《郵件處理規則》）。時人也並沒

〔註 1〕 北伐前後，中國曾經短暫出現分別由北洋政府管理和南京國民政府管理的兩個「郵政總局」局面。北伐勝利後，1928 年 6 月，北京的「郵政總局」被裁撤，原有人員南遷辦公，郵政總局的「中樞機構復合為一」。參見沈雲龍訪問，林泉紀錄，郭廷以校閱，《劉承漢先生訪問紀錄》，臺北「中央研究院近代史研究所」，1997 年，第 49 頁。

〔註 2〕 沈雲龍訪問，林泉紀錄，郭廷以校閱，《劉承漢先生訪問紀錄》，臺北「中央研究院近代史研究所」，1997 年，第 115 頁。

〔註 3〕 其中有規定郵政組織的內容，有關於用戶權利義務的內容，有指示郵政員工如何處理業務手續的內容，也有涉及員工紀律和用戶處罰的規定，

有將這部《郵政章程》視做法規。

三是《郵政綱要》。係由歷年郵政總局命令文件中摘要類編而成，分爲三冊，第一冊以人事管理爲主，第二冊以郵件處理爲主，第三冊以會計財務事項爲主。其實更相似於現在的「政策文件彙編」。

可見，其中只有《郵政條例》不折不扣地是一部法律性文件。雖然因爲時局原因，《郵政條例》未能經過國會通過，僅以行政命令頒佈，但其內容和效力都是完整的。南京國民政府成立後，於民國十六年（1927年）8月12日發佈命令，暫時繼續沿用《郵政條例》。

然而，由於北洋政府當初起草《郵政條例》時，是以《日本郵政法》作爲藍本，立法目的主要是爲了在太平洋會議（華盛頓會議）中爭取客郵撤廢，故而匆匆起草、匆匆審議、匆匆公佈。〔註4〕所以，《郵政條例》的條文規定並不完備，施行幾年後，「諸多不便」，「頗感滯礙」。當時，正是胡漢民擔任立法院院長，相繼頒佈了民法、刑法、商法和各種訴訟法等。「六法全書」的體系初成架構。於是，南京政府交通部設立了法規委員會，於1931年間，著手會同郵政總局開始起草郵政法。

1933年，國民黨中央政治會議第388次會議通過了郵政法立法原則，並於當年12月21日由國民政府轉令立法院知照。該立法原則共有六條，規定了郵政法的立法思想和主要內容，對於指導其後郵政法的起草和成型有著決定性的意義。全文如下：〔註5〕

一、郵政爲國營事業

郵政爲交通事業之一，應集權於中央，專由國家經營，已爲世界各國通例。我國興辦郵政，垂數十年，一切規章多仿照英美成例辦理，且已加入萬國郵會，故從前公佈之郵政條例，即規定郵政專由國家經營。本草案因之定爲郵政事業由國家經營，並禁止人民私營此業。

二、郵政事業之範圍

爲信函、明信片、新聞紙、雜誌及其他定期出版物，貿易單據，書籍及其他印刷物、貨樣、包裹等之遞送，並得經營儲金、匯兌、

〔註4〕劉承漢：《郵政法總論》，上海，商務印書館，1940年，第30頁。
〔註5〕沈雲龍訪問，林泉紀錄，郭廷以校閱，《劉承漢先生訪問紀錄》，臺北「中央研究院近代史研究所」，1997年，第119～121頁。

簡易人壽保險，旅客運送及其他依法令委之事務。查倫敦國際郵政公約第三十二條規定：郵政之意義係指信函、明信片、貿易契據、各項印刷、貨樣及小包郵件而言，同公約第三十二條第一項第三款規定新聞紙及定期出版物之郵寄。又倫敦國際郵政互換包裹協定，規定郵寄包裹之辦法。此外如儲金匯兌二項，有郵政經營，亦依各國通例。至簡易人壽保險一項，係採用日本制度，旅客運送係採用美國、德國、瑞士、奧國制度，其目的在圖謀人民便利，發展郵務，亟有仿行之必要也。

三、郵政公物免納一切捐稅

國營事業所需之物，不應課稅，不獨郵政為然，例如國家銀行，國有鐵路，國有電信及各種國營製造廠所需之土地、建築物、材料、器具或業務上之收入，對於各種國家稅及地方稅多在免稅之列。至於郵政則取費力求輕微，設局遍於僻壤，非以富國，乃圖便民，更須免納一切捐稅，郵業務之發達，且亦屬各國之通例。

四、運送業免費代運郵件

交通事業貴乎迅速，尤貴乎費用低廉，世界各國對於國有鐵路均規定免費運送郵件，對於民有鐵路、長途汽車及以運送為業之船舶，則分別情形辦理，仍以免費為原則，酌給津貼為例外。我國運送業雖不及外國之發達，但鐵路多屬國有性質，同屬交通機關，自應適用免費辦法，至內河船舶向例不給運費，酌給酬金，海外船舶多由外籍公司經營，航空事業方在萌芽時代，均有特殊情形，無妨略為變通。

五、郵政對於損害賠償只適用特別法之規定

郵件在寄遞中發生遺失、被竊或毀損時，郵局對於受損害人固應負損失賠償責任，但其責任之限定，賠償之金額，賠償之方法，則各國法例均以特別限定之，而不適用普通法之規定。蓋郵政事業關係交通，取費低廉，收寄繁雜，為維持郵政事業及一般人民通信之便利計，減輕責任，事實不得不如此也。

六、侵害郵政法益處罰從重

郵政事業關係交通，應有法律保障，如偽造郵票、妨害秘密等

　　罪名，刑法已有專條，當然可以適用外，其他侵害郵政法益之行，
　　刑法多未曾明白規定，自應加以補充。至郵政人員利用公務上或業
　　務上之便利而實行犯罪，妨害國家信用人民公益，尤應嚴加制止，
　　酌予加重，各國法例大致相同。

　　這六項原則中，前兩項是有關郵政的組織範圍，後四項側重郵政權益之保護。

　　在完成立法程序後，民國二十四年（1935年）7月5日，南京國民政府公佈《中華民國郵政法》（以下簡稱《民國郵政法》），自民國二十四年（1936年）11月1日施行。

3.2 《民國郵政法》的主要內容

　　《民國郵政法》共有五十條，4000多字。儘管未分章節，規模不大，但這部郵政法在中國郵政立法史上具有特別的價值。它不僅是第一部具有完備法律形式的郵政法律，而且文字精鍊、內容全面、專業水平高、立法技術熟練，基本涵蓋了當時郵政經營和管理的各方面內容，比較好地適應了郵政發展的需要。因此，國民黨政府撤退到臺灣後，繼續沿用這部郵政法。雖然做了多次修改，但多屬個別條款的細節性修改。其總體框架、主要條款和基本制度，一直「未有重大變更」。這種情況，一直延續了近70年，直到2002年，才根據世界發展趨勢和郵政體制改革的需要，對全文作了重大的修改，在此基礎上形成了目前臺灣地區的《郵政法》。

　　《民國郵政法》的主要內容包括：

一、關於郵政國營制度

　　第一條即規定「郵政爲國營事業，由交通部掌管之」。可見，郵政國營是《民國郵政法》的重點，也是當時郵政經營管理體制的基礎。將郵政國營制度，放在全法第一條，具有總領一切制度的重要地位。其詳細內容和立法思想，將在下一節詳細介紹和論述。

二、關於郵政管理機關

　　第二條規定：「交通部爲經營郵政業務，設置郵政機關，其組織另以法律定之。」國家郵政自清末成立以來，其機關組織，既有穩定性，又在不斷地

發生變遷。所謂穩定性，是指在大多數時間，一直有一個專業性的國家機構在進行經營管理，即「海關郵政總署」到其後的「大清郵政總署」，再到後面的「中華民國郵政總局」。由於郵政源於洋務運動、聘請客卿管理、專業化程度較高等特殊的背景，雖然機構的名稱一直在發生細小的變化，但其行政職能、組織模式和內設機構、管理人員一直保持穩定，變化不大。加上國家郵政誕生以後，一直實行從中央到地方垂直管理的體制，從上到下的管理體系比較完整，儼然自成一家，在清末和民國時期的政府行政系統中也是處於相對獨立的狀態。但是，郵政機構的上級政府部門變化則比較大，清末的大清郵政總署最初歸總稅務司直轄，而總稅務司又隸屬於總理萬國事務衙門。到光緒三十二年（1906 年），由總理衙門轉型而來的清政府外交部成立，郵政總署隨海關改隸屬於外交部。不久，設立稅務處，海關、郵政總署又轉隸稅務大臣管理。光緒三十二年（1907 年），清政府管制改革，設立郵傳部，作為交通事業的主管機關。郵傳部內設郵政司，專管郵政事宜。但這時候郵政仍是總稅務司實際在經營管理，體制事實上未作變動，郵傳部只是名義上有管理郵政這項職能。次年，稅務大臣和郵傳部函商約期移交郵政，但郵傳部答覆「官制未定，俟議定辦法再接」。直到宣統三年（1911 年）5 月，才由稅務處正式移交郵傳部，並將郵政總署改稱郵政總局。此時，辛亥革命已經爆發，清政府的統治很快宣告結束。民國成立後，民國政府設立交通部，管理全國路政、電政、郵政、航政等所謂「交通四政」的建設及行政事宜。在交通部機關內設立郵政司，負責郵政宏觀政策管理，在交通部下設立郵政總局，作為全國郵政最高管理機關。將全國劃分為若干郵區，每個郵區設立一個郵政管理局，仍由郵政總局直管。

　　民國時期，對於郵政管理機關的設置和職能規定，已經形成了一個較為完整的法律體系。按照《民國郵政法》第二條的規定，南京國民政府公佈《交通部郵政總局組織法》（1935 年），規定了郵政總局的職責，主要包括：

　　　　1、郵政事業計劃之擬訂及實施事項。

　　　　2、郵政業務之興革改進及推展事項。

　　　　3、所屬事業機構設立、合併、裁撤之擬議或核定事項。

　　　　4、國內郵件資費之擬議事項。

　　　　5、國際郵件資費及其他費率之釐訂事項。

6、國際郵件事務、雙邊協定、多邊協定、運郵合約之研擬及辦理事項。

7、郵政票券之設計報核及發行事項。

8、國內外集郵業務之規劃及拓展事項。

9、郵用物品器材之統籌採購、儲存及配發事項。

10、郵政局房屋建築與機械設備系統之規劃設計及督導施工事項。

11、郵政儲金、匯兌、簡易人壽保險等業務之督導推展事項。

三、關於郵件種類及資費

《民國郵政法》第四條把郵件分爲十類：信函類、明信片、新聞紙、書籍印刷物貿易契等類、瞽者（盲人）所用印有點痕或凸出字樣之文件、商務傳單、貨樣類、掛號郵件、平快郵件、快遞掛號郵件。1935 年對於郵政資費採取了「資費法定主義」的方式，即「所有各類郵件之資費，均與本法內以明文定之」﹝註6﹞。在《民國郵政法》第四條，規定了各項業務對應的資費標準，如信函類，每起重 20 克收費 2 分；明信片，收費 1 分。

這種在立法中明確規定資費的方式，簡單明瞭，方便民眾用郵和國家管理，也便於社會對郵政的監督。但也有其不利之處，就是沒有考慮到社會物價可能的變化，使郵政定價機制喪失了相對靈活性。一般情況下，社會物價水平會呈現緩慢上漲的趨勢，一旦郵政成本上升，法定的固定資費已無法覆蓋郵政成本，就必須修改法律以提高資費，但修法的過程比較漫長繁瑣，使得郵政資費的調整總會出現滯後性，爲郵政的非經營性虧損帶來了隱患。抗戰以後，物價不斷上漲，郵政資費遠遠不能支撐成本，不得不屢次啓動立法程序，修訂郵政資費。民國三十年（1941 年）、民國三十一年（1942 年）、民國三十二年（1943年）、民國三十三年（1944 年）、民國三十四年（1945 年）、民國三十五年（1946年）、民國三十六年（1947 年）、民國三十七年（1948 年），先後多次對《民國郵政法》第四條進行修訂，但也只是把郵資的具體數額做一個重新規定，於事無補，不僅官民不勝其煩、不堪其擾，而且收效也不大。特別是在抗戰爆發和國共內戰其間，郵資猛漲，修法根本不可能跟上了。﹝註7﹞。特別是國民黨政

﹝註 6﹞ 劉承漢：《郵政法原理》，臺北，三民書店，1985 年，第 116 頁。
﹝註 7﹞ 抗日戰爭爆發前，每封國內平信郵資 5 分。抗戰期間，物價上漲，郵費也隨

權在大陸崩潰以前，1949 年 6 月郵資又開始猛漲，通貨膨脹已然無可控制。到 1949 年初，物價漲到了天文數字，郵資再怎麼上漲也抵不上物價上漲〔註8〕。到了民國三十八年（1949 年）6 月，徹底修訂了第四條，由「資費法定主義」，改爲採用「資費準則主義」，即由郵政總局制訂資費計算公式，經立法院審定後，每次遇到增減資費的情況，就授權行政院核定即可，才算減少了反覆修訂法律的麻煩〔註9〕。

另外，《民國郵政法》第八條規定：

> 郵費之交付，以郵票、明信片、特製郵簡、或證明郵資已付之戳記表示之。

> 郵票、明信片及特製郵簡，由交通部擬訂式樣及價格，呈請行政院核定，由郵政機關發行。郵費交付後，除法令另有規定外，不得請求退還。

這個條款，明確了郵費的交付方式，明確了郵票的發行權主體爲郵政機關，並規定了郵票式樣和資費的制訂、審批程序。

四、關於郵政業務的範圍

《民國郵政法》第五條規定：郵政機關除遞送前條郵件外，依法律之規定，得經營下列事務：（一）匯兌。（二）儲金。（三）簡易人壽保險。（四）在交通不便之地方，爲遞送郵件而兼營之旅客運送。

根據此條，郵政業務的範圍包括五個大項：

一是郵件寄遞。1933 年，國民黨中央政治會議第 388 次會議通過的郵政

之上升。1940 年 9 月，每封平信增爲 8 分：1945 年 10 月，一封國內平信已漲到法幣 20 元。

修曉波：《郵政史話》，北京，社會科學文獻出版社，2011 年，第 73 頁。

〔註 8〕最後不得已規定了一種所謂「單位郵票」，這種「單位郵票」，按比率折合當時的金元券，一天一個數，隨時隨地可以漲價。例如，上海郵局 1949 年 5 月 16 日實行「單位郵票」的那天，一封國內平信合金元券 16 萬元，到 5 月 20 日即漲至 32 萬元，到 24 日又漲至 120 萬元。因而「萬元」大額郵票越貼越多，而郵票貼多了信就要超重，信超重了又要多貼郵票，最後弄得沒法再貼，只好把信封貼在郵票上，還得打上「欠資」戳。一些市民發現買大批整版郵票比買紙省錢，就不用它去寄信，而買來糊牆。高仰止、楊金鼇：「上海郵政大樓話滄桑」，載於北京市郵政管理局文史中心編：《全國各級政協文史資料・郵電史料》（上冊），北京燕山出版社，1995 年，第 282 頁。

〔註 9〕參見劉承漢：《郵政法原理》，臺北，三民書店，1985 年，第 11 頁。

法立法原則，第二項就是關於郵政事業範圍的規定，即「郵政事業之範圍，爲信函、明信片、新聞紙、雜誌及其他定期出版物，貿易單據，書籍及其他印刷物、貨樣、包裹等之遞送，並得經營儲金、匯兌、簡易人壽保險，旅客運送及其他依法令委之事務。」按照當時倫敦萬國郵政公約第三十二條的規定：郵政的意義指信函、明信片、貿易契約、各項印刷物、貨樣及小包郵件而言。該公約第三十三條第一項第三款是關於新聞紙（報紙）及定期出版物的郵寄的規定。此外，倫敦郵政互換包裹協定即爲關於郵寄包裹的規定。

二是匯兌業務。匯兌由郵政經營，是世界各國的通行制度。中國在清光緒二十四年（1898 年）1 月 1 日，也就是國家郵政創立的次年即已正式開辦郵政匯兌。民國 20 年，中華郵政頒佈《郵政國內匯兌法》，規定：郵政匯兌分爲普通匯兌、電報匯兌和小款匯兌（又稱代辦所匯票）3 種。

三是郵政儲金。這項業務最早開辦於英國，因爲具有「鼓勵民眾節約與調節國家金融」之作用，逐漸推廣到世界大部分國家，如法國、美國、日本、俄國等。中國於民國八年（1919 年）開辦郵政儲金業務。由於郵政局所遍及各地，深入民間，不論金額大小，一律收儲，而且有國家信用擔保，所以深受民眾歡迎，發展很快。郵政總局下屬的郵政儲匯局成爲民國時期金融體系著名的「四行二局」之一〔註10〕。民國二十年（1931 年）6 月 29 日，國民政府公佈了《郵政儲金法》，其第四條將郵政儲金業務分爲存簿儲金、支票儲金、定期儲金及劃撥儲金四種。

四是簡易人壽保險業務。引自英國、日本等國，是「專爲收入微薄一般民眾所設之一種壽險制度，旨在協助此一階層民眾解決生死事件之經濟困難，緩和貧富對立之心理，進而安定社會秩序，促進經濟繁榮，故此爲社會安全政策中重要措施之一，係社會安全性之特種壽險。」〔註11〕民國二十四年（1935 年）5 月 10 日公佈、同年 12 月 1 日施行的《簡易人壽保險法》第一條、第二條規定：簡易人壽保險，爲國營事業，屬交通部主管，並由郵政儲金匯業局管理，其他保險業者，不得經營。

五是旅客運送業務。《民國郵政法》第五條規定「在交通不便之地方，爲

〔註10〕 「四行二局」是南京國民政府時期，國家所有並直接經營的大型金融機構，是當時國家金融體系的核心。四行是中國銀行，交通銀行，中國農民銀行，中央銀行，兩局是郵政儲金匯業局和中央信託局。
〔註11〕 劉承漢：《郵政法原理》，臺北，三民書店，1985 年，第 102 頁。

遞送郵件而兼營之旅客運送」，是指在交通不便的地方利用郵運汽車兼辦的客運業務，但實際上並未推廣。《民國郵政法》出現這個條款，應是著眼於利用郵政豐富的運輸資源，爲邊遠交通不便地區民眾提供服務，並降低郵運成本。其立法明顯受到當時德國、瑞士的長途汽車業務都由本國郵政經營管理的影響（瑞士至今仍然保持這個傳統），並參考了兩國郵政法的相似條款。

五、關於郵件的寄遞

郵件寄遞是郵政服務的核心內容，因此，在各國郵政法中都有大量有關規定。1935 年的《民國郵政法》也不例外。主要有以下幾個方面的規定：

一是收寄郵件義務的規定。《民國郵政法》第十一條分兩款規定：「郵政機關非依法令，不得拒絕郵件之接受及遞送。但禁寄物品不在此限。禁寄物品之種類及其處分方法，於郵政規程中定之。」這一條款的核心其實是賦予郵政機關強制性的「作爲義務」，要求其必須承擔起依法提供服務的責任，禁止以法律以外的任何理由拒絕「接受及遞送」郵件。起草者劉承漢先生是這樣解釋該條的立法意圖的，「郵政事業不僅爲公用事業，且爲獨佔事業，如郵件之接受與否，可由郵政機關任意爲之，殊足妨害人民通信自由之權利」。這個條款意義重大，可以說是郵政普遍服務義務在我國郵政法律中最早的規定。對於違反收寄義務的行爲，《民國郵政法》中做出了制裁規定，第四十五條規定：「郵政人員無正當事由，拒絕寄件人交寄之郵件，或匯款人交匯之款項，或故意延擱郵件或匯款者，處五百元以下罰金。」

爲保證完成收寄任務，《民國郵政法》授權郵政設置郵件接收器具。該法第二十條規定：「郵政機關得於道路、宅地、商場、工廠、官署、學校、公私團體、及其他公眾出入處所，設置收受郵件專用器具，並收取郵件。但除道路外，須得其管理人之同意。」

二是郵件運輸的規定。郵件運輸是郵政經濟活動的重要組成部分，是郵政服務的核心環節之一。當時的中華郵政已經具備了一定的運輸能力，擁有部分自有運輸工具。但僅靠自己的力量完成巨大的郵件運輸量，既不經濟，也不現實。相當一部分的郵件、尤其是長途郵件，必須借助社會力量。但是，其他運輸主體與國家郵政是不同的利益主體，它們之間因爲運郵而產生的權利義務關係，既不是行政法關係，也與等價交換的民事關係有很大的區別。爲此，《民國郵政法》規定：

　　第十五條　凡以運送爲業之鐵路、長途汽車、船舶、航空機，均負載運郵件及其處理人員之責。

　　前項載運，除航空機外，均爲無償。但得由交通部給付津貼。對於民營運送業津貼之給付，並得採會商辦法。會商不諧時，由交通部核定之。

　　第十六條　依前條之規定，有代運郵件之責者，應負左列之責任：

　　（一）應常備足容郵件及其處理人員之車輛或地位，並應妥籌保管郵件之方法。

　　（二）應於開行前將交運郵件逐件接收，到達後向交運時所指定之郵政機關逐件點交。

　　遇有特殊情形時，內河較小之船舶、長途汽車、或航空機，得免載處理人員。

　　上述兩條，規定了鐵路、長途汽車、船舶、航空等公共運輸經營主體的代運郵件責任，包括依法承擔運輸郵件的義務、減免運輸費用的義務、給予必要方便的義務、安全保管移送的義務等。從形式上看，公共運輸經營主體確實與國家郵政是不同的利益主體，不但要求其承擔運郵責任且減免收取運費，似乎不符合民事法律的公平原則。對此，《民國郵政法》起草者劉承漢解釋：國家爲維護公用事業，以行政強制力，使相關主體承受經濟、勞力或行爲上的負擔，在行政法上稱爲公用負擔，即爲了公共利益的實現，「責令具有相應適應能力之相關者，使爲一定設施之義務」。私法上的運輸合同關係，是一種契約關係，表現爲根據當事人約定，一方爲另一方完成一定的工作，待工作完成後收取報酬。而《民國郵政法》此處的規定，是公法意義上的法定義務，義務方承擔義務是源於法律的強制性規定，而不是契約的任意性約定，當然也就不能以是否有償作爲承擔義務的要件了〔註12〕。同時，這樣的規定，也符合當時世界各國的立法例。劉承漢在起草這條規定上，確是參考了西方國家郵政法大量的相似規定〔註13〕。

　　另外，《民國郵政法》第十九條規定了郵件運輸在經過道路、橋樑、關津等交通路線時的優先通行權，並免納通行稅捐。遇有城垣，當城門已閉時，

〔註12〕參見劉承漢：《郵政法原理》，臺北，三民書店，1985年，第143頁。
〔註13〕詳見劉承漢：《郵政法原理》，臺北，三民書店，1985年，第144～155頁。

可以隨時請求開放。這樣的規定，保證了郵件傳遞的迅速性。仔細考證，與我國現存的古代郵驛法律法規極爲相似（如唐律疏議中即有規定，水陸關津遇有公文，在驗證驛使符券後，予以放行）。此條也是因襲了《郵政條例》第八條的規定：「郵政機關之員役，因執行職務暨所有郵件、包裹及郵政公用物經過道路、橋樑、關津及其他交通線上有優先通行權，並得免納通行費。遇有城垣地方當城門已閉時，得隨時請求開放。」從某種意義上說，這條立法的傳承關係，脈絡是比較清楚的。

　　三是郵件投遞的規定。投遞是完成郵件傳遞的最後環節，在很大程度上決定著郵政服務的質量。《民國郵政法》有3條（第十二條、第十三條、第十四條）是關於郵件投遞的專門規定。〔註14〕

六、關於郵件保護的規定

　　《民國郵政法》對保護郵件和保護通信秘密是比較重視的。如第二十三條規定了郵政人員因職務知悉他人情形，均應嚴守秘密。第二十四條規定郵政人員不得開拆他人之郵件。第四十一條規定對無故開拆或隱匿他人之郵件的行爲，依刑法追究責任。第十七條規定：「郵件、郵政資產、郵政款項、及郵政公用物，非依法律，不得檢查、徵收、或扣押。前項郵政公用物，謂專供郵政使用之車、船、航空機、牲畜、器具、建築物、及土地。」此外，第二十一條還規定檢查官、行政人員、及其他軍警人員，在「郵政事務有被侵害之危險時，依郵政機關或其服務人員之請求，應迅爲防止或救護之措置」，針對郵政安全設置了專門的公務機關行政保護條款，考慮不可謂不周到。在法的實施過程中，這些條款對保護郵政通信安全、保證郵政正常運行的確發揮了相當的作用。

〔註14〕　「第十二條　各類郵件，除法令另有規定外，應按其表面所書收件人之地址投遞之。無法投遞時，應退還寄件人。
　　　　　無法投遞或無法退還之郵件，應由郵政機關公告之。經過相當時期，無人領取時，得由交通部指定之郵政機關處分之。
　　　　　前項公告之期間，與公告及處分之方法，於郵政規程中定之。
　　　　　第十三條　各類郵件之收件人有二人或二人以上時，得向其中任何一人投遞之。
　　　　　前項郵件在未投寄前，收件人間發生爭議，向郵政機關聲明，對於其郵件之收受已提起訴訟時，應依確定之判決或訴訟結果投遞之。
　　　　　第十四條　郵政機關欲確知收件人之真偽，得使其爲必要之證明。」

七、關於郵件補償的規定

在立法原則中規定「郵政對於損害賠償只適用特別法」。這就意味著郵政對於郵件損失賠償只適用特別法（即郵政法的規定），從而排斥民法的適用。這樣立法的原因，正是基於郵政的公用屬性，「關係交通，取費低廉，收寄繁雜」，爲了維持其長期運營所以不得不減輕賠償責任。同時，爲了避免與民法用語混淆，《民國郵政法》將「賠償」改用行政法上的「補償」字樣。儘管如此，這部《民國郵政法》還是相當注意保護用戶的求償權利，防止郵政濫用法律授權，因此在第三十四條專門規定「寄件人或收件人，對於郵政機關補償之決定，如有不服，得依法提起訴願。」

八、關於罰則的規定

第三十六條到第四十八條對於違反《民國郵政法》的行爲做出了處罰規定，範圍覆蓋了侵犯通信秘密、僞造郵票、盜竊郵件、冒用郵政標識、郵政人員不履行法定義務等。法律責任的形式多爲行政罰款，情節嚴重的則適用刑法。另外，該法第四十八條將處罰郵政人員之規定，也同樣適用與「負有代運郵件之責者」，擴大了郵政法特殊主體的範圍，顯然是考慮到了郵件運輸的複雜性，從而加大了對經手代運郵件者的責任約束。

九、關於國內法和國際法適用的規定

該法第三條規定：「關於各類郵件或其事務，如國際郵政公約或協定有規定者，依其規定。但其規定如與本法相牴觸時，除國際郵件事務外，適用本法之規定。」據起草者劉承漢回憶，對於國內法和國際法的適用關係問題，即「認爲條約和國內法是否具有同一效力，是否可以直接在國內適用」，當時各國憲法多有明文規定。但由於 1930 年代的中國並沒有制定憲法，其他法律裏也沒有相似規定。而郵政本身就具有國際通聯性質，大量管理和業務活動都與國際公約或協定有關。所以，在立法時，此問題頗費躊躇，「一再斟酌」後最後作出上述規定，等於將條約法（國際法）視爲國內法的一部分，在當時算是開了一個立法例〔註15〕。

此外，當時還將《民國郵政法》列入了「六法全書」體系的經濟行政法範疇。

〔註15〕詳見沈雲龍訪問，林泉紀錄，郭廷以校閱，《劉承漢先生訪問紀錄》，臺北「中央研究院近代史研究所」，1997 年，第 123 頁。

　　所謂「六法全書」，是指南京國民政府所頒行的憲法及其關係法規、民事訴訟法及其關係法規、民法及其關係法規、刑事訴訟法及其關係法規、刑法及其關係法規和行政法規爲內容構成的法律體系。

　　實際上，「六法全書」涉及的內容和範圍相當廣泛。不僅包括了憲法、民法、民事訴訟法、刑法、刑事訴訟法和行政法，還涵蓋諸如司法院大法官會議解釋、最高法院民事判例和刑事判例、行政院判例、最高法院民刑事庭會議決議等大量的法律文件。而且，在每一個部門法律中，又有許多相互聯繫的法規﹝註16﹞。因此，「六法全書」是由不同部分而又相互聯繫的法律部門所形成的一個統一的有機的法律體系；並且每一個法律部門通常又包涵若干個子部門，子部門的法律規範根據其特定的「母法」系統的原則，具體地調整相應領域的社會關係。這樣，「六法全書」遂成一個內容豐富、結構嚴謹、體系龐大的法律系統。

　　在「六法全書」體系中，唯有行政法沒有形成一部完整、自成體系的獨立法典，而是通過大量分散的單行的行政法律法規加以表現（包括內政、教育、軍政、地政、財政、經濟、人事、專門職業、行政救濟等方面的法律文件）。其中，經濟行政法又包括《商業登記法》（1937 年 6 月 28 日公佈施行）及其《施行細則》（1938 年 5 月 19 日公佈施行）、《森林法》（1932 年 9 月 15 日公佈施行）及其施行細則（1948 年 2 月 28 日公佈施行）、《商業會計法》（1948 年 1 月 7 日公佈）、《專利法》（1944 年 5 月 29 日公佈，1949 年 1 月 1 日施行）及其《施行細則》（1947 年 9 月公佈，1949 年 1 月 1 日施行）、《標準法》（1946 年 9 月 24 日公佈施行）、《電業法》（1947 年 12 月 10 日公佈施行）、《水利法》（1942 年 7 月 7 日公佈、1943 年 4 月 1 日施行）、《國營事業管理法》（1949 年 1 月 20 日公佈施行）、《民營公用事業監督條例》（1929 年 12 月 21 日公佈施行），等等。1935 年 7 月 5 日公佈，1936 年 11 月 1 日施行的《民國郵政法》正是屬於上述經濟行政法範疇﹝註17﹞。

　　在起草人劉承漢看來，郵政法是「郵務行政之依據也」。因爲「郵政爲國家整個行政之一部門」，所以「郵政法亦係行政法之一部分，隸屬交通行政法之下」。﹝註18﹞

﹝註16﹞　參見公丕祥：《中國的法制現代化》，北京，中國政法大學出版社，2004 年，第 343 頁。
﹝註17﹞　參見公丕祥：《中國的法制現代化》，北京，中國政法大學出版社，2004 年，第 372 頁。
﹝註18﹞　劉承漢：《郵政法原理》，臺北，三民書店，1985 年，第 2 頁。

3.3 「郵政是國家經營的事業」成為法律的規定

一般而言，每一部法律的首條，其地位都非常重要，往往是對立法性質、目的、宗旨的規定，或者是立法者認為最為關鍵的核心內容。《民國郵政法》的第一條，無疑也符合上述通例。該條規定：「郵政為國營事業，由交通部掌管之」，從而明確了郵政的性質是「國家經營的事業」，由交通部代表國家掌管，界定了整部法律的方向和主要內容，並與《民國郵政法》「立法原則」中關於「郵政為交通事業之一，應集權於中央，專由國家經營」的規定相呼應。

其後的第七條第一款「無論何人不得以遞送第一類、第二類、第八類、第九類及第十類郵件為營業。」；第二十二條「郵政機關對於違犯第七條規定之私運郵件，得派員搜查或扣留之。並得請求當地法院檢察官、警察官署、或地方行政官署羈押其私運人。」均可視為對第一條的細化條款。〔註19〕

《民國郵政法》對「郵政國營」做出如此明確的規定，一定有其特殊的時代背景和制度選擇考慮。認真分析，筆者認為與以下因素有重大關係：

第一，立法者將郵政權作為國家主權之一。

起草人劉承漢曾從主權的角度，解釋了為什麼要立法規定郵政為國家獨佔。其觀點的核心是「基於國家之主權，亦即統治權」〔註20〕。他引述了奧斯丁的名言：「自法律方面以分析國家，應先求此國中，素為人民所服從之上位者為誰？此上位者之上，不應更有權力，為彼所服從。如是一國中之某權利，發號施令，為人所服從，而彼自身更不受他人命令者，即統治權也。獨立的政治社會中，其主權為特定的，絕對的；其意志為無限的。」正因為「法律是主權者的意志」，所以法律有權對國人做出「或使為某事或禁為某事」的命令；因為主權是特定的、絕對的，這就決定了郵政的國家獨佔權，也具有特定性、絕對性的特徵，其權力主體為國家。在郵政國家獨佔權之下，不僅私人不得經營郵政事業，地方政府未經國家授權也不可以經營郵政事業；因為主權具有無限制性，所以國家辦理郵政服務時，只要是在本國領土範圍以內，該國就有自由指揮的權力，不受其他國家拘束。如果其他國家對其進行

〔註19〕 這一條的基本內容後來進入了《中華民國憲法》（1947年12月公佈）。該憲法第一百零七條規定：「左列事項，由中央立法並執行之」，同條第五項：「航空、國道、國有鐵路、航政、郵政及電政」。第一四四條規定：「公用事業及其他有獨佔性之企業，以公營為原則，其經法律許可者，得由國民經營之。」

〔註20〕 劉承漢：《郵政法總論》，上海，商務印書館，1940年，第85頁。

約束，那就是一國行政主權的完整性已經受到了侵害，國家也就喪失了主權的獨立性；因為主權不可分，所以一國的領域範圍之內，不能容許其他國設立的郵政的存在，也不容許未經國家允許的私人郵政的存在，否則這就對國家的主權和行政權造成了限制，其郵政權也受到了限制；因為主權屬於中央政府，主權不可移轉，所以屬於主權權利載體的郵政設施就不能假手於一個國家中央政府以外的任何集團。綜上分析，以國家領域而言，國家就其管轄所及的範圍，享有領域主權，他國在其領域內不能有設置郵政之權利。而郵政的國家獨佔經營，源於國家的最高統治權——主權，主權所應具備的各種特性，郵政權都「得而有之」、同時具備。換言之，國家對郵政的獨佔經營，其實是統治權在國家管理領域的表現形式與活動方式之一，與商事法律中的「專利」，性質是迥然不同的〔註21〕。因此，劉承漢指出：民國十年，華盛頓太平洋會議，中國提出撤銷在華客郵案，所依據的正是這一原則。另外，外國軍事郵遞在領域內不得收寄其軍隊以外的郵件，也是出於這個原則。〔註22〕

第二，受當時特定的社會本位立法觀影響。

1919 年以後，孫中山的思想逐漸向「社會本位原則」靠攏，強調社會公眾利益的最大化，主張以社會為本位，反對西方式的個人本位。從中西文化和社會經濟發展的異同分析出發，孫中山認為：爭取絕對的自由在西方是需要的，在中國則未必。中國個人的自由必須服從於社會的自由。平等的深層含義，不是以奪取他人利益為目的，不在於計較個人的點滴得失，而是更加重視為他人，為社會，為全人類造福。他提出，列強的侵略下之中國，最大的問題是國家喪失了自由，被迫淪為列強之奴隸。為擺脫這種被欺辱、被壓迫的地位，全國人民要團結起來，犧牲個人的自由，遵從三民主義，將一盤散沙似的中國凝結成堅硬團結的混凝土，以便形成一個強盛的中國〔註23〕。民族主義是孫中山社會本位的政治基礎。同時，他將以國有經濟為主的所有制形式視為「社會本位原則」的經濟基礎。

孫中山認為，作為資本主義核心理論的自由競爭說，有著不可克服的天然缺陷。在私人佔有的情況下，無法避免大資本一家通吃、形成壟斷的情況，

〔註21〕參見劉承漢：《郵政法總論》，上海，商務印書館，1940 年，第 85～86 頁。

〔註22〕劉承漢：《郵政法原理》，臺北，三民書店，1985，年第 17 頁。

〔註23〕參見賀淵：「胡漢民『三民主義立法原則』考」，載於中國社會科學院近代史研究所民國史研究室、四川師範大學歷史文化學院編：《二十年代的中國》，北京，社會科學出版社，2005 年，第 527～528 頁。

會形成大公司壟斷了市場，抬高物價，使社會圍著他們轉的局面。而且，資本主義的生產力與生產關係沒有得到很好的調整，經常出現不協調和劇烈衝突，造成兩極分化嚴重、貧富不均，使社會矛盾激烈、社會秩序動盪不安。彌補的辦法只有一個，即以「人民公有」取代以資本主義的自由經濟，「將一切大公司組織歸諸通國人民公有之一法」，實現「節制資本」〔註24〕。他還認為，近代的經濟趨勢，「即以經濟集中代自由競爭是也。」〔註25〕20世紀20、30年代，孫中山的國有經濟思想和實業計劃在當時的中國具有重大影響，是政治、經濟、社會等制度設計的圭臬。尤其是在1929～1931年資本主義世界大蕭條以後，自由競爭理論伴隨著生產無序、經濟浪費、財閥壟斷等弊端，遭到中西廣泛的質疑。「統一與國有」、「國家干涉經濟」成為當時一種經濟上的新浪潮，受到很多國家的青睞。「羅斯福新政」因為採用凱恩斯理論，拋棄了政府在經濟面前無所作為的形象，強調國家干預，而收到明顯的成效。蘇聯的國家經濟模式不但成功地避免了「大蕭條」的影響，更迅速加快了蘇聯工業化進程，成為世界經濟的重要一環。在中國，也有相當一批知識分子和經濟學家對國有經濟充滿了好感。因此，孫中山指出中國的發展，根據實際應是兼而並舉，既推進機械化，又加強國有化，提高國家對市場的控制力，「既廢手工採機器，又統一而國有之」。〔註26〕

當時的南京國民政府立法院院長胡漢民把孫中山的「社會本位原則」運用到所掌立法中，致力於尋求「社會力量平衡」，並將「社會本位原則」列為

〔註24〕 《孫中山全集》第6卷，北京，中華書局，1985年，第397頁。轉引自賀淵：「胡漢民『三民主義立法原則』考」，載於中國社會科學院近代史研究所民國史研究室、四川師範大學歷史文化學院編：《二十年代的中國》，北京，社會科學出版社，2005年，第529頁。

〔註25〕 孫中山認為：「近代之經濟趨勢，適造成相反之方向，即以經濟集中代自由競爭是也。」
《孫中山全集》第6卷，北京，中華書局，1985年，第396頁。轉引自賀淵：「胡漢民『三民主義立法原則』考」，載於中國社會科學院近代史研究所民國史研究室、四川師範大學歷史文化學院編：《二十年代的中國》，北京，社會科學出版社，2005年，第530頁。

〔註26〕 孫中山提出：「中國兩種革命必須同時並舉，既廢手工採機器，又統一而國有之。」
《孫中山全集》第5卷，北京，中華書局，1985年，第250頁。轉引自賀淵：「胡漢民『三民主義立法原則』考」，載於中國社會科學院近代史研究所民國史研究室、四川師範大學歷史文化學院編：《二十年代的中國》，北京，社會科學出版社，2005年，第530頁。

三民主義立法最重要的原則。胡漢民認爲：如果沒有社會、國家、民族，一切法律就沒有存在的必要。因此，要把社會、國家、民族的公共目的視爲三民主義立法的出發點。立法目的不在保障個人而在保障社會。從價值排位上來說，第一位的應該是謀求社會的安定秩序，第二位的應該是謀求經濟事業的培養與發展，第三位的應該是追求社會利益的平衡。〔註27〕

　　因此，南京國民政府公開倡導「國家社會本位」的法律原則，把孫中山思想中的社會法學傾向推至極端，並以此指導整個立法工作。在這一立法觀的主持下，在短短的兩年時間裏，南京國民政府立法院共制定和修改了民法、刑法等十餘部法典，基本構建了政權的法律體系〔註28〕。

　　同期，《民國郵政法》的立法也深受「社會本位立法觀」的影響。起草人劉承漢在其專著《郵政法總論》中，引用了拉丁語法諺「有社會便有法律，有法律便有社會」，指出：國家職權理論和法律思想，已經由個人本位主義演變爲社會本位主義，「於是郵政乃成爲實施國家職務之規範」。國家要在郵政領域實施公務，需要對郵政進行國營，即「所謂公務，就經濟眼光觀之，即係國營事業」〔註29〕。《郵政法總論》引述了社會法學派泰斗狄驥教授的一段話，頗可藉此管窺社會法學思想對其時《民國郵政法》立法影響之一斑：

> 依經濟學家之觀察，在人類活動之任何部分，國家經濟盡將家庭經濟之地位，取以自代。小的家庭團體，其力量不復能確保人類欲望之滿足。凡遍佈於全國之偉大組織，殊需大多數人士合作，方能滿足人類最低限度之欲望。益以科學之發明，與工業之進步，個人間之關係，愈形複雜而頻繁，社會互助因之十分密切，其最重要者，如郵務、鐵路、運輸、電火等，均由大規模之複雜機關管理，方能使人滿足。倘若此種機關之行動，停止片刻，其結果必發生重大混亂，而使社會生命之本身，亦歸於淪亡。所以在今日，不僅使治者負戰備警察及司法之義務，且使之負組織與施行一切事業公務

〔註27〕　即所謂：「第一方針應謀社會的安定。第二方針應謀經濟事業之保養與發展。第三方針應求社會各種實際利益之調節於平衡。」
　　　　　同上。
〔註28〕　賀淵：「胡漢民『三民主義立法原則』考」，中國社科院近代所、四川師大歷史文化學院編：《一九二○年代的中國》，北京：社會科學文獻出版社，2009年，第 524～526 頁。
〔註29〕　參見劉承漢：《郵政法總論》，上海，上海，商務印書館，1940 年，第 3～6 頁。

之責任，俾不至片刻間斷。蓋組織與實施各種實業公務，乃義務之
實行，而非號令之行使。倘謂治者具有權力，必非以公共權力爲本
之權力，而係以其責任爲根據之權力。故握持權力者，應負利用其
權力，以組織公務，並確保其施行之義務。就此目的所發生之行爲，
方得具有法律上之價值，而能強人服從。

　　第三，郵政已經形成比較完善的網絡，社會對由國家提供郵政服務比較
認可，比較滿意。

　　自清末以降，國家郵政建立已近 40 年。期間，郵政服務品種不斷豐富，
郵政網絡大幅延展，郵政資費均一便宜，百姓大多習慣由國家來提供郵政服
務。同期，由於多種因素，民信局的勢力大步後退，好景不再。國家郵政基
本站穩了腳跟，受到社會普遍信任和好評，形成了國有資本一家獨大的局面。
〔註30〕

　　第四，「郵政國營」是各國當時普遍的法律規定，有大量的立法例。

　　自 1840 年羅蘭・希爾〔註31〕郵政改革之後，「郵政國營」成爲當時世界
郵政制度的三大支柱之一（郵政國營、預付郵資、均一資費）。在起草《民國
郵政法》時，起草者運用比較法的方法，搜集、整理、比較各國郵政法律法
規。他們發現：在各國法律中，都有郵政國營的規定。只不過是有的見於憲
法，有的以特別法規定，還有的在憲法和特別法中都有規定，甚至有的國家
在憲法和特別法中都沒有規定，而僅在刑事法律內規定對侵犯郵政專營制度
的制裁〔註32〕。例如：

〔註30〕詳見本文第三章第六節。

〔註31〕羅蘭・希爾（Rowland Hill，1795 年 12 月 3 日～1879 年 8 月 27 日）是英國
　　　的郵政制度改革者、一便士郵政制度的創立人、郵票的發明人，有「近代郵
　　　政制度之父」的美譽。
　　　1837 年，由於深感當時郵政制度的低效與浪費，42 歲的羅蘭・希爾撰寫《郵
　　　政制度改革：其重要性與實用性》（"Post Office Reform: its Importance and
　　　Practicability", 1837），要求對英國郵政制度進行徹底的改革。他提出「便士郵
　　　政」計劃，主張取消官員、貴族享受的免費郵寄特權，提出減低和均一郵資
　　　的主張，提議在英國境內凡重量在 0.5 盎司（14.175 克）以下的信件，不論距
　　　離遠近，一律收費 1 便士，還提出預付郵資的方案和郵票最早的概念：「以一
　　　大小恰與郵戳相等的紙片，背面塗以膠液，略蘸水後即可黏於信件背面」。他
　　　的主張和構想，引發了社會熱切的迴響，成爲 1840 年郵政改革的基礎，並逐
　　　步推廣到全世界。

〔註32〕劉承漢：《郵政法總論》，上海，商務印書館，1940 年，第 98 頁。

　　（一）美國。美國憲法第一條第八款規定：「國會有下列各權：……設立郵政局，並建築郵政道路……」。美國郵政法第 1700 條附注：「按國會根據憲法第一章之規定，已將郵政專營權，授與郵政部，准其在各郵寄路線上，按班或定期運寄信函及包封，上文故應將所視爲例外，予以規定。至於本條及以下各條所稱之包封，係指內裝信函之包件而言，是指政府所授之專營權，係以信函爲限，其他能以郵寄之各件，不在此例。所有代運信函所經之路線，均繫郵寄路線」。郵政法第 1721 條規定：「郵政局長或郵政人員無論何時，對於任何城鄉、碼頭、車站或其他處所，據報有私運來往信函，或相信其有私運來往信函或不法行爲者，亦不論其爲輪船、鐵路、或雇用之力夫，或經由任何運輸方法，均應就其所知，立時報告郵政部長。」第 1722 條規定：「郵政部長得簽文函（此項文函應存案備查），指派專員（郵局視察員）或郵局其他職員，查抄違法運送之郵件。凡由設有美國郵局之此一地，駛往設有美國郵局之彼一地方之車輛（無論正在行駛或方才走過）及其所載之箱籠包件（無論正在車上或適由車上卸下）或各運輸機關之堆棧，或房舍（寓所除外）內所存之箱籠包件，倘認爲有違法運送郵件情事者，該專員或所派之其他職員，得開拆檢查之。」第 1723 條：「郵政部所派之監察專員（郵政視察員），及海關之收稅員，或其他職員，除有另令飭遵外，應嚴行檢查所有船隻，是否夾帶或載有違法運遞之郵件。」第 1724 條：「郵政部所派之檢查專員（郵局視察員），及海關之收稅員，或其他職員，以及美國緝捕官，或其所派之員司，倘在船隻上或郵寄路線上，查有違法運遞之信函，或裝有信函之包袋，得將其拏獲扣下，送往附近之郵局。自拏獲之日起六個月內，得隨時對於發寄或帶運該信函之人，提起控訴，並得由郵政部長或財政部部長酌量情形，將該項信函等扣留，直至法庭最後宣判之後兩個月爲止。」第 1725 條：「郵政部委派之專員，海關收稅員或其他職員，美國緝捕官，或其委派之員司，拿獲非法裝有信函之包件，應由國家沒收之。其執行沒收之手續，與違犯國稅、私運商品貨物所執行者同。又凡維護及加惠海關人員查抄違犯國稅法私運貨物之各項法規，對於違犯郵政法私運郵件之查抄人員，適用之。」〔註33〕

　　（二）英國。英國爲不成文法國家，其法律由法院判例、國會法案、政治習慣、地方習俗以及普通法上所列舉的權利等組成。所以，英國最初對郵政並不像美國那樣有一部成文法，相關郵政的一些規定也是非常繁瑣、令人

〔註33〕參見劉承漢：《郵政法總論》，上海，商務印書館，1940 年，第 99～100 頁。

難以掌握。直到 1908 年才合併各相關法，形成單行郵政法。在當時英國郵政法中也有關於郵政國營的規定。例如其第三十四條第一至第三款規定：

1、郵政部部長依本法之規定，認爲適當時，得設立郵政局所，並以郵政部長所認爲適當之方法，對於國境內轉運或來往國內外之郵件，而收取、封發、運輸、并投遞之。

2、郵政部長依本法之規定，在其國境內任何通郵地方，有從此一地運送一切信函於彼一地之獨佔權，並有收取、封發、及投遞信函之獨佔權。但下列情事，不在此限。（甲）交由友人於旅途中，帶往另一友人信函；（乙）涉及寄信人或收信人之私務，交專差遞送之信函；（丙）法院繕發之委任狀、供狀、訴訟狀、訴訟文書、及其回件；（丁）商人船主或貨主之信函，經由商船運送，或船主特雇之人運送，並依其指示以投交於特定之人，而並不受付傭金報酬，或其他任何利益者；（戊）有關商貨之信函，交由普通承運人與商貨同時投遞，並不因信函之遞送，而收取傭金報酬，或其他利益者。本項規定，並不賦予任何人以遞送爲目的，而收集此項信件之權。

3、除前二項規定外，下列之人，縱使不受傭金或報酬，亦禁止爲信函之運送、收取、收集、或投遞。（甲）營運送業者，及其使用人，或代理人。但涉及車輛牲畜所運之貨物或涉及車馬之所有人或駕御人之信函，不在此限。（乙）航行於英境沿海或各埠船隻之所有人、船長、指揮者、及其使用人、代理人。但商人船主或貨主之信函，不在此限。（丙）乘坐前款船隻之旅客及船上其他之人。（丁）航行於英境大江運河船隻之所有人、或水手、或船上其他之人。

同法第二十九條規定：海關人員對於進口船隻，在懷疑其私運信件時，有權搜索及扣押。

（三）德國。德國 1919 年憲法，即著名的《魏瑪憲法》第六條規定下列各立法權爲聯邦所專有：……郵政、電報及電話制度。」第八十條規定：「郵政、電報、電話事業，專屬於聯邦。」

（四）日本。日本郵政法第一條、第二條即確定國家專營原則。第一條規定：「郵政由政府掌管之。」第二條規定：「無論何人，不得以運送書信爲營業。運送營業人、其代表人或代理人，及其他使用人，不得依其運送方法，爲他人送達書信。」

此外，當時的蘇聯、巴西、墨西哥、印度、馬來西亞、西班牙、阿根廷

等國的憲法或郵政法中都有此類規定。

　　《民國郵政法》對侵害郵政國營的制裁，大致有三類。

　　一是侵害信函經營權的制裁：第七條第一款規定：「無論何人不得以遞送第一類、第二類、第八類、第九類及第十類郵件爲營業。」第二款規定：「運送機關或運送業者，附送與貨物有關之通知，不受前項之限制。」第三十六條規定：「違反第七條第一項之規定者，處一千元以下罰金。並依郵政規程之規定，就各該郵件科罰郵資。」

　　二是侵害郵票發售權的制裁：第八條第二款規定：「郵票、明信片及特製郵簡，由交通部擬訂式樣及價格，呈請行政院核定，由郵政機關發行。」第三十八條規定：「未經郵政機關之許可，販賣郵票、明信片、或特製郵簡者，處五十元以下罰金。」劉承漢解釋：作此規定，是因爲郵票等是繳納郵資的憑證，發行權專屬於國家，如果任由人民自由發售，則郵票售價高低不一，不僅會影響郵資的均一性，還容易導致僞造或編造郵票問題〔註34〕。所以《民國郵政法》對於未經許可而販賣郵票等行爲予以制裁。

　　三是侵害郵政標誌使用權的制裁：《民國郵政法》第三十七條規定：「冒用郵政專用物或其旗幟、標誌者，處五百元以下罰金。」之所以做出這樣的規定，是因爲郵政專用物、郵旗、標識等足以代表郵政，如果違法冒用，會對郵件安全和郵政信譽造成侵害。因此立法予以禁止。〔註35〕值得注意的是，此條規定的制裁是刑事制裁，而不是行政制裁，「罰金」是刑法中的財產刑。據劉承漢所言，這種刑事罰，「應以判決行之，已送經司法院解釋有案，此不可不辨也。」〔註36〕

　　此類制裁性規定，在當時的各國法律中同樣有大量立法例〔註37〕。

　　如美國郵政法第1700條規定：「無論何人，在法定郵寄路線上，或在常用通運郵件之城市村鎮間，私自設備人工，按班或定期帶運信函或包封者，或用任何方法，致使信函包封，得以運輸者，或協助或幫同運寄者，均應科以不逾五百元之罰金，或處以不逾六個月之徒刑，或二者併科之。惟此項規定，對於附近郵局、郵車或其他收運郵件機關，領取或投寄業經黏貼郵票之郵件之人，

〔註34〕參見劉承漢：《郵政法總論》，上海，商務印書館，1940年，第105頁。
〔註35〕參見劉承漢：《郵政法總論》，上海，商務印書館，1940年，第105～106頁。
〔註36〕劉承漢：《郵政法總論》，上海，商務印書館，1940年，第105頁。
〔註37〕參見劉承漢：《郵政法總論》，上海，商務印書館，1940年，第106～110頁。

並不加以禁止。」第 1713 條規定：「火車、輪船、驛車、及其他船舶車輛之船主、車守、或其所有人、或管理人等，如果故意搭載或故意准許搭載私人所雇非法帶運信函包封之人工，而該人身邊帶有信函包封，以備私自運送者，應科以不逾一百五十元之罰金。」此外，第 1715 條、第 1760 條同樣是保護郵政信函專營權，制裁私運或協助私運信函行爲的規定。至於美國郵政法第 1714 條「無論何人，如將信函或包封交由私雇人工，或其他非法機關運寄者，或交給該項人工，或機關之代理人，或自己寄存，或使人寄存於某一指定之地方，以備如此運寄者，應科以不逾五十元之罰金。」將非法交寄，也視爲犯罪行爲予以處罰，即使在當時多數國家的立法中也是僅見的。

英國郵政法的制裁形式別具一格，係按照侵害範圍大小來對應制裁懲罰的輕重。其第三十四條第四項規定：「無論何人，未經核准，或未按本法之規定，不經郵局而爲信函之交付、運送，或使其交付運送，或無論是否交由郵局，而以運送爲目的，收集此項非法信函者，以簡易程序，每一信函處以五鎊之罰金。」第五項：「實施前項之行爲者，在其實施中，每禮拜罰取一百磅。」

日本郵政法第四十一條規定：「違反第二條之規定者，處三年以下徒刑及千元以下之罰金」該條第二款：「在前項情形下所接受之金錢物品，應予沒收，如已耗去或轉讓者，追徵其價額。」

第五，當時已有鐵路、電信等相似行業收歸國家經營的先例。

例如，民國成立後，北洋政府決心實行「鐵路國有政策」，將四川、湖南、安徽、江蘇等地的民營商辦鐵路收歸國有，而且已經付諸實施〔註 38〕。這種

〔註38〕民國初期，政府接收的商辦鐵路，共有九條。
1、川路。自宜昌至成都，虧損巨大，民國三年由交通部接收。
2、湘路。湖南省的粵漢線段，由商股雜捐「零星雜湊」，開工多年，僅建成長沙至株洲五十公里線路。民國二年由交通部接收。
3、鄂路。湖北省的川漢、粵漢兩線，一直沒有組織公司，也沒有開工建設，其商股於民國四年由交通部發還。
4、皖路。安徽鐵路公司創辦八年，用款 200 餘萬，僅築土方五十餘華里，民國三年由交通部接收。
5、蘇路。江蘇自行建設的由上海至嘉興的鐵路，於民國二年由交通部接收。
6、浙路。浙江鐵路斷斷續續築成三段，民國三年由交通部接收。
7、豫路。河南洛潼鐵路，開辦多年，集股不多，民國二年由交通部接收。
8、晉路。山西同蒲路，民國三年由交通部接收。
9、漳廈。福建漳廈鐵路，開工多年，收入無幾，不能維持，民國三年由交通部接收。

國有化潮流，無疑會對《民國郵政法》的立法產生一定的影響。此外，還有一個因素不可忽視：在親身經歷和親眼目睹了 1929～1933 年的資本主義大危機以後，1930 年代包括中國在內的很多國家的政治人物和知識分子，對計劃經濟抱有特殊的好感，這也形成了當時比較有代表性的社會觀念，即國家控制下的基礎產業有利於克服資本主義生產危機，促進民眾福利經濟。在保留資本主義的私有制的前提下，一些著名學者，如馬寅初、張君勱也主張吸收社會主義的優勢，採取有計劃、按比例發展的經濟政策〔註39〕。有的學者更認為要想「實現中國的現代化」，「經濟上的個人主義是萬萬不能實施的」，「最急需的是在整個地實行社會主義的統制經濟和集體生產⋯⋯把生產機關收歸公有」〔註40〕。正是基於上述社會意識的產生和推廣，郵政的國有化和國家經營體製成為此時社會正常的意識傾向。

3.4 民信局被取締

　　《民國郵政法》的施行，標誌著曾經深入城鄉、勢力龐大、在中國通信歷史上佔據重要位置的民信局也走向了尾聲。

　　在國家郵政創辦初期，曾經允許民信局繼續經營。但是根據《大清郵政章程》規定，民信局須向郵局掛號登記，信件須裝成總包，交由郵局納費轉寄。光緒二十五年（1899 年）頒行的《大清郵政民局章程》，指令各地民局照章重新掛號登記，並規定了民局經由火車、輪船代運的總包郵件交由郵局轉寄以及郵局交由民局轉寄的內地信件相互納費辦法。光緒三十一年（1905

以上巨大的國有計劃，是政府欲圖實施統一路權的政策，「亟亟為之」。但即使是國家來接收，也由於國庫空虛，無法手中有錢後再來接收，所以制定了按年攤還的辦法，甚至也有無法應付的情況。

王開節、修城、錢其琮編：《鐵路・電信七十五週年紀念刊》，沈雲龍主編：近代中國史料叢刊續編第九十三輯，文海出版社有限公司，第 16 頁。

〔註39〕 參見鄭大華：「論蘇聯『一五計劃』對 30 年代初中國知識界的影響」，王建朗、欒景河主編：《近代中國：政治與外交（下）》，北京，社會科學文獻出版社，2010 年，第 652 頁。
這種觀念與 60 年後（1990 年代）知識界對計劃經濟的認識、對國有經濟的看法，形成了鮮明的對比。

〔註40〕 鄭大華：「論蘇聯『一五計劃』對 30 年代初中國知識界的影響」，王建朗、欒景河主編：《近代中國：政治與外交（下）》，北京，社會科學文獻出版社，2010 年，第 658 頁。

年），更改納費辦法：已經掛號登記的民信局交寄總包，凡由火車、輪船代運的，繳納半費；交由郵差運送的，繳納全費。同時又重申規定，不論通商口岸或內地，所有民信局必須一律掛號登記，如查獲未登記民局私由輪船寄遞信件情事，即按章懲罰。

民國十年（1921 年），《郵政條例》公佈。對於民信局而言，最重要的規定有四條：第一條、第二條、第五條、第四十六條。〔註41〕第一、二、五等三條確定了郵政國家專營的原則，第四十六條則是考慮到既往政策和現實服務需要，在取締其他經營者的大原則之下，對部分經許可民信局做出的通融規定。

然而，由於北洋政府政局不穩，雖然《郵政條例》已經有了明確規定，但政府其實沒有力量取締民信局，所以民信局的經營活動並未遭遇更嚴厲的管制。在上海郵區，頒佈郵政條例後，一直有 37 家民信局拒絕掛號。在浙江郵區，則有 340 家拒絕掛號。不掛號，意味著不能通過郵局代寄信件。所以，這個時期民信局的經營有兩個特點：

一是民信局交寄的信件數量總體呈下降之勢。以上海爲例，1921 年上海地區民信局交寄郵局的信件爲 629400 件，1923 年爲 655500 件，1924 年爲 597400 件。北京地區，1921 年爲 75400 件，1923 年爲 82100 件，1924 年爲 68900 件。福建地區，1921 年爲 1032800 件，1923 年爲 4454510 件，1924 年爲 3352730 件。全國總計爲：1921 年 3383550 件，1923 年 4454510 件，1924 年 3352730 件。這種情況的出現，可能有兩種原因：第一，民信局日趨萎縮，大量的信件已經不再通過民信局，而是直接湧入國家郵政渠道；第二，信件走私活動猖獗，民信局將大部分信件走私牟利，僅將少部分信件交給郵局應付檢查。

二是全國民信局的總量有小幅增長，但衰敗之勢越來越明顯。1920 年全國共有民信局 464 家，1921 年爲 465 家，1922 年爲 514 家，1923 年爲 552 家，1924 年已達到 575 家〔註42〕。從總數上看，民信局數量還在小幅增長。但其

〔註41〕 第一條（郵政事業專由國家經營。）、第二條（信函、明信片之收取、寄發及投遞，爲郵政事業。）、第五條（無論何人，不得經營第二條之事業。）、第四十六條（本條例施行前，以第二條之事項爲營業曾經郵政局許可或於本條例施行後三個月以內呈請郵政局許可者，視爲郵政局之代理機關不適用第五條之規定。但郵政局認爲必要時得停止其郵政營業。）

〔註42〕 彭瀛添：《民信局發展史——中國的民間通訊事業》，臺北，中國文化大學出版社，1992 年，第 164 頁。

分佈越來越集中在交通發達、業務量大、具有使用民信局傳統的地區（如福建、廣東、上海、江蘇、湖北等）。以上海和福建兩個郵區爲例：

表 3-1　上海及福建郵區民信局數量變化表〔註43〕

郵區	1922 年	1923 年	1924 年
上海	140	139	138
福建	142	182	210

而位於其他郵區的民信局，則逐漸越來越難以維持。民國十年（1921 年）以前，東三省、陝西、甘肅、新疆、山西、雲南、廣西、貴州等地區，民信局就已經不復存在〔註44〕。

民國十一年（1913 年），交通部鑒於《郵政條例》施行後，客郵撤銷在即，而民信業依然存在，妨礙了「郵權統一」，因此，曾呈請總統頒佈命令，組織統一郵權委員會，期望能盡快達成郵政國家專營目標。民國十七年（1928 年）8 月，交通部召開全國交通會議。會議決定：全國民信局應於 1930 年底，全部停業。

然而，叮謂意料之中，此事進展並不順利，駐上海的各省民信局聯合會、寧波總商會等，多次請願，要求暫緩取締，以留給民信局充分的時間，爲轉業經營做準備，減少對從業者生計的影響。交通部不得不同意取消原先的命令，但嚴令要求各地民信局，一律到郵局掛號。取締民信局之事，一再暫停，主要是顧忌從業者的生計問題。以江浙一帶來說，就有大約 1 萬人在 400 餘家民信局工作。

到民國二十二年（1933 年）11 月 22 日，交通部再次發佈命令，所有民信局（批信局除外），一律在民國二十三年（1934 年）年底前停止營業。行政院也通令各省市及軍警機關協助執行〔註45〕。同時，行政院、交通部要求郵政總局在限期未滿前，酌量增加郵班，增加服務窗口，增設信箱、信筒、村鎮信櫃、郵寄代辦所、郵亭等郵政服務設施，增加提取信箱信件次數，延長

〔註43〕彭瀛添：《民信局發展史——中國的民間通訊事業》，臺北，中國文化大學出版社，1992 年，第 164 頁。

〔註44〕彭瀛添：《民信局發展史——中國的民間通訊事業》，臺北，中國文化大學出版社，1992 年，第 164 頁。

〔註45〕參見晏星：《中華郵政發展史》，臺北，商務印書館，1994 年，第 261 頁。

收信時間，甚至爲了提高工作效率，增加招用郵務人員，「使人民不致因信局之結束，招致通訊阻滯之苦」。〔註46〕

此時，《民國郵政法》的制訂已經基本結束，即將頒行。爲配合《民國郵政法》立法工作，取締民信局的決策得到了嚴格執行。全國的民信局，陸續歇業，業績驟減。如上海民信局交郵局的信件，1932 年爲 471900 件，1933年爲 556900 件，1934 年爲 296100 件。福建 1932 年爲 1869800 件，1933 年爲 1916400 件，1934 年爲 915600 件。就總數而言，全國民信局交寄信件，1931年爲 390 餘萬件，1932 年爲 370 餘萬件，1933 年爲 400 萬件，1934 年降爲180 餘萬件。民信局衰敗之勢已經不可阻擋，剩下的爲數不多的一些民信局紛紛轉業。到 1937 年年底，除了上海、蘇皖、浙江一帶，還有一些民信局違法經營信件被零星查獲以外〔註47〕，存在千年之久的民信局，成爲歷史名詞。在成功裁撤了驛站、客郵和民信局後，國家郵政終於實現「一統江山」。

民信局的歷史雖長，貢獻也大，但其營運情況，很少能流傳下來，直到國家郵政成立，按照所頒佈規章，民信局必須到郵局掛號，並經由郵局代運信件總包之後，才留下部分統計資料。

光緒三十四年（1908 年），全國民信局共計 1574 家（不包括未掛號民信局）。國家郵政創辦後，隨著強有力的競爭和法令的限制，民信局逐漸萎縮。到民國二十三年（1934 年）1 月，掛號民信局的總數只有 753 家，未掛號的有 250 家，合計 1003 家。此時，若干郵區已沒有民信局存在。而福建、廣東、浙江、蘇皖、上海等 5 個郵局的民信局，數量仍比較多。

表 3-2　1934 年各郵區民信局數量統計表〔註48〕

郵區	已掛號數	未掛號數	郵區	已掛號數	未掛號數
廣西	0	0	雲南	0	0
山西	0	0	山東	6	0
貴州	0	0	北平	9	0
陝西	0	0	浙江	43	211

〔註46〕晏星：《中華郵政發展史》，臺北，商務印書館，1994 年，第 261 頁。
〔註47〕參見彭瀛添：《民信局發展史——中國的民間通訊事業》，臺北，中國文化大學出版社，1992 年，第 210～212 頁。
〔註48〕彭瀛添：《民信局發展史——中國的民間通訊事業》，臺北，中國文化大學出版社，1992 年，第 95～96 頁。

郵區	已掛號數	未掛號數	郵區	已掛號數	未掛號數
湖南	0	0	蘇皖	177	0
湖北	20	0	東川	6	0
上海	37	19	西川	0	0
江西	32	0	廣東	179	5
河北	7	0	福建	234	51
河南	3	0	新疆	0	0

　　1934 年年底，民信局全數停業。這時在郵局掛號的，總局性質的有 386 家、分局 922 家，合計 1308 家。

　　從晚清光緒三十一年（1905 年）到民國二十三年（1934 年）民信局基本裁撤），民信局交郵局代轉的郵件，可列表如下：

表 3-3　歷年民信局郵包郵件統計表〔註 49〕

年份	總包數目	重量（公斤）	總包內裝信件
1905	262903	104929	8896782
1906	246977	90798	7892134
1907	241562	74710	6389374
1908	415712	83029	8042953
1909	466800	94014	8411600
1910	441400	86080	7409600
1911	368230	59452	5913100
1912	204120	51842	2749600
1913	248800	30018	4796100
1914	293400	32428	6041900
1915	155496	18258	3366227
1916	155417	20808	2624301
1917	161464	21388	2730244
1918	156668	21537	2559314
1919	163812	23294	2903342
1920	190350	24979	3017463
1921	175850	25538	3383550

〔註 49〕彭瀛添：《民信局發展史——中國的民間通訊事業》，臺北，中國文化大學出版社，1992 年，第 160～162 頁。

年份	總包數目	重量（公斤）	總包內裝信件
1922	166019	26564	3435011
1923	187264	32912	4454510
1924	169500	26564	3435011
1925	165150	29296	3389720
1926	151890	30574	3691940
1927	120831	24566	2802780
1928	137967	30254	3551110
1929	143660	32530	3769300
1930 年上半年	77280	15724	1760610
1930 年度	152820	33712	4090650
1931	142680	34800	3927700
1932	142300	32300	2713700
1933	143400	37000	3978800
1934 年下半年	650000	15900	1835000

3.5 立法的社會效應

3.5.1 隨著通信的發展，民信局已經不適應社會的需要

民信局的衰亡，從表面上看，是國家在 40 多年的時間裏，持續地以立法、行政爲主的公權力方式，不斷積壓民信局的發展空間，致使其無法生存的結果。然而，深入分析，小生產方式的民信局不適應社會發展的需要，才是其煙消雲散的眞正原因。

民信局的產生，是封建社會國家無法承擔公共服務的責任的結果。同時，也與中國傳統社會轉型前信息傳遞體制的狀況息息相關。一方面，中國幾千年的皇朝體制，國家對百姓「有權力」、而「少義務」。百姓與國家的關係是不對等的，其使命就是爲皇家輸捐納稅，基本無法指望國家能夠爲自己提供一些現代人看來非常簡單平常的公共服務。另一方面，傳統皇朝爲保證關係到國家生存和正常運轉的政情軍報的上通下達，自然要集中有限的資源，不計成本地在國家各個角落建立驛站組織，不計成本地開展「三百里加急」、「六百里加急」等官府快遞業務，而官府驛站對民間通信的需求、哪怕是官員的個人通信也是緊閉大門的。

儘管封建時代的經濟發展十分緩慢，但手工業、商業和農業在一定程度

上，卻在不斷發展和提高，因而人們往來交際，尤其商人的貿易關係，都漸漸感覺到通信的需要。一些商人自覺有利可圖，因而在當時官辦「驛站」之外，開始經營民辦的信局。從經營方式來說，民信局是商人經營的商業性質的通訊組織。中國民間存在大量的信件、包裹、書包和匯款往來需求，客觀上促發了民信行業的產生和發展。採取多種運遞方式聯運以適應社會信息貨物流通、鋪設網絡以因應商業的興盛、靈活調整收遞方式以滿足客戶的需求，都是民信局爲民間信息傳遞及貨物資金流通服務的重要方面。

對於身處今日通訊發達時代的人們來說，古人對民信局的依賴程度，是很難想像的。在封建王朝，百姓的信件往來，或者請旅館囑託四方旅客、商人、車夫等帶送，或者請同鄉交好幫忙。遇有緊急事故，往往求告無門，難免發出「烽火連三月，家書抵萬金」的慨歎。民信局產生後，在中國落後的交通設施之下，仍以相對價廉和便捷的方法，輾轉運輸，量其實力，盡其可能，爲民眾服務，其對先民的貢獻，可見一斑。可以說，民信局在一定程度上代行了國家的公共服務職能，民間無論信件、銀兩、貨物的傳遞輸送，都離不開其服務，「人民已不能一日無此業」〔註 50〕。千百年來，「在一朝一姓統治之下，國家不曾主動解決民間通訊問題的情況下，以少數商民之力，樹立信譽，傳送民間銀信。對於民信局之貢獻，吾人實應有較客觀之評價。」〔註 51〕

然而，從整個國家的視角來看，民信局有其固有的重大弱點，使它在進入社會轉型期後，逐漸與社會的需要產生脫節，生存的基礎越來越薄弱：

一、民信局建立的目的，以營利爲主，網絡覆蓋存在缺陷。因此，在交通便利、工商業發達的地區，民信局分佈稠密，業務鼎盛。而在偏遠之地，無利可圖，民信局「則傳送遲緩，甚至絕跡」，「比較今日郵政事業，自難相及」〔註 52〕。民信局的經營者本都是商人，在商言商，旨在圖利，無可非議。但這也造成其所營運的路線，純以獲利能力爲標準，對於入不敷出的鄉僻地區，概不受理，客觀上不適應近代國家形成後對落後地區文化經濟加快開發的要求，也無法適應社會流動普遍加快的趨勢，不能達到普遍便民的社會需求。

〔註 50〕 彭瀛添：《民信局發展史——中國的民間通訊事業》，臺北，中國文化大學出版社，1992 年，第 152 頁。

〔註 51〕 彭瀛添：《民信局發展史——中國的民間通訊事業》，臺北，中國文化大學出版社，1992 年，第 153 頁。

〔註 52〕 彭瀛添：《民信局發展史——中國的民間通訊事業》，臺北，中國文化大學出版社，1992 年，第 152 頁。

二、民信局業者資本狹小，各自為政，缺乏統一的辦法與組織。由於資本的限制，加上門戶的偏見，民信局一般都是一家一業，相互間採取簡單的聯營形式組合在一起。內地的多數信局，營業區域限於一二省或某一地方，用腳夫或民船運送書信物品，分投內地各埠。

信局營業全靠個人信用。由於要把貴重物品、緊要書信交給信局寄遞，如果沒有殷實資本，交寄人必定疑慮，加上信局營業多為關係比較熟稔的老客戶生意，平時賒帳，到了三節四季才能收入帳款，而平日支出，都靠自籌，所以不是有比較大資本的人，資金周轉是有相當難度的。大的信局都需要在各地開設分支，所以投入資本往往多達二三十萬兩，少的也要四五千兩。即使如此，這些仍然屬於個人資本，在籌集和運用方面都無法與國家資本相比。19 世紀末、20 世紀初以後，工商業逐漸發展，客觀上要求通信也要以社會化大生產的方式提供範圍更廣、品種更多、質量更高的產品和服務。萌芽於自然經濟狀態的民信局，其資本和組織方式自然最適應自然經濟狀態。在社會化大生產的新模式下，民信局相對弱小的自有資本、基於「熟人社會」的「人情信用」、狹小的經營地域，明顯是落後於社會發展了。

三、民信局服務質量參差不齊。自然經濟下小家小戶的經營模式，其缺點一是抗風險能力弱，二是資本積累少，發展和推廣慢，三是服務標準不統一。就拿收取信資一事來說，民信局其實根本沒有統一的標準，因時、因地、因人而異，「甚至可以當場討價還價，以致引起種種爭執，最是令人訾議。」〔註 53〕。民信局「主要服務對象是商業行莊」，畢竟「一切是為服從商業行莊的便利著眼」。因此，凡是有利可圖的，一定會千方百計地廣為招攬，對於零散客戶「只作一般的招呼罷了。」〔註 54〕民信局雖然普遍都有為民眾帶信的業務，但服務態度、服務質量良莠不一。而且，通過民信局遞信的費用有可能並不便宜，和一般平民的收入比較起來也頗為高昂。比如，當時通過民信局由寧波寄往紹興的信件一般收費 30 文，寄往杭州 50 文，上海 70 文，漢口 100 文，天津 200 文，北京 400 文。臺北寄往上海每件 100 文，寄往天津、北京 100 至200 文，福州 50 文，廣東、香港 50 文。重慶寄漢口信件每件 60 文，寄成都

〔註 53〕 晏星：《中華郵政發展史》，臺北，商務印書館，1994 年，第 252 頁。
〔註 54〕 王孟瀟：「清代之民信局」，《郵政資料》第二集，第 13 頁。轉引自吳昱：「略論晚清民信局的興衰」，《西華大學學報（哲學社會科學版）》，第 31 卷第 3 期，2012 年 6 月。

40 文，寄雲南 180 文〔註55〕。根據學者對李慈銘《越縵堂日記》的研究，光緒年間其家中雇工的月收入，最少的僅僅二三千文左右，最高的也不過一萬餘文。〔註56〕對於離家在外、生計艱難的雇工而言，到如上所述的民信局寄家信，資費確實已經不菲，一封信如果動輒收取百文，通信的成本頗高。故此，當時有文人記載：「我省交通不便，不止跋涉困難即通訊亦不易。……省門雖有麻鄉約夫行，能爲人雇夫寄信，而資費極重，非尋常所敢問。」〔註57〕由此可見，由於多種原因，民信局費用相對高昂，故而其業務往往不是以寄遞民間的普通信件爲主，密切聯繫商業機構才是維繫其生存和發展的動力，也是其服務的重心。曾有人回憶，一次有緊急商情需要傳遞常德，到達期要求越快越好。交給民信局快送，結果這一商報花了二十五兩紋銀之多。〔註58〕如此昂貴的費用，普通民眾自不會太多使用。在邊遠地區，民眾貧困，通信需求抑制到最少，民信局也很少在此鋪設網絡，寄遞費用因此更加高昂。直至以公共服務爲主旨的國家郵政推廣到這些地方，有了通信的基礎條件，且隨著當地民眾受教育程度逐步提升，與外界往來聯繫的不斷增多，寄書通郵方才逐漸推廣開來。

　　四、在近代中國的貧困動亂時期，民信局的寄遞安全很難得到保證。在動盪不安的清末、民國環境下，民信局經常受到戰爭〔註59〕、匪亂的侵擾破

〔註55〕晏星：《中華郵政發展史》，臺北，商務印書館，1994 年，第 247～250 頁。

〔註56〕王孟瀟：「清代之民信局」，《郵政資料》第二集，第 13 頁。轉引自吳昱：「略論晚清民信局的興衰」，《西華大學學報（哲學社會科學版）》，第 31 卷第 3 期，2012 年 6 月。

〔註57〕萬瓊麟：「獨山郵局成立時間的探討」中節錄萬大章《月尹樓主年述》1907 年（丁未）自述，北京市郵政管理局文史中心編：《全國各級政協文史資料郵電史料》（下），北京燕山出版社，1995 年，第 1796 頁。轉引自吳昱：「略論晚清民信局的興衰」，《西華大學學報（哲學社會科學版）》，第 31 卷第 3 期，2012 年 6 月。

〔註58〕「民信局沿革」，《中國郵電史料》（第二輯），瀋陽市郵政局郵政志辦公室，1986 年 5 月版，第 45 頁。轉引自吳昱：「略論晚清民信局的興衰」，《西華大學學報（哲學社會科學版）》，第 31 卷第 3 期，2012 年 6 月。

〔註59〕例如，1885 年的《申報》就記載了中法戰爭對民信局郵路的影響。1884～1885 年中法戰爭期間，法國於 1885 年初悍然在中國沿海搞查禁活動，民信局的上海至寧波的輪船郵路也只好改由內河行走並改動部分郵資。當時多家民信局在《申報》上刊登聯合廣告，解釋因「被法兵侵害，鎮海輪船不能行走」，不得不另走內河，「繳費浩大，所以信資倍加，概蒙商號體諒允許」。詳見程兵：「《申報》上的郵史資料 1885 年（二）」，載《上海集郵》，2007 年第 11 期。

壞。作爲民間機構，民信局缺乏朝廷、官府的有力保護，再加上當時交通運輸條件極爲不便，往往無法向客戶兌現收遞安全及時的承諾。《交通史郵政編》曾有記載，當時民信局由重慶下宜昌多用小艇，載重很小，包裹重五六十斤，貨值千兩的就不能裝載了。信袋必須用油紙包裹，用不易浸水的袋子裝好繫緊在船舷上。因爲三峽水急灘高，不得不預防危險。重慶民信局最大的業務是匯票和現金，沿路很不安全。盜匪問題始終是信局業務的最大威脅。從匯票、現金、包裹的損失賠償，可以看出當時民信局經營環境之惡劣：一般的規矩是，在運輸途中如果發生現金、包裹、交付匯票的遺失，民信局一般須如數照賠；如果遇上盜匪搶劫，民信局須向客戶賠償一半；如果發生民信局腳夫被殺，則可全數免賠〔註60〕。清末有關信局被搶、腳夫被殺的新聞比比皆是。對於規模大點的信局而言，還可以和幫會組織花錢疏通、打好關係、求人放行。對於那些規模稍小、資本不充裕的信局，其實沒有力量與那些幫會碼頭保持長期聯絡，如果遇上盜匪攔劫只能聽天由命、徒歎奈何。〔註61〕此外，還有一些民信局一心牟利，甚至不惜違反法令，走私販毒，偷漏稅款，罔顧國家社會的整體秩序，更是爲人詬病。鴉片流入中國後，民信局的另一項大業務是帶運鴉片。清末民信局常遭搶劫，鴉片運帶是原因之一。〔註62〕

民間性質的郵政服務機構在西洋各國，雖然也曾「古已有之」，但到十八、十九世紀，紛紛收歸國有，進而嚴禁民間私營此業，而郵政的國營，已確立爲一種普遍的原則：「政府有專營郵政之權，亦有作爲的義務，而民間則無論何人不得以送信爲營業。」〔註63〕

3.5.2 民信局的反抗──弱而無力直至無聲無息

《郵政條例》頒行後一直到《民國郵政法》頒行前的一個時期，郵政國營化的趨勢已經越來越強，民信局發展空間不斷縮小。爲了生存，民信局也採取了不同的策略。

一、一些民信局向郵局掛號，利用郵局網絡和提供的資費優惠，開展營

〔註60〕 民國「交通部、鐵道部交通史編纂委員會」編輯：《交通史郵政編》第一冊，1930 年，第 39 頁。
〔註61〕 吳昱：「略論晚清民信局的興衰」，《西華大學學報（哲學社會科學版）》，第 31 卷第 3 期，2012 年 6 月。
〔註62〕 參見吳昱：「略論晚清民信局的興衰」，《西華大學學報（哲學社會科學版）》，第 31 卷第 3 期，2012 年 6 月
〔註63〕 晏星：《中華郵政發展史》，臺北，商務印書館，1994 年，第 252 頁。

業，實際上逐漸轉變爲郵局的代辦機構。如根據民國二十五年資料，廣東揭陽有掛號民信局 14 家〔註64〕。據《交通史郵政編》記載，上海民信局共 70 家，向郵局掛號的 46 家，未掛號的 24 家；漢口民信局 27 家，掛號 17 家。天津民信局 11 家，掛號 5 家。東三省民信局多設在營口，大部分向郵局掛號。〔註65〕

　　二、另一些則轉而開展郵件走私。1923 年，浙江郵區民信局交郵局的總包有 5000 件，內含信件 176100 件。但據估計，這些只是民信局實際業務量的十分之一罷了。大部分的業務進入了「走私」渠道。歷年海關配合郵局，查抄到的私運郵件，可謂數量眾多。由下表可大致得觀當時情形：

表 3-4　1910 年～1928 年海關查獲民信局郵件走私統計表〔註66〕

年份	1920 年	1921 年	1922 年	1923 年	1924 年
查獲郵件數	4282	6287	5425	4958	3553
年份	1925 年	1926 年	1927 年	1928 年	1929 年
查獲郵件數	不詳	1616	7269	20103	13725
年份	1930 年	1931 年	1932 年	1933 年	1934 年
查獲郵件數	14160	11927	14875	11300	12100

　　在這十五年中，除了 1925 年數字不詳未計入以外，平均每年查獲郵件走私案超過 9200 件。

表 3-5　緝獲私運郵件罰款〔註67〕

年度	金額（元）
1927 年	6745.01
1928 年	8753.96

〔註64〕周祥章：「揭陽民信批局簡況」，北京市郵政管理局文史中心編：《全國各級政協文史資料‧郵電史料》（中冊），北京燕山出版社，1995 年，第 1335 頁，原載廣東《揭陽文史資料選輯》第 15 輯（1986 年）。

〔註65〕民國「交通部、鐵道部交通史編纂委員會」編輯：《交通史郵政編》第一冊，1930 年，第 39 頁。

〔註66〕數據來源：彭瀛添：《民信局發展史——中國的民間通訊事業》，臺北，中國文化大學出版社，1992 年，第 167 頁。

〔註67〕數據來源：張樑任，《中國郵政》（中），上海書店，1936 年，第 122 頁。原注：除緝獲私運郵件罰款外，當時海關和禁煙機關所撥給獎金等項，也列入其中。

年度	金額（元）
1929 年	9264.81
1930 年	12454.04
1931 年	9121.38
1932 年	15338.49
1933 年	13300.00
1934 年	24226.26

　　三、向政府施加壓力。在國家郵政初創時期，對於這個剛剛誕生的競爭對手，民信局是懷有敵意的。從保存下來的《申報》記載來看，國家郵政剛創立幾天，就發生了民信局集體對抗官辦郵政以及與官辦郵政合作的民信局同業的事件。其中，最典型的發生在上海和揚州。1897 年 2 月 8 日《申報》報導：1897 年 1 月 30 日，在「郵政局創始之第一日」，即發生多家民信局從業人員集體毆打與郵局合作者的治安案件；1897 年 2 月 19 日《申報》報導：在國家郵政開辦後第八日，鎮江 2 名郵差被當地民信局人員搶奪信件並毆打。〔註68〕

〔註68〕　據 1897 年 2 月 8 日《申報》8551 號報導：「郵政局創始之第一日（即 1897 年 1 月 30 日——筆者注）。各民局收下之信件送交郵局者未能如全泰盛之迅速，遂疑及全泰盛有意搶奪生理，故邀齊同業在二馬路景福樓茶肆會議。適又接到長江一帶同業之電報，知各處亦因此事同業紛爭，幾釀巨禍。適全泰盛之經事潘陳二人在座，各局均以潘陳不合奪盡他人生理，一倡百和。頃刻之間，各局夥聞信馳至，約有二三百人之多，將潘扭住攢毆。陳見勢不妙，首先出外鳴捕。比巡街捕趕至，則潘所穿之狐裘早已撕成粉碎，且有將腰帶縛潘者。華捕喝阻不依，又復出外喚集他捕四人入內，將潘等三十五人一併拘入捕房。」至於信局聚眾肇事緣由，1897 年 2 月 9 日《申報》8552 號稱：「據聞此事並非由全奉盛代送郵政局所收之信每封扣錢五文而起，實因全泰盛欲向號家（即商家——筆者注）包遞信件，以致各信局恨其利權獨攬，積不能平。」1897 年 2 月 12 日《申報》8555 號又稱：「代郵政局收取信函，仍交郵政局遞寄。每函重不過二錢五分者收資二十文。開辦之後，潘四慶並不照所議章程辦理，出外收信每函收錢十文，以致各局無信可收。詢之全泰盛執事人陳康鑒，答以不知，遂指爲有意壟斷。當日在景福茶樓議舉時向潘理論。一倡百和，竟致肇此禍端。」至於鎮江京口郵政局信差在揚州送信被毆案，則發生在國家郵政開辦後第八日（也有說是第七日）。據 1897 年 2 月 19 日《申報》）〕8562 號報導：「此間郵政局於正月初八日派甲乙二信差渡江赴揚府分送所收信件。抵揚後僑離三義閣畔順和客棧。旋以路途不熟，請某信局歇夥陳某分投。翌日揚州各信局夥聞之，即於晚間糾集同業數十人蜂擁至棧中，聲勢洶洶，奪去信百餘封，並將甲乙及陳痛毆不已，約歷一時許，若輩始次第散歸。」
詳見黃祥輝：「《申報》集郵舊聞解讀之八：民信局肇事案兩起」，載《上海集郵》，2008 年第 5 期。

　　1911 年冬天，清朝垮臺。民信局以「進入共和體制，人民應享有自由幸福」爲理由，要求自由寄遞。當時民國交通部尚未成立，郵傳部致電武昌黎元洪副總統，請示如何辦理，並提出郵權受法律保護是各國通例，過去凡走私郵件，係按照該件應納資費的三倍收取資費，並將走私的民局另處罰金。初犯 10 兩、再犯 25 兩、第三次 50 兩。民國元年（1912 年），北洋政府宣佈成立。上海各民局試圖利用此機會，聯名請求政府給予寄遞經營自由，但旋即遭到新成立的交通部「嚴行駁斥」。後來，各民局又組織了上海信業聯合會，希望聯合起來、加強力量、抵制官局，但沒有產生什麼效果〔註69〕。「自此以後，全國民信局之終將沒落，已大勢所趨。」〔註70〕

　　至 1934 年，也就是《民國郵政法》公佈前一年，當局按照 1928 年交通會議議決案，準備堅決取締民信局。上海民信局同業特雇車二百多輛向市政府請求展緩，無功而返。於是再派代表向南京行政院請願，但潮流所趨，撤銷民局案勢在必行，萬難變更，上海最後殘存的民信局不得不遣散。〔註71〕

3.5.3 社會的反響——令人吃驚的波瀾不驚

　　特別值得注意的是，此間民信局曾經多次罷巾罷工，但「商民並不因信局罷市而感覺有所不便」〔註72〕。民信局的消亡幾乎沒有引起大的震動，社會反

〔註69〕　參見民國「交通部、鐵道部交通史編纂委員會」編輯：《交通史郵政編》第一
　　　　　冊，1930 年，第 58 頁。
〔註70〕　彭瀛添：《民信局發展史——中國的民間通訊事業》，臺北，中國文化大學出
　　　　　版社，1992 年，第 209 頁。
〔註71〕　據回憶，民國北洋政府在 1920 年和 1923 年曾兩次要取締民信，均由上海
　　　　　民信局同業力爭，得以從緩取締。1930 年南京政府對民信局也曾提出取締，
　　　　　後經請求又復得到展緩。至 1934 年，當局按照交通會議議決案要堅決取締。
　　　　　上海各同業特爲雇車二百多輛向市政府請求展緩，而市政府推諉說：「此事須
　　　　　向行政院請求，本處無權做主。」於是同業再派代表徑向南京行政院請願，
　　　　　但潮流所趨，此案勢在必行，萬難變更，並由該院當場勸說：「你們如果爲了
　　　　　生計，可以到邊遠蒙古或新疆等地去開業」。但是從事此業的是浙江寧紹籍人
　　　　　居多，誰也不願背鄉離井。一場請願的事，無形作罷。少數留滬外地人員，
　　　　　謀生乏術，竟至無力回籍，乃由同業籌議，將原信業公所方物廉價出售，各
　　　　　給盤纏，遂得遣散了事。
　　　　　詳見黃君拔：《太倉的民信局》，載北京市郵政管理局文史中心編：《全國各級
　　　　　政協文史資料・郵電史料》（上冊），北京燕山出版社，1995 年，第 526～529
　　　　　頁，原載江蘇《太倉文史資料輯存》第 1 輯（1983 年）。
〔註72〕　霍錫祥：《帝國主義與中國郵政》，載北京市郵政管理局文史中心編：《全國各
　　　　　級政協文史資料・郵電史料》（上冊），北京燕山出版社，1995 年，第 79～82

響令人吃驚的平靜。這一方面是由於在民國十年（1911 年），曾經遍佈全國、星羅棋佈的數千家民信局已經勢力大減。除江蘇、浙江、福建及廣東 4 省以外，各省的民信局，基本已經喪失了擴大發展的餘地。在陝西、甘肅、新疆、四川、貴州、雲南等省，民信局基本消失，難覓蹤跡〔註73〕。其他如河北、湖北、江西、安徽等省，雖有相當殘存勢力，但也不足爲論了〔註74〕。另一方面，由於國家郵政經過 40 年的發展，形成規模大、力量強的有利態勢，加強服務，較好地填補了民信局留下的空白。民眾已經信任、習慣並依賴於使用郵局，而不再是民信局。從此，百餘年前曾與人民大眾有過緊密聯繫的老牌民信局，隨著時代的推移，全由國家郵政所取代。

臺灣學者應國慶先生評論：「這一拖延很久的民信局問題，當初因爲郵政事業遲爲開辦，民間確有通信需要，民信局乃應時興起。後來現代郵政雖經設立，而且因業務發展很快，不過民信局已根深蒂固，在民間也已建立相當基礎，所以實行取締，就不大容易。最後民信局問題終於順利解決，固由於政府方面一再支持協助，可是郵政事業本身急起直追，普設機構，加強爲民服務，贏得用郵公眾信賴，實在也是一個很重要因素。」〔註 75〕這個評論應該是客觀公允的。

3.6 中華郵政的黃金時期——主要依靠服務贏得市場

在制度轉型的大時代背景下，曾經勢力強大的民信局和客郵，最後被新式的國家郵政吸收或取代。前者的謝幕，後者的崛起，是中國近代化進程中一個具有代表意義的縮影，是社會制度轉型的體現和例證。

在推動這種社會制度轉型的過程中，立法往往能夠發揮極其重要的作用，規劃並指導轉型的方向與路徑。但是需要指出的是，絕不能因此忽視或

頁，原載全國政協《文史資料選輯》第 15 輯（1961 年）。

〔註73〕 以貴州爲例，光緒二十七年（1901 年），清政府開始在貴州創辦近代郵政。至宣統元年（1909 年），「由於大清郵政的劇烈競爭」，貴州民信局「已失去一半以上的業務」。1927 年以後，軍閥混戰、盜匪充斥，民信傳遞更爲困難，不少民信局被迫停業。到了 1930 年，已經是「絕無從事此項信局者」。參見朱萍：「貴州民信局的興廢」，《貴州文史叢刊》，1989 年 03 期。

〔註74〕 參見彭瀛添：《民信局發展史——中國的民間通訊事業》，臺北，中國文化大學出版社，1992 年，第 209 頁。

〔註75〕 應國慶：《郵政法規概要》，臺北，五南圖書出版公司，1978 年，第 5 頁。

否認其他因素對制度轉型的影響和作用。

　　或許有人認為，《大清郵政章程》、《民國郵政條例》和《民國郵政法》逐步確立了「郵政國營」或「郵政國家專營」的原則，並以一浪高過一浪之勢，依靠國家行政力量，排擠了來自客郵和民信局的外部競爭，最終完成了郵政國家壟斷的轉型任務。隨著對郵政法立法背景的研究和梳理的深入，筆者越來越對這種觀點產生了疑惑：一方面，詳加研究之後，我們會發現，關於郵政國家專營的內容，在上述三部立法中並不占主要的篇幅。真實情況是，隨著郵政管理的加強和立法技術的提升，愈往後的立法，愈加重視郵政服務質量的改善與提高。提供迅速、準確、方便的郵政服務，既是大清郵政和繼起的中華郵政的服務宗旨，也是三部立法的核心內容，與公眾利益是和諧統一的。甚至可以說，三部立法中關於建立國家壟斷性體制的規定，其根本目的也是為了提供迅速、準確、方便的郵政服務。比如從條文上看，《民國郵政法》關於郵政服務質量管理和保障的規定，在全法中達到了一半以上。這從一個側面印證了《民國郵政法》對郵政服務的重視程度。另一方面，法社會學的基本分析框架，將法律分為「書面上的法」和「行動中的法」。如本文第一章所介紹的那樣，在新式的國家郵政誕生以前，驛站、客郵和民信局各已存在了相當一段時間，它們或者有輝煌的歷史，是封建國家政權、軍權的組成部分，或者是西方強權的縮影，在中國土地上享受著種種特權待遇，或者已經遍佈全國，深得百姓信任，根基雄厚。剛剛誕生三四十年的國家郵政，僅憑三部立法的力量就能夠把如此強大的三個對手打倒嗎？如果沒有一些同樣關鍵的因素在發揮作用，郵政立法會不會也淪為「書面上的法」呢？

　　其實，改善與加強國家郵政的服務質量，不斷增強自我發展能力，才是其贏得這場激烈競爭的最主要原因。正如劉承漢所言：「自清末推行新政以來，當時所創辦的國營事業，不勝枚舉，迄今猶能卓然自立者，捨郵政外，幾不多觀。」「其真能以事業養事業，以事業發展事業者，亦僅郵政一端」〔註 76〕。那麼，國家郵政究竟又是憑什麼能夠「卓然自立」的呢？

3.6.1 國家信譽

　　大清郵政和中華郵政，是以國家郵政機構的面目出現，以為全民服務為

〔註76〕沈雲龍訪問，林泉紀錄，郭廷以校閱，《劉承漢先生訪問紀錄》，臺北「中央研究院近代史研究所」，1997 年，第 27 頁。

目標，並得到國家信用作爲擔保。這對於素來具有國家集體主義精神的中國人來說，自然具有特別的意義。

郵政作爲國家開辦的公用事業，也得到國家政權的扶植和保護。《郵政條例》和《民國郵政法》都有行政官員對郵政事務及郵政產業必須切實加強保護的規定，同時也賦予了郵政人員爲執行公務而享有的一些必要的特權。例如，《郵政條例》規定：「郵政機關之員役因執行職務暨所有郵件包裹及郵政公用物經過道路橋樑關津及其他交通線上有優先通行權，並得免納通行費。遇有城垣地方，當城門已閉時得隨時請求開放。」〔註 77〕《民國郵政法》規定：「郵件、郵政資產、郵政款項、及郵政公用物，非依法律，不得檢查、徵收、或扣押。」〔註 78〕「執行業務中之郵政人員，暨所遞送之郵件與郵政公用物，經過道路、橋樑、關津等交通線路，有優先通行權，並免納通行稅捐。遇有城垣地方，當城門已閉時，得隨時請求開放。」〔註 79〕

在近代亂世中的中國，這種國家信譽和國家保護的意義非比尋常。當時，中國「外環頻仍、內亂交逼」，絕不是一個太平天下。政治動盪不安，軍閥混戰不休，動輒封鎖交通，切斷電報線路。在這種情況下，郵政一貫以「政治中立」爲標榜，絕不介入內亂紛爭，踏踏實實地提供公共服務。即使戰火紛飛，也未停止郵政業務的開展。由於郵政的政治中立性和良好的國家形象，也由於政客軍閥自身也需要郵政服務。因此戰爭打得再激烈，交戰軍閥也能給予郵車、郵路一些便利。當時有人回憶說：「中華郵政在混亂的局面下，仍極力設法保持交戰地區間的通郵。如果戰線長切斷了鐵路幹線，那就迂迴繞道，甚至用海上運輸聯結。如果是局部地區戰爭，那就組織臨時郵班繞開火線連接。在圍城或巷戰時，由視察員（當時稱巡員）和交戰雙方接洽，由郵運員持白旗或帶臂章縋城或通過火線交接郵件，雙方很少不同意的。具體辦法也很有意思：在團團圍城水泄不通、城門緊閉的情況下，還允許郵政人員手持白旗，把郵袋運到城牆下，城上縋下繩索，把郵袋放下，再把進口郵袋提上來。」。〔註 80〕

匪患也是當時阻礙南北交通的大患。據 1923 年的調查，僅河南南陽一地，就有 32 股土匪盤踞，人數從百人到千人不等，「屈連數省，匪跡飄忽」〔註 81〕。

〔註 77〕 鄭游主編，《中國的郵驛與郵政》，北京，人民出版社，1988 年，第 155 頁。
〔註 78〕 1935 年《郵政法》第十七條。
〔註 79〕 1935 年《郵政法》第十九條。
〔註 80〕 鄭游主編，《中國的郵驛與郵政》，北京，人民出版社，1988 年，第 154 頁。
〔註 81〕 參見〔日本〕孫江：「土匪政治──從檔案史料看民國初期華北的土匪」，中

長時間裏，盜匪問題始終是民信局業務的最大威脅。貨物被搶、腳夫被殺時有所聞，以至於民信局針對遭遇劫匪頻繁的問題形成了「盜匪劫搶賠一半。腳夫被殺全數免賠」的慣例。〔註82〕相比起來，郵局的郵件要安全得多。「就是在響馬出沒的關東地區，郵運員在路上遇見關東響馬（土匪）時，只要喊一聲『線兒上的』，也很少攔劫郵件」〔註83〕。另一方面，由於《郵政條例》和《民國郵政法》的特殊規定，地方官員和警察機關在防範和偵破郵件被劫案件時，也比較認眞謹愼，甚至派兵保護郵車、郵差〔註84〕。

　　在經濟上，中華郵政也有極好的信譽。北洋時期，範圍比較大的金融擠兌風潮曾經多次出現。不少銀行由於準備不足、資金周轉不開，當驚恐的人們紛紛湧到銀行擠兌時，難以招架。唯獨郵政未發生動搖，郵局各分支機構對於一切提款應付自如，迅速穩定了儲戶、匯戶的情緒，獲得了信任。時人記載「各局對於一切提款均經敏速兌付，於是提出之款未幾仍復存入，存入之數又復逐漸增加。」〔註85〕

　　此外，北洋時期，由於軍閥蜂起，往往劃地爲界，中央財政收入被任意截留，嚴重時「政令不出都門」。而中華郵政從上到下，指揮得心應手，是不多的依然能夠保持全國性集中統一管理的公共機關。儘管軍閥割據、各占一方，各項郵政收入照舊從各地方解繳郵政總局。北洋時期全國的人口數字從調查到公佈，往往依靠中華郵政進行。在民國九年修正的《郵政章程》中，除了正文三十章及國內包裹資費倍數表、加入郵會各國清單等附表以外，還附有全國各行政城邑所轄地方的人口數目表〔註86〕。過去講中國擁有四億五千萬人口，其依據之一就是中華郵政的調查〔註87〕。

國社科院近代所、四川師大歷史文化學院編，《一九一○年代的中國》，北京，社會科學文獻出版社，2009 年，第 467 頁。

〔註82〕 「匯票、現金、包裹中途如有遺失，信局應如數照賠。如遇盜匪劫搶則賠一半。腳夫被殺則全數免賠，是爲慣例」。參見吳昱：「略論晚清民信局的興衰」，《西華大學學報（哲學社會科學版）》，第 31 卷第 3 期，2012 年 6 月。

〔註83〕 鄭游主編，《中國的郵驛與郵政》，北京，人民出版社，1988 年，第 154 頁。

〔註84〕 參見霍錫祥：「帝國主義與中國郵政」，北京市郵政管理局文史中心編，《全國各級政協文史資料·郵電史料》（上冊），北京，燕山出版社，1995 年，第 79～82 頁

〔註85〕 鄭游主編，《中國的郵驛與郵政》，北京，人民出版社，1988 年，第 154～155 頁。

〔註86〕 參見民國「交通部、鐵道部交通史編纂委員會」編輯：《交通史郵政編》第一冊，1930 年，第 178～185 頁

〔註87〕 參見鄭游主編，《中國的郵驛與郵政》，北京，人民出版社，1988 年，第 153

3.6.2 採用先進的運輸方式

近代中國的交通運輸一直是阻礙國內貿易發展的瓶頸。即使到 19 世紀末 20 世紀初，道路的建築和維修仍然十分落後。美國著名中國經濟史學者馬若孟（Ramon H・Myer）記載：到 1921 年，「天津和北京城區以外的現代道路仍然處於萌芽狀態」。煙臺的海關官員抱怨該港「既無鐵路也無公路」。青島的海關官員認爲，「山東省的道路狀況像華北其他地方一樣淒慘」。在河北省東北部的秦皇島，「沒有作出任何努力改善馬車運輸用的惡劣的道路狀況，這種情況對於把貨物運往依靠該港口爲其提供進口貨物的內陸地區的市場是一種極大的阻礙。」〔註 88〕「可以設想，道路作爲這裡互相來往的惟一手段，本應得到某種關注。然而它們卻受到了最大程度的忽視」〔註 89〕。

官辦郵政從一開始就把解決運輸問題，作爲提升服務能力的重點，迅速地與當時最先進的交通運輸方式結合，不斷將先進運輸工具引入郵件運輸，始終牢牢地掌握運輸主動權。

一、鐵路運郵

鐵路是當時內陸地區最快捷方便的運輸方式。官辦郵政一成立，就儘量利用鐵路已開行線路，發展郵件運輸。據《交通史郵政編》記載：清末，凡有鐵路的地方，就由鐵路運送郵件。1903 年，郵政與鐵路簽訂合同，由鐵路在火車廂內撥給郵政專用容間，發給郵差免票證。以後，火車郵路不斷擴展。〔註 90〕光緒三十一年（1905 年），全國鐵路長 8300 里，全部可爲運送郵件之用。同年，山東膠濟鐵路竣工，由省城濟南至海邊的郵件只需要 12 個小時。次年，鐵路已開行 11203 里，郵件運輸立即延伸到所有鐵路通行之地。光緒三十三年（1907 年），滬寧鐵路開通後，南京和上海的往來郵件所需時間比以前用輪船運輸加快了 3 倍。東北開通南滿鐵路、東清鐵路並與西伯利亞鐵路連通後，都設有固定班車運郵，北京到柏林郵件只需 13 日，上海到柏林郵件只需 15 日。民國元年（1912 年），吉長鐵路告成，吉林長春兩地郵件運輸時間

〜154 頁。

〔註 88〕 〔美〕馬若孟：《中國農民經濟——河北和山東的農業發展，1890〜1949》，南京，江蘇人民出版社，1999 年，第 221 頁。

〔註 89〕 〔美〕馬若孟：《中國農民經濟——河北和山東的農業發展，1890〜1949》，南京，江蘇人民出版社，1999 年，第 219 頁。

〔註 90〕 鄭游主編，《中國的郵驛與郵政》，北京，人民出版社，1988 年，第 161 頁。

由原來的 16 小時縮短爲 5 小時。同年 12 月 1 日津浦鐵路黃河橋竣工後，北京寄發上海的信件能夠在 38 個小時內到達。民國五年（1916 年），北京到上海郵運時間減爲 36 個小時。民國六年（1917 年），國有鐵路的京奉、津浦等線路均加掛郵政車。同時，國有鐵路運送郵件「一律免收運費」。以後隨著「郵件數量逐次增加」，於民國十二年（1923 年）4 月在北京舉行鐵路運輸會議，將國有鐵路運輸郵件按所佔容間優惠計算運費，於當年 9 月 1 日起施行。「所有各鐵路當局對於火車運寄郵件一事多所襄助，而於此次決定現行辦法之時又復力促其成，郵路雙方均稱便宜。」〔註 91〕

表 3-6　火車郵路增長表〔註 92〕

年份	1905 年	1912 年	1921 年	1934 年
里程（華里）	8350	18000	21200	28441

二、輪船運郵

在火車未通之前，輪船是東部沿海和內河運輸的主力。早先，總理衙門發往上海、煙臺、牛莊的郵件，一直是交由天津海關轉付海輪代運。自 1878 年 8 月 15 日起，天津海關會同太古輪船公司、怡和輪船公司、招商局等，商定《免費優先代運海關郵件辦法》。同時，直隸總督李鴻章也下令中國海軍把離港時間通知當地海關，以便海關能利用中國軍艦免費代運郵件。這些措施當然大有助益於加速郵遞〔註 93〕。

光緒三十一年（1905 年），郵件通過所有往來江海輪船運送。郵政與各著名輪船公司定有合同，郵件下船不計尺寸斤兩，都是任意裝載，運費帳目到結算時一律完清〔註 94〕。同時，海關制定了《內港華輪代運郵袋辦法》，規定中國籍輪船「均有代運郵袋之責」。這個辦法還規定，所有輪船除了郵政交付的郵件包裹以外，「不得私帶信函，並不得擅帶他局郵件」〔註 95〕。

〔註 91〕民國「交通部、鐵道部交通史編纂委員會」編輯：《交通史郵政編》第一冊，1930 年，第 53～62 頁。

〔註 92〕數據來源：張樑任，《中國郵政》（中），上海書店，1936 年，第 24～25 頁。

〔註 93〕晏星：《中華郵政發展史》，臺北，商務印書館，1994 年，第 217 頁。

〔註 94〕參見民國「交通部、鐵道部交通史編纂委員會」編輯：《交通史郵政編》第二冊，1930 年，第 445～453 頁。

〔註 95〕彭瀛添：《民信局發展史——中國的民間通訊事業》，臺北，中國文化大學出版社，1992 年，第 203 頁。

清光緒三十年，上海至各處的郵件都可以通過輪船運輸，極爲便利，運費也低廉。到內港的輪船也定有章程，均須代運郵件。1919 年起中華郵政開始在上海、漢口自備郵艇運送郵件〔註 96〕。其後，在部分內河也發展了郵船運輸。

表 3-7　輪船郵路增長表〔註 97〕

年份	1905 年	1912 年	1921 年	1934 年
里程（華里）	15000	56000	79300	107156

三、汽車運郵

汽車引進中國後，很快就被郵政採用。民國六年（1917 年），上海郵政用 3 輛汽車取代了馬拉的郵車，同期天津也有了 1 輛郵運汽車。從此，汽車陸續在各大城市內使用，在市區內供接送車站輪埠及支局間郵件往來。至 1920 年共有汽車 19 輛，最大載重量爲 3.5 噸。從 1922 年起，汽車郵路出現在長途郵運上。〔註 98〕到 1933 年後，長途汽車運郵獲得長足發展，長途運郵汽車達 300 ～600 輛〔註 99〕。

表 3-8　汽車郵路增長表〔註 100〕

年份	1928 年	1929 年	1930 年	1931 年	1932 年	1933 年	1934 年
里程（華里）	4434	9409	32251	37393	47983	62307	81040

四、航空郵路

新興的郵政事業迅速引入當時最先進航空運輸。民國十六年（1927 年）7 月 1 日，首發北京至濟南的航空郵路，並發行了首次航空郵票。〔註 101〕郵政總局對航空署予以扶持，並未採用一般按交運重量計酬方法，而是將航空郵

〔註 96〕鄭游主編，《中國的郵驛與郵政》，北京，人民出版社，1988 年，第 161～162 頁。
〔註 97〕數據來源：張樑任，《中國郵政》（中），上海書店，1936 年，第 23 頁。
〔註 98〕鄭游主編，《中國的郵驛與郵政》，北京，人民出版社，1988 年，第 162 頁。
〔註 99〕參見沈雲龍訪問，林泉紀錄，郭廷以校閱，《劉承漢先生訪問紀錄》，臺北「中央研究院近代史研究所」，1997 年，第 287～290 頁。
〔註 100〕數據來源：張樑任，《中國郵政》（中），上海書店，1936 年，第 25～26 頁。
〔註 101〕其圖案爲雙翼飛機一架，飛越萬里長城上空。

票出售所得的五分之四悉數交付航空署，其餘五分之一留作郵政一切特支的貼補金。民國十八年（1929 年），國民政府開辦國內航空，決定由郵政總局負擔經費。〔註 102〕同時，郵政總局與民航部門簽訂載運郵件合同十條，規定各飛行器內至少預留載重二百公斤的位置，專運郵局交運的郵件。〔註 103〕

表 3-9　航空郵路增長表〔註 104〕

年份	1930 年	1931 年	1932 年	1933 年	1934 年
里程（華里）	7294	8720	13089	18875	23054

五、城市投遞

現代已經非常普遍、廉價的自行車，在 19 世紀末、20 世紀初卻是價格昂貴、十分稀罕。〔註 105〕因此，自行車多為來華的外國人使用，一般中國人不敢問津。即使是富裕家庭或時髦少年，購買自行車也要採取分期付款的方式〔註 106〕。國家郵政最早將自行車引入郵件投遞，1909 年在北京即開始使用，到 1919 年，全北京的信差有 139 名可以騎自行車，而上海到 1921 年才有 272 名信差騎上了自行車〔註 107〕。但已大大提高了郵件投遞的速度，降低了勞動強度。此外，摩托車運郵投遞，也於 1917 年在天津開始使用。

綜上可見，當時郵政已經初步發展起較為現代的運輸網絡。而且，按照《民國郵政法》第十五條規定〔註 108〕，凡以運送為業之鐵路、長途汽車、船

〔註 102〕當年，開辦滬蓉航線管理處及中央、中國兩航空公司，其全部資本支出及初期經常費用幾乎全部來自郵政。

〔註 103〕參見沈雲龍訪問，林泉紀錄，郭廷以校閱，《劉承漢先生訪問紀錄》，臺北「中央研究院近代史研究所」，1997 年，第 71～72 頁。

〔註 104〕數據來源：張樑任，《中國郵政》（中），上海書店，1936 年，第 26 頁。

〔註 105〕據說當時一輛自行車的車價始終在 80 元上下浮動，相當於今天一輛中檔汽車的價格。
　　　　參見閔傑：「中國自行車的早期歷史」，《炎黃春秋》，2003 年第 2 期。

〔註 106〕當時連退位皇帝溥儀為購買各國的名牌自行車，都要命遜清皇室內務府不惜從鹽業銀行貸款，足可見自行車價格不菲。參見薛立永：「溥儀愛騎自行車」，《文史博覽》，2012 年第 8 期。

〔註 107〕鄭游主編，《中國的郵驛與郵政》，北京，人民出版社，1988 年，第 162 頁。

〔註 108〕1935 年《民國郵政法》的第十五條原文是：
　　　　「凡以運送為業之鐵路、長途汽車、船舶、航空機，均負載運郵件及其處理人員之責。
　　　　前項載運，除航空機外，均為無償。但得由交通部給付津貼。對於民營運送

舶、航空機，均負載運郵件及其處理人員之責。前項運輸除航空機外，均為無償，但得由交通部給付津貼。因此，當時國家郵政的運郵成本是比較低的，由下表可見一斑：

表 3-10　1930 年代上海郵政的運郵成本〔註 109〕

路線	里程	運輸方法	每噸公里運輸成本
上海至天津	1222 公里	鐵路	七釐五毫六絲
上海至重慶	2283 公里	輪船	三分零六毫六絲

當然，在當時的中國歷史條件下，現代化的交通運輸方式並不可能占到運郵量的大部分。據 1930 年的統計，主要靠人力和較原始交通工具運送郵件的郵差郵路和帆船郵路占全國總郵路的 85%，火車、輪船、汽車、飛機郵路合在一起只占郵路總長度的 15%。〔註 110〕到 1934 年，火車、輪船、汽車、飛機郵路也只占郵路總長度的 25.5%。但是，客觀地看，在艱難的條件下，能達到這樣的水平，已經是堪稱成績顯著、難能可貴了〔註 111〕。也唯有雄厚的國家資本才有可能集中力量，達到這樣的水平。相比起來，小生產、小作坊式的民信局由於資本和組織方式的局限，幾乎是不可能實現如此大規模利用現代交通運輸方式，更難以做到依靠現代交通，降低運行成本，從而降低資費標準。這也正是民信局在進入工業化社會以後，不再適應社會發展需求的原因之一。

3.6.3 低廉的資費

光緒二十五年（1899 年）時，信件按每 15 克為一個計費單位，收費 4分（不分本埠外埠）。到光緒二十九年（1903 年），郵費已大為降低，仍按每 15 克收費，但本埠是 0.5 分，外埠是 1 分。到宣統二年（1910 年），計費單位由 15 克改為 20 克，同時內地本埠資費調整為 1 分，外埠為 3 分。這一年，也開通了蒙古和新疆的郵路，其收費比較特殊，分為三種，即蒙古新疆與內地各省互寄的信件收費 6 分，蒙古新疆的省內各局互寄的信件收費 3 分，蒙

業津貼之給付，並得採會商辦法。會商不諧時，由交通部核定之。」
〔註 109〕參見沈雲龍訪問，林泉紀錄，郭廷以校閱，《劉承漢先生訪問紀錄》，臺北「中央研究院近代史研究所」，1997 年，第 282～283 頁。
〔註 110〕鄭游主編，《中國的郵驛與郵政》，北京，人民出版社，1988 年，第 164 頁。
〔註 111〕鄭游主編，《中國的郵驛與郵政》，北京，人民出版社，1988 年，第 164 頁。

古、新疆各局收寄並就地投遞的本埠信件收費 1 分。此後二十餘年，這一資費標準基本比較穩定，只有幾年一次的一些小的調整。到民國二十一年（1932年），內地本埠資費爲 2 分、外埠資費爲 5 分，調整幅度只是區區 1、2 分錢而已〔註112〕。抗戰前，郵政資費比較穩定，長時間一直保持每封國內平信收費法幣 5 分〔註113〕。而且，中華郵政從 1932 年起先後開辦了航空匯票、小額匯票、電報匯票、代訂報刊、普通快遞郵件、代購書籍、輕便包裹（即小包）、存證信函、簡易人壽保險、發售禮券、代收所得稅等業務〔註114〕，資費也相當低廉。

　　中國的郵資，即使與當時號稱世界最低的英國比較，也是很低廉的。當時平信郵資英國爲一便士，折合成中國幣值剛好是銀元四分。而光緒二十二年（1896 年）奉准的《大清郵政章程》規定的國內郵資——0，25 盎司以內（7.5 克），僅收銀元 2 分，比起英國 1 便士的郵資，已經是低了一倍〔註115〕。如果與客郵及民局作一比較。光緒二十二年，國家郵政正式成立時，有 30 餘年歷史的上海工部局書信館尚在營業，其所收的信函爲每重 0.5 盎司收制錢 60 文（6 分），寄交本城投遞的信件，每封收制錢 20 文（2 分），快信每封收銀二錢五分。民信局承寄的書信，則按路程遠近，收費 2 分至 2 角不等（即制錢二十文至二百文），如果路途遙遠，收費可以達到 500 文以上。如果是交寄的信件，需要急送，寄信人可於信上注明較高的信資，由收信人在收到時照付，此類書信格外加費。考核民信局所收的費用，也比當時郵局首重 0.25 盎司收銀 2 分爲貴〔註116〕。

　　與民信局不同，國家郵政採用的是國際通用的郵票制度和「預付郵資

〔註112〕張樑任，《中國郵政》（中），上海書店，1936 年，第 6 頁。

〔註113〕郵政資費一直比較低。據說 1936 年南京國民政府定下的郵資標準是：一封平信等於三個雞蛋，十封平信等於一斤豬肉。信件的低資費歷來靠發展郵政儲蓄和郵政包裹來貼補，但郵政的經營效益整體還是比較好的。
參見高仰止、楊金鑾：《上海郵政大樓話滄桑》，載於北京市郵政管理局文史中心：《全國各級政協文史資料·郵電史料》（上冊），北京燕山出版社，1995年 4 月第一版，第 282 頁。

〔註114〕鄭游主編，《中國的郵驛與郵政》，北京，人民出版社，1988 年，第 193～194頁。

〔註115〕王開節、何縱炎編：《郵政六十週年紀念刊》，沈雲龍主編：近代中國史料叢刊續編第九十三輯，臺北，文海出版社有限公司，1982 年，第 106 頁。

〔註116〕王開節、何縱炎編：《郵政六十週年紀念刊》，沈雲龍主編：近代中國史料叢刊續編第九十三輯，臺北，文海出版社有限公司，1982 年，第 107 頁。

制」。這種制度帶來幾個方面的影響：

一是實現向公眾開放，即郵政服務向所有預付過郵資的人（包括官方和私人、中國人和外國人）開放，這也正是新式的國家郵政與過去的驛站、客郵或民信局最大的區別。後者是一個封閉的、甚至允許特權的體系，其設立和運行的目標只在於爲官府、外僑或民眾中的某部分人提供服務。1878 年 7月 24 日，中國的第一套郵票——大龍郵票投入使用。中國郵票的出現，比英國晚了 36 年。但對中國而言，有不同於英國的意義。因爲在此前的中國社會是缺乏公共服務的。由郵票帶來了郵政向公眾開放，從而打開了一扇門，讓公眾在享受公共服務的過程中感受到國家的存在，豐富了國家和公眾的關係，而不只是因爲義務、刑罰、威懾等來感知國家對自己的意義。

二是由於郵票的貼用，使寄信人預付郵資成爲可能，促進了郵政財政的好轉，拓展了郵政自我發展的空間。也就是說，郵政的經營成本可以從出售郵票中得到彌補，經營業績也可以部分地從郵票銷售中得到反映。與之相反，民信局實行的是收件人付費制度。這種制度雖有其便利性，但根本點是建立在「熟人社會」相互熟悉、相互信任的基礎上。所以儘管「民信局營業，最重信用」，但收件人付費其實是先由民信局墊付資費。所以民信局的服務對象很難擴展到社會最大層面，多集中在少數「相互之間信得過的群體」。對於一些老主顧，民信局也實行寄件人付費，但仍是民信局先行墊付，到固定時間（比如過年過節）再集中收款，這就造成了本來就本小利薄的民信局資金周轉的困難。臺灣學者彭瀛添記載：「信局營業，皆屬主顧生意，非到三節四季，不能收入帳款，而平日支出，類須自籌，若非擁有鉅資，無法周轉。」〔註 117〕制度的局限，造成資本的局限；資本的局限，又形成網絡的局限。所以，民信局不得不限制在比較小的範圍，很難獲得更大的發展空間。

三是由於均一資費制度的推行，實現了郵件的工業化、大規模處理。均一資費制，意味著一封一定重量以內的平信，無論寄到哪裏，都是一樣的資費。這種制度，一方面公平透明，大大降低了公眾的通信費用負擔，促進了信息、文化交流，另一方面使得公眾得以將一般平常信件就近投入各地的信箱信筒內，不必再去郵局等候一一核算。而國家郵政也可以用最簡單、成本最低的方法收集、處理郵件，省時省事。郵政從此按照工業化的模式被組合、

〔註117〕彭瀛添：《民信局發展史——中國的民間通訊事業》，臺北，中國文化大學出版社，1992 年

運轉和使用起來，在提供公平的公共服務的過程中，以工業化的方法追求更快的效率、更低的成本，並回報給用戶和社會。一個最簡單的事實是，通過工業化處理的信件量越大，分攤到每封信件上的成本越低，資費下降的空間也就越大，即所謂「規模經濟效益」。這正是工業社會的社會化大生產的優勢所在。相比起來，民信局的資費計算方式相當雜蕪，沒有統一標準，隨意性頗大，這也是民信局最受詬病的地方之一。更重要的是，一對一的資費計算，增加了處理成本，延長了寄遞時間，使民信局的服務在與郵局工業化服務競爭的過程中處於劣勢。

可見，預付資費、均一資費、手續簡便，這些都是近代國家郵政更勝於民信局的重要的制度原因。在研究郵政立法對國家郵政贏得競爭優勢的影響時，不把上述因素考慮進去，顯然會得出不全面的結論。

3.6.4 國家資本對建設城鄉郵政網絡的支持

國家郵政建立後，迅速把鋪設城鄉網絡作為重要任務，在短時間內取得了相當的成績，可以說網絡所到之處，即為郵政服務延伸之處。就算在邊疆農村等交通不發達地區，郵政網絡也在盡力延伸。

宣統三年四月二十八日（1911 年 5 月 28 日），在總理大臣奕劻，協理大臣那桐、徐世昌以及郵傳部大臣盛宣懷的奏摺中已經這樣提到：「各省通行郵政共有六百餘局，又代辦四千二百餘處，並與數國訂立往來互寄之合同……，辦理頗有成效」〔註 118〕

由以下圖表可以清晰地看到，從清朝國家郵政開始創辦一直到民國年間，郵政網絡的增長發展狀況。

表 3-11　清光緒二十七年至民國二年郵政局所統計表〔註 119〕

年份	總局	分局	代辦所	總計
清光緒二十七年	30	134	12	176
清光緒二十八年	30	263	153	446
清光緒二十九年	34	350	609	963

〔註 118〕沈雲龍訪問，林泉紀錄，郭廷以校閱，《劉承漢先生訪問紀錄》，臺北「中央研究院近代史研究所」，1997 年，第 16 頁。
〔註 119〕數據來源：張樑任，《中國郵政》（中），上海書店，1936 年，第 5 頁。

年份	總局	分局	代辦所	總計
清光緒三十年	40	352	927	1319
清光緒三十一年	41	396	1189	1626
清光緒三十二年	38	484	1574	2097
清光緒三十三年	44	509	2250	2803
清光緒三十四年	44	548	2901	3493
清宣統元年	47	605	3606	4258
清宣統二年	49	736	4572	5357
清宣統三年	49	908	5244	6201
民國元年	48	1071	5697	6816
民國二年	45	1276	6487	7808

表 3-12　民國三年至民國二十三年郵政局所統計表 〔註 120〕

年份	管理局	一等局	二等局	三等局	支局	代辦所	總計
民國三年（1914 年）	21	32	932	309	189	6841	8324
民國四年（1915 年）	21	32	956	380	198	6923	8510
民國五年（1916 年）	21	32	990	368	205	7181	8797
民國六年（1917 年）	21	34	1078	338	212	7420	9103
民國七年（1918 年）	21	36	1152	333	221	7604	9367
民國八年（1919 年）	22	37	1286	344	243	7830	9762
民國九年（1920 年）	22	39	1320	561	272	8255	10469
民國十年（1921 年）	23	40	1327	725	285	8632	11032
民國十一年（1922 年）	23	42	1327	759	278	8877	11306

〔註120〕數據來源：張樑任，《中國郵政》（中），上海書店，1936 年，第 6 頁。

年份	管理局	一等局	二等局	三等局	支局	代辦所	總計
民國十二年 （1923 年）	24	41	1333	772	278	9148	11596
民國十三年 （1924 年）	24	41	1343	792	280	9310	11790
民國十四年 （1925 年）	24	41	1231	929	284	9498	12007
民國十五年 （1926 年）	24	41	1227	981	289	9662	12224
民國十六年 （1927 年）	24	41	1212	935	260	9654	12126
民國十七年 （1928 年）	24	35	1037	1058	258	9719	12126
民國十八年 （1929 年）	25	35	999	1120	256	9828	12263
民國十九年 （1930 年）	23	37	998	1159	277	10029	12523
民國二十年 （1931 年）	23	37	995	1178	281	10155	12669
民國二十一年 （1932 年）	23	37	972	1221	282	10293	12828
民國二十二年 （1933 年）	23	37	935	1272	351	10416	13034
民國二十三年 （1934 年）	23	37	924	1375	342	10605	13306

（注：自民國三年起，實行郵政局所詳分等級）

　　民國二十三年（1934 年），全國各郵區的郵局網點已經形成了相對完整的
體系，具有了相當的規模〔註 121〕。詳見下表：

〔註 121〕當然，也要看到，民國時期在農村地區的郵政機構是比較少的。到 1949 年，
　　　　全國 2000 多個縣，其中有 75%的縣只在縣城設立郵局，廣大村鎮很少有郵
　　　　政機構，有 25%的縣連縣城也沒郵政局，只有幾個代辦所，有的甚至連代辦
　　　　所也沒有。
　　　　參見楊泰芳主編：《當代中國的郵電事業》，北京，當代中國出版社，1993 年，
　　　　第 36 頁。

表 3-13　1934 年全國各郵區郵政網點和代辦所分佈表 〔註 122 〕

郵區	郵局網點	代辦所	合計
蘇皖	341	1321	1662
上海	83	88	171
北平	174	620	794
河北	134	616	750
山西	95	302	397
河南	151	746	897
陝西	65	208	273
甘肅	60	131	191
新疆	25	50	75
山東	170	716	886
西川	114	615	729
東川	86	472	558
湖北	133	609	742
湖南	91	363	454
江西	91	412	503
浙江	147	508	655
福建	99	382	481
廣東	204	1100	1304
廣西	49	266	315
雲南	46	230	276
貴州	42	203	245

在廣大農村和邊遠地區，國家郵政並不是盲目設點，而是根據經濟測算和地方實際，採取代辦所的形式，爲當地民眾提供服務。1901 年全國只有郵政代辦所 12 處，到 1914 年已有代辦處 6841 處，信櫃 4177 處，兩者之和已等於郵局及支局的 7 倍。可以說，郵政代辦機構是深入民間的郵政機構，是發展郵政業務的先鋒，成爲國家郵政發展的重要輔助力量。〔註 123〕代辦所對於迅速擴大郵政業務與用郵範圍，對於改善郵政經濟、改進服務都有不可磨滅的貢獻。1915 年以後，國家郵政出現盈利，加上郵政本身的半獨立性等特

〔註 122〕 數據來源：張樑任：《中國郵政》（中），上海書店，1936 年，第 10～11 頁。
〔註 123〕 鄭游主編，《中國的郵驛與郵政》，北京，人民出版社，1988 年，第 166 頁。

點，穩定可靠，信譽大增。以江西為例，「郵局已深受歡迎，群相敬禮，商鋪則爭以充當郵寄代辦、管理一部分郵差郵路為榮。至於本省官長態度，對於郵局總係倍臻雅誼，於郵局進行之事多所贊襄，遇有郵局求助之處，罔不立予應允，凡能設法之處，無不竭力扶持。」〔註124〕

國家郵政設立以後，網絡漸次延伸到邊遠民族地區。如宣統元年（1909年）3月，新疆巡撫電請清政府設立從甘肅涼州以西到新疆迪化（今烏魯木齊）一帶的郵局。當年 12 月，國家郵政試辦蘭州和迪化間的日夜兼程快班郵差郵路，全程長 6600 里（2200 英里），班期規定 33 天到達。宣統二年（1910年），大清郵政迪化郵政管理局設立，全省設置各級郵局 16 處，郵寄代辦所 20 處，郵差郵路 9 條，銜接鄯善、阿克蘇、塔城、沙雅、綏定、疏附、若羌等縣。宣統元年（1909 年），內外蒙古在張家口至庫倫（今蒙古國首都烏蘭巴托）間，開辦馬差郵路，計程 2700 里，每星期一次，日夜兼程。第二年，恰克圖〔註125〕郵局成立，並開辦每星期 3 次的、由恰克圖至庫倫間的驛夫郵路（計程 900 里）。在蒙疆郵遞事務由國家郵政接管並實行統一經營後，大清郵政總局於 1910 年頒訂蒙疆特定郵資。宣統二年（1910 年），國家郵政在西藏拉薩、江孜、西格孜、帕克里及亞東五地設局〔註126〕。代表國家主權象徵的郵政網點延伸到邊疆，對於促進當地商品文化與內地的交流，遏止侵略殖民勢力，鞏固邊防，起到了一定的作用。

郵路也在不斷延伸。見下表：

表 3-14　民國時期郵路里程增長對比表〔註127〕

年份	郵路里程（里）					總計
	郵差線路	水運線路	鐵道線路	汽車線路	航空線路	
1921 年	367253	45362	12259	0	0	424874
1931 年	394037	58063	15303	18957	4201	490561
1936 年	436986	63768	11593	54569	18000	584916

〔註124〕鄭游主編，《中國的郵驛與郵政》，北京，人民出版社，1988 年，第 168 頁。
〔註125〕今屬俄羅斯布里亞特自治共和國，位於俄蒙邊境。
〔註126〕參見王開節、何縱炎編：《郵政六十週年紀念刊》，沈雲龍主編：近代中國史料叢刊續編第九十三輯，臺北，文海出版社有限公司，1982 年，第 54 頁。
〔註127〕阮義召：「南京國民政府郵政事業建設略述（1927～1937）」，凱里學院學報，第 27 卷第 1 期，2009 年 2 月。

　　一直到抗戰前，國家郵政的網絡都在不斷發展。其中一個突出的數據是，1936 年的郵政局所是 1921 年的 2 倍〔註 128〕，可想而知郵局業務藉此得以深入基層。網絡的延伸，方便了民眾用郵，也帶動了郵政業務量的迅速增長。

表 3-15　清末到民初郵政重要業務和設施發展對比表〔註 129〕

項目 ＼ 年份	光緒三十一年（1905 年）	宣統二年（1910 年）	民國四年（1915 年）	民國九年（1920 年）
收寄郵件（萬件）	2300	9900	21000	40000
收寄包裹（萬公斤）	110	325	790	2077
開發匯票（萬元）	123	528	1198	5892
郵務局所（處）	1626	5357	8510	10469
郵差郵路（萬里）	12	28	41	47

　　事實上，包括清政府在內，當時世界各國普遍實行郵政國有體制，一個最現實的原因就是，在郵政起步、發展之初，需要龐大、系統、長期地投入基礎設施建設。龐大的網絡，一定需要巨大的資本予以支撐。在國力弱小、民財貧瘠的情況下，唯有借助國家的力量，才能調動方方面面相關的資源，才能有效完成這樣一個浩大的工程。而來源於民間資本、實力更為分散和弱小的民信局，無疑是很難承擔這項任務的。現實情況是，即使是「較具規模之大信局，設分局或代理店於各埠，如無相當資本，實難維持」〔註 130〕。

3.6.5 獨立的財政制度

　　郵政最初為客卿主持，清末風氣未開，官員們將郵政視為「洋務」，有的甚至不知其為何物，不敢輕易干涉。進入民國後，各地軍閥仍然將郵政視為洋務機關，深恐引起外交事件，所以採取不得罪的態度〔註 131〕。

〔註 128〕阮義召：「南京國民政府郵政事業建設略述（1927～1937）」，凱里學院學報，第 27 卷第 1 期，2009 年 2 月。

〔註 129〕阮義召：「南京國民政府郵政事業建設略述（1927～1937）」，凱里學院學報，第 27 卷第 1 期，2009 年 2 月。

〔註 130〕彭瀛添：《民信局發展史——中國的民間通訊事業》，臺北，中國文化大學出版社，1992 年，第 98 頁。

〔註 131〕沈雲龍訪問，林泉紀錄，郭廷以校閱，《劉承漢先生訪問紀錄》，臺北「中央研究院近代史研究所」，1997 年，第 28 頁。

　　正因爲清末和民國時期的國家郵政，與海關一樣，屬於「洋務」的一部分，其財政、人事等多方面制度，事實上獨立於其他政府部門，「從北京的北洋軍閥到各地據地自雄的軍頭，都不能插手或干預郵政局內任何人員的進退陞降，也不能動用郵政的款項」〔註132〕，因而也免受了當時社會動盪時期的複雜、險惡的政治波及。

　　在此期間，郵政的財政問題得到海關的大力扶持。國家郵政開辦之初，經費不能自給，而清政府也從沒有從國庫中撥款補貼。到光緒三十年（1904年）才准許撥付海關專款，支持郵政發展。當年四月，總稅務司奉外務部命令，每年撥給郵政 72 萬兩關平銀〔註133〕，即由江海、津海、閩海、江漢、粵海、潮海六關每月各付關平銀一萬兩，這就是所謂「六關協款」。雖然協款實際撥付金額，不及原先規定款項的半數。從光緒三十年到宣統三年止，共計撥付海關協款關平銀 2,391,836.45 兩〔註134〕。但經海關如此補助，幼稚的郵政才逐漸走上正軌。

　　由於當時會計不完善，因此現在可知的只是從光緒二十七年（1901 年）至光緒三十二年（1906 年）郵政收入總數共計 6,562,236 兩，折合銀元 9,843,354元，每年平均 1,640,559 元。直到光緒三十三年（1907 年）以後才有專冊記載每年郵政收入〔註135〕。以下是從清末到民國部分年份的郵政營業收入和營業支出表〔註136〕。

〔註132〕晏星：《中華郵政發展史》，臺北，商務印書館，1994 年，第 408 頁。

〔註133〕關平銀，又稱「關平兩」、「關銀」、「海關兩」，清朝中後期海關所使用的一種記帳貨幣單位。海關在徵收關稅時，依據當地實際採用的虛銀兩與紋銀的折算標準進行兌換，如在上海每 100 兩關平銀相當於規元 110 兩 4 錢，在天津等於行化銀 105 兩 5 錢 5 分，在漢口約等於洋例銀 108 兩 7 錢 5 分。1930 年 1 月，中國政府廢除關平銀，改用「海關金單位」作爲海關徵稅的計算單位。
參見維基百科 http://zh.wikipedia.org/wiki/%E5%85%B3%E5%B9%B3%E9%93%B6，最後登錄時間：2012 年 4 月 5 日。

〔註134〕宣統三年，海關將郵政移交清政府新設立的郵傳部。幾經磋商，確定墊款總額爲關平銀 1，845，1117.96 兩，分五年攤還，並加付四釐年息。最後總共付本利關平銀 2，838，238.22 兩。由於當時郵政還有虧損，所以最後實際延到民國十四年底全部還清。

〔註135〕張樑任，《中國郵政》（中），上海書店，1936 年，第 5～6 頁。

〔註136〕數據來源：張樑任：《中國郵政》（下），上海書店，1936 年，第 6 頁，第 20頁。

表 3-16　部分年度郵政營業收入和營業支出表

年度	營業收入（元）	營業支出（元）
光緒三十三年（1907 年）	1822387.37	
光緒三十四年（1908 年）	2095612.16	
宣統元年（1909 年）	2777266.31	
宣統二年（1910 年）	3190348.73	
宣統三年（1911 年）	3792780.24	
民國元年（1912 年）	3500000	
民國五年（1916 年）比 1912 年增長一倍	7600000	
民國八年（1919 年）	11000000	
民國十三年（1912 年）	35000000	
民國十六年（1927 年）	27803714.35	27708624.43
民國十七年（1928 年）	31130829.65	29890657.80
民國十八年（1929 年）	38395832.48	36319109.05
民國十九年（1930 年）	39687669.82	38404753.67
民國二十年（1931 年）	34398532.34	40250255.24
民國二十一年（1932 年）	31410988.12	37548314.35
民國二十二年（1933 年）	35171610.32	33593091.82
民國二十三年（1934 年）	34634382.95	35034921.52

　　民國四年是國家郵政「轉虧爲盈」的關鍵之年。在此之前，自清光緒二十二年開辦起，到民國三年爲止，郵政年年有虧損。從民國四年（1915 年），郵政開始有盈餘，自民國八年（1919 年）起分期償還海關墊款，至民國十四年（1925 年）還清海關墊款。自民國七年至民國二十三年 6 月，郵政總局撥交交通部管理費和業務盈餘〔註137〕，合計 1373 萬餘元〔註138〕。從民國四年到十五年（1915～1926 年），是郵政的繁榮期，除了還清墊款外，還開展基礎設施建設，自置資產。特別是在民國十一年至十五年（1922～1926 年）間，每年都有 3、4 百萬元的盈餘。這也是中華郵政的黃金時代〔註139〕。中華郵政

〔註137〕從民國十八年起，郵政總局每月以「管理費」名義撥交交通部 3 萬元，後來又增至每月 4.5 萬元。郵政財政盈餘後，自 1928 年後，其盈餘一半留作自身建設和發展之用，另一半撥交南京政府交通部。
〔註138〕張樑任：《中國郵政》（下），上海書店，1936 年，第 182～184 頁。
〔註139〕晏星：《中華郵政發展史》，臺北，商務印書館，1994 年，第 408 頁。

成功地實現「以郵養郵」的目標，進入良性循環道路。

　　由於郵政屬於洋務，一直由外國人擔任高層管理人員，郵政盈餘資金雖然巨大，但郵政的財政保持獨立。因此，清末民初的貪污官員縱然心有覬覦，但無法染指。這也保證了郵政盈餘能夠用於郵政發展和基礎設施建設，提升郵政服務能力。正是在這一階段，中華郵政相繼投資建設了一批上海、廣州、漢口的郵政重大設施，服務能力大爲提升，使得民信局與之的差距更爲加大。即使到 1935年和 1936 年，中華郵政仍然一共盈餘 960 萬元〔註 140〕，直到抗戰爆發〔註 141〕。

3.6.6 源自西方的文官制度

　　20 世紀三十年代，國家郵政人員約三萬餘人。據說，中華郵政的人事管理制度，係以英國的文官制度爲藍本，結合中國的具體實際和各國郵政管理制度而修改制定的。〔註 142〕由於制度規定比較嚴格，在舊中國官場惡習陋規流行的情況下，郵政的風氣之好可以說是「鶴立雞群」。

　　郵政體系內的文官制度與當時中國實行的公務員制度有著明顯的差別：

　　一是入局需要經過嚴格的考試。郵政人員除郵差和雜役外，都必須經過入局考試。考試科目依照各種人員不同而定。而且考試由郵政總局或各省管理局舉行，不與當時考試院所舉辦的其他公務員考試混雜，比較公平公正，也避免了當時盛行的官場腐敗對招錄考試的不良影響，在考生和社會大眾中信譽一直相當高。

　　按照職位高低，考試科目也由簡入繁，各不相同。如揀信生考三門科目：中文論說、簡易算術、中國地理；郵務生考五門：中文論說、外國文字、簡易算術、地理、關於郵局日常公務問題；郵務員考六門：算學、地理、中文

〔註 140〕 鄭游主編，《中國的郵驛與郵政》，北京，人民出版社，1988 年，第 194 頁。

〔註 141〕 抗戰爆發後，郵政自 1939 年開始虧損，以後「迄未好轉」。根據郵政資料統計，1939 年中華郵政虧損額爲 200 餘萬元，1940 年達 700 餘萬元，1941 年4600 餘萬元，1942 年 1.1 億元，1943 年 6600 餘萬元，1944 年 7.15 億元，1945年高達 84.82 億元。參見沈雲龍訪問，林泉紀錄，郭廷以校閱，《劉承漢先生訪問紀錄》，臺北「中央研究院近代史研究所」，1997 年，第 285 頁。

〔註 142〕 孫中山在 20 世紀二十年代曾多次指出：「現在歐美各國的考試制度，差不多都是學英國的。窮流溯源，英的考試制度原來還是從中國學過去的。所以，中國的考試制度，就是世界上用以拔取眞才的最古最好的制度。」
轉引自李弘祺：「京師同文館總教習：科舉是中國文明的最好方面」，《光明日報》，2011 年 10 月 24 日，互聯網 http://history.news.qq.com/a/20111024/001118.htm，最後登錄時間：2012 年 5 月 12 日。

譯成外國語、外國語譯成中文、中文論說、外國語論說。如果是報考郵務官，考試科目則達到了包括中文、英文、國際國內郵務、國際公法及本國法律在內的十二門。〔註143〕當時郵政入局考試還有一個特點，就是並不嚴格規定某一職位的對應學歷，報考時也不檢驗文憑。但是，由於所考科目基本上適合大學、中學、小學的相應程度，沒有真才實學者，是很難渾水摸魚、濫竽充數的，因此「大體尚無流弊」。〔註144〕

二是人員享受必要和可靠的生活待遇和政治保障。郵政人員經考試入局以後，就按制度享受保障的權利，薪資優厚，「欲求行政之優良，必先達到人員之安心」〔註145〕「蓋優良之人才，如不予以適當之報酬，則不能持久爲國家所用」〔註146〕。而且郵政人員的職位、工資等都不受政治的變動而變動。這是與當時其他公務員的重大區別。「中國其他行政機關之人員，其才能非有遜於郵政人員，徒以人員隨政局而變動，致行政效能受其影響」〔註147〕。

《鐵路‧電信七十五週年紀念刊》這樣記載：〔註148〕

> 當時之郵政，恒爲其他事業從業人員豔羨之不暇。蓋郵政、稅關、鹽務皆先後由清廷及北洋政府時代入於客卿之手，其情形大抵類似。入其中者如置身化外。在北洋政府時代，軍需內亂迄無寧日，因致財政異常困乏。京中官署，薪俸不給，有減至三四成，有積欠至一二年者。獨此三數外人管理機關，不受影響，故既隸此中者，竊喜此行之得計，未入此途者，瞻望而浩歎。

郵政職工進入企業後，只要循規蹈矩好好工作，不出紕漏，一生溫飽可保無虞，不必隨世俗浮沉，所以當日社會上稱郵政職業是「鐵飯碗」。因此，當時發生年輕人同時考取郵政局和北京大學，卻選擇到某省郵政管理局報到的事例，也就不足爲奇了。〔註149〕

〔註143〕張樑任：《中國郵政》（上），上海書店，1935年，第134頁。

〔註144〕張樑任：《中國郵政》（上），上海書店，1935年，第134～135頁。

〔註145〕張樑任：《中國郵政》（上），上海書店，1935，第114頁。

〔註146〕張樑任：《中國郵政》（上），上海書店，1935，第120頁。

〔註147〕張樑任，《中國郵政》（上），上海書店，1935，第114頁。

〔註148〕王開節、修城、錢其琮編：《鐵路‧電信七十五週年紀念刊》，沈雲龍主編：近代中國史料叢刊續編第九十三輯，文海出版社有限公司，第30～31頁。

〔註149〕毛祖培，《憶參加中華郵政》，北京市郵政管理局文史中心編，《全國各級政協文史資料‧郵電史料》（中冊），北京，北京燕山出版社，1995年，第1218～1219頁

　　郵政待遇最初完全仿照海關執行，後來有一段時期還比海關要高。總體上說，當時的郵政人員工資比其他公務人員，「則尚屬優越」，不僅享受其他公務人員沒有的養老金、獎勵金和假期旅費，而且工資和津貼也比其他公務員要高。〔註150〕中級以上職員的待遇尤其優厚。

表 3-17　1928 年以前部分中華郵政人員的等級薪酬表〔註151〕

等級	月薪
郵務官	690～240 元
郵務員	450～82.5 元
郵務生	150～35 元

　　1927 年 9 月，南京國民政府的教育行政委員會公佈了一份《大學教員薪俸表》〔註152〕：

表 3-18　1927 年《大學教員薪俸表》

等級	月薪
教授	600～400 元
副教授	400～260 元
講師	260～160 元
助教	160～100 元

　　當時，大學教員工資是比較高的。但由兩表對比，可見中華郵政人員即使與高工資的大學教員相比，薪酬也並不低。如果再考慮到二、三十年代物價比較穩定，在上海地區一元可買大約 10～18 斤大米，23～31 斤小麥，5～6 斤肉，50 個左右雞蛋〔註153〕，則郵政人員的生活水平是比較可觀的了，遠遠高於鐵路、軍工、鋼鐵等其他國營事業。

　　中華郵政的養老撫恤金始於民國十八年（1929 年），凡服務滿 25 年，可

〔註150〕參見張樑任，《中國郵政》（上），上海書店，1935，第 145 頁。
〔註151〕引自張樑任，《中國郵政》（上），上海書店，1935，第 149～151 頁。
〔註152〕數據來源：慈鴻飛：「二三十年代教師、公務員工資及生活狀況考」，《近代史研究》，1994 年第 3 期。
〔註153〕慈鴻飛：「二三十年代教師、公務員工資及生活狀況考」，《近代史研究》，1994 年第 3 期。

以按在職最後月的薪資發給 25 個月的退休金。服務超過 25 年的每 1 年發給半個月薪酬作爲退休金。〔註 154〕又如醫藥費制度，當時郵局多聘有駐局醫生，凡員工及其配偶或子女患病，均可到局免費醫治。〔註 155〕

相比起來，當時民信局店員月薪，多者數十千文，少者二、三千文〔註 156〕（當時 1 銀元=10 角=3000 枚銅錢=3000 文），懸殊可謂巨大。

三是按晉級制度遞陞。郵政人員入局時，按照其所在職位班次的最低等級領薪，以後循序漸進，按照服務年限逐步提高薪俸。這種制度的益處在於保證了郵政人員的事業心和忠誠度，也提升了工作效率。郵政考試制度，除了郵務官職位是郵局之外人員不得參加外，其他各班次考試，既可由外部人員直接考入，也可由局內低級人員考入。這樣一種開放式的考試，達到了廣泛選拔英才，又予員工提升機會的效果。

郵政脫胎於海關，最初由海關總稅務司兼辦。郵政人員就是考入海關的人員，統一由總稅務司指派。郵政脫離海關以後這些人員也就隨之脫離海關。當時郵政人員模仿海關，共分四個班次：郵務官、郵務員、郵務生及揀信生。每個班次又分超等、一等、二等、三等及四等共五等，每「等」中又分爲數「級」。〔註 157〕

此外，還有一些非常具有中國本土特色的人事制度，比如中華郵政人員的保證。民國八年（1917 年）以前的保證制度要求：凡郵政所委任的華員均應有切實保證人。每員至少須有殷實保人兩家，其所保之數份隨職任及職務而異。如郵務官銀元 5000 元、試用郵務員或郵務生銀元 400 元、揀信生至少 200 元、差役等屬至少銀元 100 元，代辦人銀元 200 元，等等。〔註 158〕這種保證制度完全是中國的獨創，其基礎是中國法律沒有歐美完備，社會變動比較大，一旦發生郵政人員攜款潛逃的事件，則由保證人（多爲商號）承擔連帶賠償責任。此外，郵局還規定，如足以減少保證能力的情形（如商號變更主人、解散、重大虧損等）發生，而被保人故意隱匿不報希望免於更換保證

〔註 154〕張樑任，《中國郵政》（上），上海書店，1935，第 156 頁。

〔註 155〕張樑任，《中國郵政》（上），上海書店，1935，第 169 頁。

〔註 156〕彭瀛添：《民信局發展史——中國的民間通訊事業》，臺北，中國文化大學出版社，1992 年，第 98 頁。

〔註 157〕張樑任，《中國郵政》（上），上海書店，1935，第 127～128 頁。

〔註 158〕參見關廣麟著《交通史郵政編》，交通部鐵道部交通史編撰委員會編輯發行，民國十九年十一月初版，第一冊，第 269 頁。

的，將受到免職或其他處分。〔註159〕

　　通過考試進入，優厚的福利待遇，較高的社會地位，這樣一種良好的人事制度就把一大批優秀人才網羅進入郵政系統，使得郵政的人員素質遠遠高於當時的各行政系統〔註160〕，更別說民信局了。而且，從上到下形成了良好的風氣，郵政人員非常敬業〔註161〕，工作關係比較融洽，好學蔚然成風〔註162〕。

　　《郵政六十週年紀念刊》對當時國家郵政的人事制度有這樣的評價：
〔註163〕

　　　　人事制度原為治事之工具，其目的在配合事業要求，以達人盡
　　其才事得其人之目標，同時亦為樹立一客觀遵循之軌道，以使人才

〔註159〕參見張樑任，《中國郵政》（上），上海書店，1935，第141～143頁。
〔註160〕抗戰勝利後，中華郵政是少有的沒有忙著搞接收的政府機關，相反郵政總局
　　　　著力改善服務，開展「改良郵政運動」，並見到了成效。美國特使馬歇爾也「祝
　　　　賀中國郵政辦理得很好」。
　　　　參見鄭游主編，《中國的郵驛與郵政》，北京，人民出版社，1988年，第195
　　　　頁。
〔註161〕關於郵政人員的敬業精神。據老員工許紫雲回憶，某年冬季清晨下大雪，他
　　　　當時在杭州郵局任快遞組組長，由於當值早班，需在清晨六點開啟庫門，完
　　　　成封發出口和進口郵件、交郵差投遞，所以儘管「雪厚尺餘」、道路濕滑，還
　　　　是堅持在六點前趕到郵局，「傾跌者再，衣履盡濕」。但出乎他的意料，「辦理
　　　　快遞之同仁，自職員而至信差，均已全數到齊，無一人或缺，僅等余到局，
　　　　開啟庫門提取郵件耳」。「蓋人員辦公，僅知早到並無遲到，當時郵政人員之
　　　　忠勤職責，遵守時間，由此可以證明。」
　　　　許紫雲：《我從事郵政工作之回憶》，載王開節、何縱炎編：《郵政六十週年紀
　　　　念刊·附錄》，沈雲龍主編：近代中國史料叢刊續編第九十三輯，文海出版社
　　　　有限公司，1982年，第65頁。
〔註162〕「郵政人員不講派系，一個事業機構，如其內部人員，專講派系或親戚關係，
　　　　則其事業必受牽制，業務不能儘量發展。雖或事業已臻繁榮，將來亦因人事
　　　　糾紛而趨腐化走向下坡。郵政人員係憑考試進局，其晉升亦憑考試與考績為
　　　　依歸。在局服務，只要自己工作努力，堅苦勤奮，無不可以向上晉升者。是
　　　　以甚多郵政人員，除努力本身崗位外，嘗於公餘潛心自修，籍以增進智慧。
　　　　亦有不少郵政人員，公餘加入函授專科或讀夜間大學而獲得豐富知識，由一
　　　　普通職位經考試而上升至高級主管者。此類人員，均經在基層工作有年，自
　　　　下而上，對事業有整個之認識與豐富經驗，處事能力自然堅強而勝任愉快，
　　　　人員本身有上晉之機會因而工作勤慎，於公於私均獲益焉」
　　　　許紫雲：《我從事郵政工作之回憶》，載王開節、何縱炎編：《郵政六十週年紀
　　　　念刊·附錄》，沈雲龍主編：近代中國史料叢刊續編第九十三輯，文海出版社
　　　　有限公司，1982年，第65～66頁。
〔註163〕王開節、何縱炎編：《郵政六十週年紀念刊》，沈雲龍主編：近代中國史料叢
　　　　刊續編第九十三輯，臺北，文海出版社有限公司，1982年，第149～150頁。

人力集中組織發生協同之力量。制度能以建立推行，應可免隨人之好惡定取捨，亦不致因一時之喜怒而賞罰。郵政人事制度六十年來，曾導致事業與安定中求進步與發展，亦曾經面臨若干憂患，即如遠在軍閥時期地方軍人不時派遣私人，干預郵政，或派人充當郵局主管。幸當時郵政為客卿主持，軍閥亦有懼外心理，如此使得免於人事制度之干擾，而細考郵政人事制度之能以建立實行，未遭夭折，固不能否認初期之客卿關係，而郵權自主之後我政府當局之不斷維護，一般繼起從郵同人對制度之認識與信心，進而貢獻共守力量，實亦為其主要因素。再就制度言，其本體既屬相當完整，主要精神實具有實事求是一秉大公之優點，其能經久而不衰，信非偶然。

3.6.7 良好嚴密的管理制度

當時的郵政，已經實行垂直領導、高度集中、全程全網、聯合作業、人有專責、事有專章，紀律嚴明〔註164〕，其管理制度是相當嚴密嚴格的。據老員工許紫雲在文章中回憶，自己初進郵局，覺得郵局執行郵政規章的嚴謹態度「有如執行法律相似」。在服務時間，「僅知有規章和工作，一切均依規章，……不論何人，均需照規定之程序工作，不照規定因而發生之錯誤，即由相關人員負責，雖極小之事故，亦是信賞必罰，從不因錯誤之小也，不加追究，亦從不因人事關係而可免除處分，可謂章則必守，命令必行。」〔註165〕「郵局對於誤寄郵件，極為重視，員工均謹慎從事不敢有誤，以延誤郵件影響郵政信譽，故雖一件之微，亦必慎重處理，而郵政事業有今日之成就，今日之進步，即是守法紀重公務耳。」〔註166〕

舉一個生動的例子，有人曾對民國時期的兩個本地實寄封進行過研究。其中一個於1921年4月2日在福州收寄，郵戳顯示當日收寄、當日收到。另一個的收寄日戳顯示其於1937年8月8日17時在上海收寄，投遞日戳顯示為8月8日24時在上海投遞，從收寄到投遞耗時僅僅7個小時。可見，福州

〔註164〕鄭游主編：《中國的郵驛與郵政》，北京，人民出版社，1988年，第5頁。

〔註165〕許紫雲：《我從事郵政工作之回憶》，載王開節、何縱炎編：《郵政六十週年紀念刊‧附錄》，沈雲龍主編：近代中國史料叢刊續編第九十三輯，文海出版社有限公司，1982年，第64頁。

〔註166〕許紫雲：《我從事郵政工作之回憶》，載王開節、何縱炎編：《郵政六十週年紀念刊‧附錄》，沈雲龍主編：近代中國史料叢刊續編第九十三輯，文海出版社有限公司，第64～65頁。

及上海郵局的郵件投遞可稱質量上乘。〔註 167〕

　　郵政服務質量如此之高，一個重要原因就是較高的投遞頻次和嚴格的質量管理。

　　例如，當時的福州郵務總局和城內分局規定，信差每日須要出班投遞 5 次，到星期日則爲 3 次。爲了檢查投遞質量，從 1909 年起，福州郵務總局及城內分局各派 2 名稽查管理投遞事務。稽查員不但有權隨時發出試信，還可以到收信人家中實地調查詢問。一旦發現有郵件延誤、遺失或誤投等情況，就要立即報請主管追究責任，還要對經手人員進行處理。從 1916 年起，郵局投遞頻次進一步增加爲每天 6 次，而星期日仍爲 3 次。但是，如果遇到有南北口輪船代運的郵件到達本局，信差必須等進口郵件處理完畢後，才能出班投遞。所以郵局有這樣的制度規定：凡是在下午 6 時以前到局的進口郵件，都應該開拆分揀；如果是在晚上 9 時前分揀完畢，信差就必須當晚出班投遞。因此，郵局信差於深夜時分風雨無阻地出班，提燈挨戶敲門送信，乃是當時常見之事〔註 168〕。

　　三十年代末期，中華郵政曾購入大批汽車發展汽車郵運。光是引入先進的設備不足爲奇，關鍵是建立了一套良好的車務管理制度。民國二十八年（1939 年）至三十一年（1942 年）間，曾先後頒佈重要車務章程二十餘種，如《郵政汽車站分段組織辦法》、《車站收發物料規則》、《零件工具點驗辦法》、《購運油料須知》、《郵政汽車調動須知》、《郵政汽車搭載人員旅客暫行辦法》、《郵政汽車取締私運客貨辦法》、《機工監事任用及待遇辦法》、《司機機匠錄用及敘薪辦法》、《長途運郵汽車工作競賽獎懲暫行細則》。〔註 169〕而上述這些制度，制定得非常精細，執行得非常嚴格。

　　以時限爲例，司機按其行車的準誤班分別獎懲，每一單程計算一次。一個月內誤班次數超過行車單程十分之一者，取消本月份獎金。修理工按其經修各車司機獎懲金額的三分之一計算。學徒獎懲金額比照同組修理工的五分

〔註 167〕相形之下，到 90 年代，「今天我國郵件本地互寄，仍需第二日方能收到，就連世界上郵政比較先進的美國，普通平信每週只投遞 5 日，每日只投遞一次，也不能與之匹比。」
　　　　　姜仰東：「從兩個實寄封談舊中華郵政的郵遞工作」，《中國郵政》，1990 年第 3 期。
〔註 168〕姜仰東：「從兩個實寄封談舊中華郵政的郵遞工作」，《中國郵政》，1990 年第 3 期。
〔註 169〕參見沈雲龍訪問，林泉紀錄，郭廷以校閱，《劉承漢先生訪問紀錄》，臺北「中央研究院近代史研究所」，1997 年，第 299 頁。

之一計算。管理員獎懲按其經管的車輛準誤班計算，一個月內誤班次數超過行車單程二十分之一者，取消本月份獎金。站長獎懲，按其所屬管理員共得獎懲金額的差數計算，但不得超過各管理員平均數百分之二百。在功過方面：站長、管理員、司機、修理工，在一公曆年內服務或行車滿六個月，準班率爲百分之百者，記一等功。百分之九十九者，記二等功，百分之九十八者，記三等功。每三個月司機誤班次數達到行車里程總數四分之一者，站長、管理員、修理工誤班次數達行車里程總數八分之一者，均記三等過。繼續記過者，視情節輕重分別處分。

關於節省油料：司機耗用燃料及機油總數較規定限額節省的，按所省加侖數給予獎金。較規定限額爲多者，按多用加侖數目處罰。特別多耗的，要進行追究。燃料耗用限額由郵政總局按車輛形式、公路情形分段核定。機油每加侖應行駛 350 公里。各局年終節省燃料在 240 加侖以上的前三名司機，郵政總局加發獎狀，並將其擢升一級〔註170〕。

此外，中華郵政還建立了視察制度，實行垂直領導，專人專責，對郵政事務實行全面的監督檢查〔註171〕。

由此可見，良好的制度管理，保證了郵運時限和安全，也有利於提升郵政人員的責任心和工作能力。成規模的運輸能力，完善嚴密的制度，「足證管理之嚴格」〔註172〕，足已使小作坊式的民信局相形見絀了。

那麼，民信局的管理水平又是如何呢？上海《申報》曾對民信局的管理做過這樣的報導和評述，現引用如下，借與郵政作一對比：

> ……（民局）爲費似乎少重，且有更改酒資以少換多之弊，間有刁難寄主，些許微件訛索重貨，如路少遙詐錢幾倍之人。種種弊端，實難枚舉。良莠不齊，百弊叢生，勢所必至。竟有託寄一信，計程不過數十里，先索掛號一百文，到日又索酒資一百文，稍遠者掛號不能多索，而酒資書明一百文，竟可改爲二百文，再遠者則更累百盈千而需索。此種行爲，隨地皆然，可勝浩歎！〔註173〕

〔註170〕參見沈雲龍訪問，林泉紀錄，郭廷以校閱，《劉承漢先生訪問紀錄》，臺北「中央研究院近代史研究所」，1997 年，第 302～303 頁。

〔註171〕于忠元：「中華郵政的視察制度」，《井岡山學院學報》，2008 年第 1 期。

〔註172〕參見沈雲龍訪問，林泉紀錄，郭廷以校閱，《劉承漢先生訪問紀錄》，臺北「中央研究院近代史研究所」，1997 年，第 305 頁。

〔註173〕「信局論」，《申報》1872 年 6 月 7 日。轉引自黃鑒暉：「民信局興亡簡史」，

　　如前所述，大清郵政和中華郵政的人事制度源自英國文官制度。由清末開始，從郵政總局到各省郵政管理局，主要管理人員一直是外籍人員（即所謂「客卿」）。以上海爲例，在 1943 年以前，上海的郵務長一直由外籍人員充任。從大清上海郵政局成立算起，先後出任上海郵局郵務長的共有 18 人，其中有 12 個是英國人，3 個法國人，1 個美國人，1 個俄國人，1 個挪威人；在副郵務長和郵務官中，外員也佔了多數。就連總局與各區管理局之間、管理局與管理局之間的往來公文，都無例外地全部使用英文〔註 174〕。

表 3-19　1917～1923 年郵政總局華洋中高級管理人員數目〔註 175〕

	郵務長	副郵務長	郵務官	郵務佐
1917	洋 15：華 0	洋 15：華 0	洋 65：華 42	洋 6：華 0
1918	15：0	18：4	68：51	5：0
1919	18：0	16：6	71：52	5：0
1920	20：2	16：6	71：57	4：0
1922	23：2	15：8	69：65	3：0
1923	23：2	17：11	77：67	3：0

　　應當指出，部分外籍人員把持郵政高級管理職位，是列強侵華的後果，根本原因是中國喪失了主權。如法國壟斷郵政總局握有實權的「郵務總辦」一職就是突出的例證。即使在華盛頓和會上，這也是英法提出「撤除客郵」的交換條件。

　　但是，從另一個角度，也要客觀地看到，大量的外籍人士把當時先進的管理思想和靈活的思維模式帶入了郵政，使郵政在起步階段就較好地擺脫了封建制度的束縛，站在了一個比較高的起點上〔註 176〕。同時，外籍管理人員

《浙江學刊》，1986 年第 6 期。

〔註 174〕霍錫祥：《回憶國民黨時期的郵政》，載北京市郵政管理局文史中心編：《全國各級政協文史資料·郵電史料》（上冊），北京燕山出版社，1995 年，第 90 頁。

〔註 175〕數據來源：霍錫祥：《回憶國民黨時期的郵政》，載北京市郵政管理局文史中心編：《全國各級政協文史資料·郵電史料》（上冊），北京燕山出版社，1995 年 4 月第一版，第 88 頁。

〔註 176〕許紫雲認爲：「奠定郵政基礎，並非容易，然其主要緣因，則不外乎制度與人事之健全。郵政在成立之初，聘請歐美人士，擔任各省重要郵局主管，所定制度，係採取各國郵政已經辦有成傚之條例，綜合釐訂，成爲我國當時國營

的相對穩定，也保證了國家郵政不受當時政治混亂的紛擾〔註177〕，避免了軍閥勢力對郵政事務的插手。因此，不能簡單地將外籍人士對中國郵政發展做出的重大貢獻否認掉。這一點，也爲當時許多郵政人員和社會人士所公認。民國時期郵政法專家劉承漢就特別聲明，郵權收回是一回事，客卿有功又是一回事，「不能混爲一談，更不應因郵權問題而抹殺一切」。「中華郵政之創始經營，以及繼續發展，在軍閥十數年間禍亂相尋之局勢下，竟能沉著邁進，不受政治影響，擺脫惡勢力的干擾，客卿之功，實不可滅」。「尤其重要的，客卿爲中華郵政建立各種制度，奠立良好基礎，至今郵政猶有所表現者，蓋由於此項遺制使然。」〔註178〕

對此，周恩來在文革期間曾經做過這樣的評價：〔註179〕

郵政過去是靠外國人辦起來的，是以外國人爲主經營的。過去郵政很有信用，群眾用起來放心。對郵政員工是個鐵飯碗。我們搞得不能比人家還差。

3.6.8 從加入萬國郵聯到通達海外

赫德在創辦郵政之初，就深知郵政爲國際性事業，必須與國際聯繫，否則不足以自存。因此一面與有關各國個別訂立郵務協定，另一方面也爲參加萬國郵政聯盟〔註180〕做預備工作。

事業之創新制度，至人事如終身制考試制等，亦自郵局創行，雖然晚近數十年來，甚多新興事業均有完備之制度，但郵政能有較佳之成就者，以余個人觀感，實由於執政主管，對所定規章，均嚴格執行，徹底做到，依時代需要，隨時改進耳。」
許紫雲：《我從事郵政工作之回憶》，載王開節、何縱炎編：《郵政六十週年紀念刊・附錄》，沈雲龍主編：近代中國史料叢刊續編第九十三輯，文海出版社有限公司，第64頁。
〔註177〕舉一個例子，民國時期，交通部是郵政總局的上級主管機關。從民國元年（1912年）到民國十六年（1927年），民國北洋政府交通部部長，幾乎年年更換不已，而且一年之內往往要更換好幾位新面孔。其中，民國元年、五年、六年，一年相繼上臺3位交通部長；民國二年、三年、九年、十年、十一年、十三年、十六年，一年上臺2位；民國八年、十四年、十五年，一年上臺1位。參見晏星：《中華郵政發展史》，臺北，商務印書館，1994年。
〔註178〕沈雲龍訪問，林泉紀錄，郭廷以校閱，《劉承漢先生訪問紀錄》，臺北「中央研究院近代史研究所」，1997年，第56頁。
〔註179〕孫少穎：「郵史憶蹤之四周恩來總理對郵政的關注」，《集郵博覽》，2004年第7期
〔註180〕隨著十八世紀各國郵政陸續改爲國營，國際間來往日益頻繁，加強郵政聯繫

1878 年，第二屆郵聯大會在巴黎舉行。法國政府曾邀請中國參加郵聯。
但當時中國還處在海關試辦郵政的初期，天津海關所設的郵務辦事處剛開始
收寄公眾郵件，一切可謂剛有一個萌芽，未具規模，尚不具備現代郵政的條
件，確實有實質上的困難。而且，「列強在華紛紛設置客郵，正圖攫取中國的
郵權，亦設法阻撓我參加國際郵政組織」，所以婉拒了邀請，沒有立即加入。

光緒二十二年（1896 年），國家郵政正式設立後，赫德把握時機，申請總
理衙門照會瑞士政府，聲明奉旨在北京及通商各口岸開辦郵政官局，待推廣
條件成熟後即將正式加入郵聯。同時，還聲明自 1897 年 1 月 1 日起各國郵件
寄到北京及天津等 24 處通商口岸，均可交由該地中國郵政官局代為傳遞，無
需多給資費。次年 5 月，第五屆郵聯大會在華盛頓召開，駐美欽差大臣伍廷
芳作為中國代表應邀參會。1906 年，第六屆郵聯大會在羅馬舉行，當時做出決
議，歡迎中國任何時候都可以自由加入郵聯。然而，在整個晚清時期，中國雖
曾幾次派員列席郵聯大會，但都沒有正式入盟。直到民國三年（1914 年）3 月
1 日，國內郵政基礎和國際環境都已比較成熟，中國政府才正式加入萬國郵聯。

在沒有加入郵聯的過渡時期，大清郵政採取與相關各國郵政簽訂雙邊協
議的辦法來打開國際郵件的通路。例如：光緒二十六年與法國郵政簽訂協議；
光緒二十九年，與日本簽訂協議；光緒三十年，與印度、香港簽訂協議。這
類協議都規定：「凡按郵盟資例納費之郵件，中國與各該國均須收寄，並代為
運帶投送，而其轉運費之結算，均根據按年編造的統計而定，一如郵聯中兩
國郵政間之辦法辦理」〔註181〕。通過這樣的雙邊協議，大清郵政達到了一種
事實上的國際通郵。

需要說明，萬國郵聯是一個政府間國際組織。按照郵聯的規定，各國以

的要求越來越迫切。德國首先成立了德意志各邦郵政聯合體。1850 年，德國
又與奧地利結為德奧郵政同盟。1853 年，奧地利與意大利也建立了類似同
盟，這是國際郵務合作的開端。1863 年，美國郵政部長布萊爾（Blair）發起，
邀請十五個國家在巴黎舉行國際郵政協商會議。1868 年，在德國人史蒂芬博
士（Dr. Heinrich von Stephan）的倡議和努力下，第一屆國際郵政會議終於在 1874
年在瑞士首都伯爾尼開幕，參加國家包括德、奧、比、丹、意、美、法、英、
希、匈、葡、俄、土、埃、西、瑞士、瑞典、挪威、盧森堡、塞爾維亞、羅
馬尼亞等二十二國，決議創立郵政大聯盟，簽訂公約二十條，稱為《創立郵
政大聯盟公約》，「是為人類進化過程中劃時代的創舉，奠定世界性事業合作
的優良基礎」。郵政大聯盟於 1878 年召開第二屆大會，改稱萬國郵政聯盟。
〔註181〕晏星：《中華郵政發展史》，臺北，商務印書館，1994 年，第 381 頁。

政府身份參加成爲會員國。在當時來看，民信局自然是沒有資格代表郵聯參加國際活動，更不可能進入以郵聯爲核心建立起來的國際郵政網。這也是《民國郵政法》確立「郵政國營」原則的國際背景之一。

在正式加入郵聯後，中國的國際通郵範圍大爲拓展，向實現「通達天下」大大邁進了一步，促進了中國與世界各國的經濟、貿易和文化交流。1914 年 3 月加入萬國郵聯後，當年 9 月，中國開始實行萬國郵聯公約，同時簽署加入了國際郵政互換包裹公約；其後，陸續加入國際互換保險信函及箱匣協約（1918 年 11 月）、國際郵政匯兌協約（1920 年 4 月 24 日）。中國郵政網絡與國際郵政體系完成「接軌」。郵政的服務能力和通達範圍可謂又上了一個全新的層次。

與此同時，《萬國郵政公約》成爲郵政法的淵源之一。《民國郵政法》第三條規定：「關於各類郵件或其事務，如國際郵政公約或協定有規定者，依其規定。但其規定如與本法相牴觸時，除國際郵件事務外，適用本法之規定。」

第4章 新中國計劃經濟時期的郵政政策

4.1 「國家經營國家管理」體制進一步鞏固

4.1.1 體制形成的時代背景

　　中華人民共和國成立後，郵政繼續由「國家經營、國家管理」，這種體制的形成同樣有其特殊的時代背景。

一、郵政是作為官僚資本的一部分，比較完整地被新政府接收的

　　隨著解放戰爭的勝利，郵政被視為官僚資本，由新生的人民政府接收。1949年1月15日，中共中央發佈《關於接收官僚資本企業的指示》。其中，明確要求接收官僚資本的工廠、礦山、鐵路、郵政、電報及銀行企業，並特別指出「必須嚴格地注意到不要打亂企業組織的原來的機構，不應任意改革及宣佈廢除。」〔註1〕。1949年4月25日，《中國人民解放軍布告》具體規定：「凡屬國民黨反動政府和大官僚分子所經營的工廠、商店、銀行、倉庫、船舶、碼頭、鐵路、郵政、電報、電燈、電話、自來水和農場均由人民政府接管。」〔註2〕

〔註1〕 中共中央文獻研究室和中央檔案館《黨的文獻》編輯部：《共和國走過的路——建國以來重要文獻專題選集》（1949～1952年），北京，中央文獻出版社，1991年，第44頁。

〔註2〕 秦愉慶主編：《中華人民共和國史》，西安，陝西人民出版社，1994年，第31頁。

在接受舊政權遺產的過程中，各地對郵政、電信企業的接管工作，均嚴格貫徹執行「接管時不打亂原來的企業機構，不打亂原有的技術組織與生產系統」的政策，在實行短期的軍事管制後，再由郵電部門予以接收。同時，組建由解放軍幹部參加的新的領導班子，確定新民主主義國營企業方針和爲黨政軍領導機關服務的具體辦法。到 1949 年底，大約接管郵局 2600 餘處，電信局 600 餘處，包括郵電分支機構、代辦所等共 26328 處，郵路 706046 公里，長途電信線路 145824 對公里，市內電話交換機總容量 311681 門，郵電職工 103285 人〔註3〕。1950 年底，各地基本上完成了接管和改造，使郵政企業成爲社會主義的國營企業。由於廣大郵電職工與接管部門和接管人員密切配合，新解放地區郵政電信企業都能迅速恢復生產和營業，保證了通信任務的完成。

二、建國後「國營經濟的領導地位」迅速得到確立

1949 年 9 月 29 日，中國人民政治協商會議召開第一屆全體會議，通過了《中國人民政治協商會議共同綱領》（簡稱《共同綱領》）。

《共同綱領》第二十六條規定：「中華人民共和國經濟建設的根本方針，是以公私兼顧、勞資兩利、城鄉互助、內外交流的政策，達到發展生產、繁榮經濟之目的。國家應在經營範圍、原料供給、銷售市場、勞動條件、技術設備、財政政策、金融政策等方面，調劑國營經濟、合作社經濟、農民和手工業者的個體經濟、私人資本主義經濟和國家資本主義經濟，使各種社會經濟成分在國營經濟領導之下，分工合作，各得其所，以促進整個社會經濟的發展。」

《共同綱領》第二十八條規定：「國營經濟爲社會主義性質的經濟。凡屬有關國家經濟命脈和足以操縱國民生計的事業，均應由國家統一經營。凡屬國有的資源和企業，均爲全體人民的公共財產，爲人民共和國發展生產、繁榮經濟的主要物質基礎和整個社會經濟的領導力量。」

在新中國憲法還沒有制定出來的過渡階段，《共同綱領》具有憲法的地位和效力。這樣，就從立法的層面對國營經濟體制的性質和地位，對以公有制經濟爲主導多種經濟成分併存的新民主主義所有權機構系統，予以了確認。

劉少奇在 1949 年 6 月所作的《關於中國的新經濟建設方針》，是對建國

〔註3〕 參見郵電部郵電史編輯室：《中國近代郵電史》，北京，人民郵電出版社，1984年。

後經濟建設思路的一個重要的綱領性文件。文中提出:「我們從國民黨政府及戰犯手中可接收不少的大企業。對帝國主義國家在中國的企業也將逐步收回或置於國家監督之下。……鐵路、銀行、對外貿易、郵政、電報、大鋼鐵業、鹽業、紙煙業和大部分礦山、輪船、紡織業等,將由國家經營或由國家監督經營。」〔註4〕

　　作爲「關係到國家經濟命脈、足以操縱國民生計」的郵政,毫無疑問地要按照《共同綱領》的規定和新生政權的經濟政策,「由國家統一經營」。

三、按照過渡時期總路線,中國形成了單一的公有制形式

　　1953 年,中共中央制定「黨在過渡時期的總路線」。總路線將「從中華人民共和國成立,到社會主義改造基本完成」作爲一個過渡時期。提出這個過渡時期的總路線和總任務,是要「逐步實現國家的社會主義工業化」,同時「逐步實現國家對農業、對手工業和對資本主義工商業的社會主義改造」,「使生產資料的社會主義所有製成爲我國國家和社會的唯一的經濟基礎」〔註5〕。按照這一總路線,中國國民經濟中的其他經濟成分,迅速地向公有制和集體制轉變。

　　1949 年時,國營企業只占中國工業生產總值(不包括手工業)的 43.8%,私人企業占到 56.2%〔註6〕。

　　其後,通過沒收官僚資本等手段,國營經濟發展很快。到 1952 年,國營經濟增長 287%,平均每年遞增 57%。國營工業的比重已達 41.5%。在重工業中,國營經濟高達 80%,輕工業中也有 40% 的份額。國營對外貿易已占進出口總額的 93%。國營商業在商品批發總額中占 60.5%。金融業中,國營經濟更是占絕對優勢,銀行幾乎全部國營。〔註7〕從企業所有制形式來看,1952

〔註4〕參見劉少奇:《關於中國的新經濟建設方針》(1949 年 6 月),載於人民網,http://cpc.people.com.cn/GB/69112/73583/73601/74120/5039318.html,最後登錄時間:2012 年 10 月 6 日。

〔註5〕《爲動員一切力量把我國建設成爲一個偉大的社會主義國家而鬥爭——關於黨在過渡時期總路線的學習和宣傳提綱》(中共中央宣傳部一九五三年十二月制發,經過中共中央批准),http://news.xinhuanet.com/ziliao/2004-12/22/content_2367512.htm,最後登錄時間:2012 年 10 月 6 日。

〔註6〕劉少奇:《向社會主義過渡的大體設想》(1952 年 10 月 20 日),載於人民網,http://cpc.people.com.cn/GB/69112/73583/73601/74120/5039331.html,最後登錄時間:2012 年 10 月 6 日。

〔註7〕秦榆慶主編:《中華人民共和國史》,西安,陝西人民出版社,1994 年 10 月第1 版,第 44 頁。

年，國營企業已占到 67.3%，私人企業只占 32.7%。在商業領域，全國商品總值的經營比重，國營加合作社經營占 62.9%，私人占 37.1%，只有在零售商業中私人還占 67%。郵政、鐵路、電信等重要行業完全由國家經營。全國主要商品由國家控制。生產手段的生產國營已占 82.8%〔註8〕。

隨著對農業、手工業和資本主義工商業的社會主義改造提前一年基本完成。到 1956 年底，中國國民經濟中各種經濟成分所佔比重發生了根本變化。國營經濟達到 32.2%，集體經濟爲 53.4%，公聯合營經濟占 7.3%，個體經濟只占 7.1%〔註9〕。至此，國營經濟完全掌握了國家的經濟命脈，在整個國民經濟中處於領導地位。

1954 年 9 月 20 日，第一屆全國人民代表大會第一次會議通過《中華人民共和國憲法》。這部憲法第四條規定：國家「通過社會主義工業化和社會主義改造」，「建立社會主義社會」。第五條規定了「中華人民共和國的生產資料所有制」，主要有：國家所有制，即全民所有制；合作社所有制，即勞動群眾集體所有制；個體勞動者所有制；資本家所有制。第六條規定：「國營經濟是全民所有制的社會主義經濟，是國民經濟中的領導力量和國家實現社會主義改造的物質基礎。國家保證優先發展國營經濟。」第十條規定：「國家依照法律保護資本家的生產資料所有權和其他資本所有權。國家對資本主義工商業採取利用、限制和改造的政策。國家通過國家行政機關的管理、國營經濟的領導和工人群眾的監督，利用資本主義工商業的有利於國計民生的積極作用，限制它們的不利於國計民生的消極作用，鼓勵和指導它們轉變爲各種不同形式的國家資本主義經濟，逐步以全民所有制代替資本家所有制。」

1954 年 9 月 15 日，正是憲法通過前夕，劉少奇在《過渡到社會主義社會的步驟》一文中特別指出：「憲法草案第四條規定：『中華人民共和國依靠國家機關和社會力量，通過社會主義工業化和社會主義改造，保證逐步消滅剝削制度，建立社會主義社會。』爲了貫徹第四條規定的方針，憲法草案在總綱的其他一些條文中又作了許多規定。這些規定既表明了建設社會主義社會這一個總目標，也表明了建設社會主義社會的具體步驟。」劉少奇提出：國

〔註8〕 劉少奇：《向社會主義過渡的大體設想》（1952 年 10 月 20 日），載於人民網，http://cpc.people.com.cn/GB/69112/73583/73601/74120/5039331.html，最後登錄時間：2012 年 10 月 6 日。
〔註9〕 秦榆慶主編：《中華人民共和國史》，西安，陝西人民出版社，1994 年 10 月第 1 版，第 82 頁。

家的任務是盡力鞏固和發展全民所有制和勞動群眾集體所有制的經濟成份，即社會主義的經濟成份，並對剩餘的資本家所有制和個體勞動者所有制，即非社會主義的經濟成分，逐步地開展社會主義改造。所以國家要「保證優先發展國營經濟」。〔註10〕

隨著單一公有制的建立，全部農業、手工業、私營工商業的生產活動統統納入了國家計劃的軌道，市場調節因素基本上退出了經濟生活領域。中國經濟進入了單一的計劃調節機制時期。〔註11〕

在這樣的背景下，郵政本就存在的國家經營、國家管理和計劃體制更加得到加強，並且最終完成了對行業內其他經濟成分的國有化改造。

4.1.2　郵電行業實行了國有化改造

新中國接收的郵電企業，除了原國民政府交通部管轄的國家經營的郵政和電信企業外，還有 13 家中小民族資本家經營的 1 萬門城市市內電話（約占當時全國 31 萬門市內電話的 3.2%）；美商上海電話公司經營的約 7 萬門市內電話（占全國城市市內電話總數的 22.6%）；以及由印度政府經營的在西藏的幾個電信點和郵驛站（係印度獨立後，由英國客郵繼承而來）；在東南沿海僑鄉由僑商經營華僑匯款和書信的幾百處僑批局；340 部分散在各個行政、金融、經濟等部門的小電臺；3 萬門農村電話。接管和改造官僚資本主義的郵政電信企業後，對其他不同經濟所有制的郵電設施，按照過渡時期總路線和具體政策，分別進行了改造和接管〔註12〕。

〔註10〕劉少奇：《關於中國的新經濟建設方針》（1949 年 6 月），載於人民網，http://cpc.people.com.cn/GB/69112/73583/73601/74120/5039333.html，最後登錄時間：2012 年 10 月 6 日。

〔註11〕按照當時的計劃，在執行了第一個五年經濟計劃之後，工業中的國營經濟的比重將會有更大的增加，而私人資本主義經濟的比重則會縮小到 20% 以下。再過十年，則私人工業會縮小到 10% 以下。在 10 年以後，中國工業將有百分之九十以上是屬於國有的，而私人工業則不到 10%，而這些私人工業又要大體依賴國家供給原料、收購和推銷它們的成品及銀行貸款等，並被納入國家計劃之內，而不能獨立經營。到那時，就可以將這部分私人工業「不費力地收歸國家經營」。

參見劉少奇：《向社會主義過渡的大體設想》（1952 年 10 月 20 日），載於人民網，http://cpc.people.com.cn/GB/69112/73583/73601/74120/5039331.html，最後登錄時間：2012 年 10 月 6 日。

〔註12〕參見楊泰芳主編：《當代中國的郵電事業》，北京，當代中國出版社，1993 年，第 33～35 頁。

一、改造民族資本主義電信業

對民族資本家經營的私營電話，按照對資本主義工商業改造政策進行改造。1950 年，郵電部從保證通信秘密的需要出發，對當時在沿海部分城市仍由私人公司經營的電話設備實行統一管理，並採取首先與地方政府合營，一段時期以後與國營郵電企業合營，或者直接作價收購等辦法進行改造。

二、對僑批局實行統一領導、分散經營

1949 年前，沿海部分僑鄉的僑批局依然存在，主要辦理華僑匯款及其親屬之間的通信。新中國成立後，爲了服務僑胞、便利僑匯，對僑匯局採取團結與管理相結合的政策。1950 年，郵電部門通知僑匯業進行登記，保證其合法經營。當時，僅向廈門郵局登記的就有 82 家。此後，郵電部門與人民銀行密切合作，對僑批局實行「統一領導，分散經營，獨立核算，各負盈虧」的經營管理辦法。在國營經濟領導下，這些僑批局逐步成爲國營郵政的委託代辦機構。

三、統一管理專用和私營無線電臺

1950 年 11 月，中央人民政府政務院規定：除軍事通信及鐵路專用通信外，一切通信工作應由郵電部統一管理，重申了 1949 年中國人民革命軍事委員會電信總局關於《充分利用各地國營電信局發電（報）辦法的決定》的精神。並指出：已設電信局所之處，各級政府及公私企業之電報，應經電信局收發；未設電信局所之處，可向郵電部租設電臺，禁止自設專用電臺，其已設者，應交由當地電信局接管。爲了貫徹上述決定，加強通信保密工作，並且做到在國家經濟建設中與有關部門合理分工，以節約人力、財力和物力，原由地方政府或各公私企業專用的無線電臺，陸續移交郵電部門統一管理。到 1950 年底，全國接收約 340 部專用電臺。

至此，經過建國後的社會主義改造，大一統的郵電體制基本形成，其核心就是單一的國有制經濟形式。

4.1.3 成立郵電部

1949 年 9 月 27 日，根據政協第一屆全體會議通過的《中央人民政府組織法》，政務院下設郵電部，對郵電事業進行統一領導。1949 年 10 月 19 日，中央人民政府委員會第三次會議通過任命了郵電部正副部長。10 月 24 日，郵電部於北京西長安街三號開始辦公。11 月 1 日，部長、副部長正式就職，啓用

印信，郵電部宣告正式成立。

12 月 10 日至 28 日，郵電部在北京召開第一次全國郵政會議。會議確定，中華人民共和國的郵政屬於國營經濟組織，應配合新民主主義的政治、經濟、文化建設，辦理郵政業務，調整網絡和組織局所建設，以服務人民爲總的方向和最高原則，確定郵政名稱爲「中國人民郵政」。統一郵政行政組織系統爲：郵政總局──大行政區的郵政總分局──區郵政管理局（當時的管理局不是按省、市、區劃分組織的），總分局對各管理局僅負輔導檢查之責，管理局下設一、二、三等郵局。在郵政管理方面，決定將財務、物資管理權限高度集中於郵政總局；廢止帶有封建性和輕蔑性的職稱，將郵務長、信差、苦力、雜役等改稱爲郵務員、郵遞員、郵運員等。在郵政建設方面，決定將郵路分爲總幹線、主要幹線及地方幹線 3 類；對鄉郵採取逐步恢復、整頓、有重點的建設方針〔註 13〕。

1950 年 6 月，政務院財政經濟委員會批准了《郵電部組織條例》。《條例》確定了郵電部 5 項基本任務：1、對全國國營郵電事業之企劃（企業規劃）、經營與督導（軍郵、軍用電信與鐵道通信除外）；2、對國家法律許可範圍之內之私營電信、專用電信、業餘無線電與學術研究性的電信實行管制；3、組織、經營與管理對國外的郵政、電信通信；4、統一管理航務電信網；5、舉辦郵電業務的各種事業及附屬事業。這個組織條例，明確了郵電部直接組織通信和經營管理的原則〔註 14〕。

1950 年 7 月，郵電部召開全國郵電管理局長會議。在會議確定的新的郵電管理體制方案中指出：「郵政和電信是全國性的國營企業，是社會主義性質的經濟，只有高度集中管理，才能有計劃地適應國家整個經濟發展的需要。」〔註 15〕此後，郵電機構重新進行調整，管理體制更加集中、更加統一。從第一個五年計劃開始，中央政府不斷強化對通信的嚴格的指令性管理，一再要求必須對通信工作實行高度統一的集中管理，反對「分散主義的傾向」。「一五」後，隨著高度集中的國民經濟計劃體制的形成，郵電管理體制的計劃色

〔註 13〕楊泰芳主編，當代中國叢書編輯部編輯：《當代中國的郵電事業》，1993 年 12 月第一版，第 28～29 頁。

〔註 14〕楊泰芳主編，當代中國叢書編輯部編輯：《當代中國的郵電事業》，1993 年 12 月第一版，第 30 頁。

〔註 15〕楊泰芳主編，當代中國叢書編輯部編輯：《當代中國的郵電事業》，1993 年 12 月第一版，第 31 頁。

彩更加濃厚，更加趨於統一。在通信業務、通信質量、通信技術等各個方面，郵電部都建立和執行了嚴格的計劃考核指標。郵電系統的計劃、物資、財務、基建和勞動人事等各方面，都要按照中央指令性指標進行嚴格管理和調整。

4.1.4 實行「郵電合營」

建國初，中央人民政府根據中國歷史上郵政和電信長期分設的現實，決定郵政實行「統一領導、分別經營、垂直管理」的管理體制。經過調整，郵電部內設郵政總局和電信總局，郵政和電信兩大業務都由郵電部統一領導，分別經營郵政和電信業務。同時，郵政總局和電信總局總局各自垂直領導所屬企業。

經過一個短暫的分管階段後，1950 年 7 月，根據蘇聯專家的建議，政務院決定對郵政和電信企業實行中央集中統一的領導體制。基於「郵政和電信是全國性的國營企業，是社會主義性質的經濟，只有高度集中管理，才能有計劃地適應國家整體經濟發展的需要」，郵電部再次明確「郵電由國家經營」，實行「集中領導、專業分工、郵電合設」的管理體制，即：全國郵電機構由中央郵電部垂直領導；郵政重大決策以及人事、財物、綜合計劃、國際郵政事務等集中在郵電部；部內按專業分工設置郵政總局、長途電信總局、市內電話總局、無線電總局等 4 個業務職能局，對全國各級郵電企業進行業務指導；按照國家行政區劃，設立大行政區和省、直轄市、自治區郵政管理局；除省會城市郵政、電信分別設局外，其他各地、市、縣的郵政局、電信局以及支局所，均合併設置爲郵電局、郵電支局、郵電所。到 1952 年底，全國範圍內完成了「郵電合一經營管理」工作。這就是以後產生重大影響的「郵電合一」或「郵電合設」體制〔註 16〕。

「郵電合一」的管理體制，具有一定的優勢：體現了通信全程全網的特點，便於通信網路的統一規劃、建設、指揮調度；便於降低綜合運營成本；便於爲群眾提供綜合化郵政電信服務；有利於在通信建設中發揮中央和地方的兩個積極性〔註 17〕。而且，「郵電合一」也符合當時大多數國家，包括歐洲發達資本主義國家和蘇東國家的管理體制。因此，除「文化大革命」期間一

〔註 16〕 楊泰芳主編：《當代中國的郵電事業》，北京，當代中國出版社，1993 年，第 30〜33 頁。

〔註 17〕 參見李九圜主編：《新世紀中國郵政管理指導全書》上冊，北京郵電大學出版社，2000 年，第 203〜205 頁。

度撤銷郵電部、自上而下實行郵電分設外，這種管理體制，基本比較穩定，一直延續到 1998 年。但是，也應該注意到，「郵電合一」還有其深刻的體制內涵，和高度集中的計劃經濟體制密不可分。隨著計劃經濟體制的逐步形成，郵政和電信兩大專業的綜合計劃、人事、財務、國際事務等方面的管理權和經營權越來越集中到郵電部。

4.1.5 百廢待興的中國，中央領導體制有利於郵政恢復和重建

經歷了抗日戰爭和解放戰爭之後，中國經濟、社會和文化遭到了嚴重破壞。國家進入恢復時期，戰略重點由軍事動員轉入經濟重建。首先需要交通、通信發揮國民經濟基礎性作用，通過重建和發展交通通信基礎設施，為生產的恢復、生活的改善、戰爭創傷的醫治、以及政權的鞏固，提供支撐作用。這是一件非常緊迫的任務。〔註 18〕

郵政歷來是基礎性公用事業，國家經營、國家管理的體制自然很容易被接受並延續下來。加以剛剛解放，各地政權正在陸續組建之中，國家迫切需要加強對全國各部分的管理，因此，實行中央垂直管理、建立統一指揮的郵政網絡是非常必要和切實需要的，也是國家高層認可的。一個有代表性的例子是，文革期間，郵政曾有短時間劃歸交通部，按原來部署要把郵政的計劃、財物、基建和物資的管理層層下放到縣，1970 年 3 月 10 日，這個方案被周恩來制止。周恩來指出，「郵政是全國統一的，不能下放到縣」。因此，即使在文革時期，全國郵政工作也還是實行了由郵政總局統一領導的體制，郵政的指揮調度繼續保持了集中統一。〔註 19〕

而在建國初的恢復重建時期，這種國家管理、國家經營、中央垂直、郵電合營的管理體制對郵政的恢復和發展是發揮了重大作用的。國家對郵電建設非常重視，措施有力，直接到位。1953 年，郵電基建的投資占全國基建投資總額的 1.6%（1950 年為 3.55%，1951 年 1.86%，1952 年 0.95%）。1952 年底同 1949 年相比，郵電局所由 26328 處發展到 49541 處，增加 88.2%。其中，農村支局所增加 160%；自辦局所雖然只增加 6%，但是由於實行了基層局所

〔註 18〕 因此，《共同綱領》第三十六條規定：「關於交通：必須迅速恢復並逐步增建鐵路和公路，疏濬河流，推廣水運，改善並發展郵政和電信事業，有計劃有步驟地建造各種交通工具和創辦民用航空。」

〔註 19〕 楊泰芳主編：《當代中國的郵電事業》，北京，當代中國出版社，1993 年，第67～68 頁。

郵電合營，因此電報業務的服務點增加 85%，長途電話服務點增加了 127%，代辦所增加了 107%；郵路及農村投遞線路總長度由 70.6 萬公里發展到 128.9 萬公里，增加 82.7%。郵電業務總量由 13529 萬元增加到 22880 萬元，增加 69.1%；郵電營業收入逐年增加，到 1952 年底不僅不要政府貼補，而且還略有盈餘〔註20〕。

這一時期，爲適應人民的需要，郵電業務種類也逐漸增加和創新。1950 年，考慮到郵電局所遍及全國城鎮和農村，可以更好地滿足群眾的需要，特別是滿足廣大農民群眾訂閱報刊的需要，並且有效地降低發行成本，政務院批准將報紙和刊物發行交由郵局辦理（統稱「郵發合一」），並作爲人民郵政的主要任務之一。1950 年底，郵局接辦發行的報紙已達 140 種，每期發行數爲 230 萬份。1952 年 12 月，原來由新華書店發行的雜誌也全部移交郵局辦理，至年底郵局辦理發行的報紙達 236 種，爲當時報紙出版總數的 85%；辦理發行的刊物爲 76 種，爲當時全國雜誌發行總數的 21%〔註21〕。

4.2 依靠政策而不是法律

4.2.1 廢除六法全書

1949 年 2 月 22 日，中共中央發佈《關於廢除國民黨〈六法全書〉和確定解放區司法原則的指示》，宣佈廢除舊法統，廢除六法全書。新政府的人民司法工作應以人民政府的新法律作依據。在新的法律還沒有發佈以前，以黨的政策以及人民政府與人民解放軍的各種綱領、法律、命令、調理、決議作依據。〔註22〕

〔註20〕 楊泰芳主編：《當代中國的郵電事業》，北京，當代中國出版社，1993 年，第 37～38 頁。

〔註21〕 楊泰芳主編：《當代中國的郵電事業》，北京，當代中國出版社，1993 年，第 38～39 頁。

〔註22〕 《關於廢除國民黨〈六法全書〉和確定解放區司法原則的指示》指出：「國民黨全部法律只能是保護地主與買辦官僚資產階級反動統治的工具，是鎮壓與束縛廣大人民群眾的武器。」因而宣佈：「在無產階級領導下的工農聯盟爲主體的人民民主專政的政權下，國民黨的六法全書應該廢除，人民的司法工作，不能再以國民黨的六法全書爲依據。各級人民政府的司法審判不得再援引其條文」。確定新政府的人民司法工作應以人民政府的新法律作依據。「人民的司法工作不能再以國民黨的六法全書爲依據，而應該以人民的新的法律作依

　　這個指示確立了新的共和國法制建設的基礎和指導方針，對此後中國的法制建設產生了極其深遠、極其重要的影響。其主要內容，被《共同綱領》吸收。〔註23〕

　　據此，中華人民共和國建立後，立即在全國範圍內廢除了以六法全書為代表的原國民政府的法律和司法制度，重起爐灶，開始了全新的民主法制建設歷程。《民國郵政法》作為「六法全書」行政法中的一部分，自然被打上「反動階級統治的工具」的烙印，無疑也在廢除之列，不能再適用了。

4.2.2　五十年代以後，郵政立法的長期擱置

　　1935 年的《民國郵政法》被廢除了。但是，郵政機構已經被人民政府接收，改造、轉變為社會主義公有制下的國有事業，郵電部是中央人民政府的組成部門，全國各地陸續組建了各級郵電管理機關。戰爭過去，郵政服務迅速恢復，在國民經濟中繼續發揮基礎性作用。無論是新生的人民政權，還是廣大人民群眾，郵政服務一日不可或缺。

　　在社會主義的新體制下，人民郵政的管理和經營應該堅持什麼樣的原則，服務應該怎樣開展，如何規範與社會各方面的關係。這是需要解答的重大問題。根據《共同綱領》第十七條的規定〔註24〕，明確了一個基本原則，即：過去國民黨政府統治時代所頒佈的法規一律廢除，應由人民政府有關部門制定新的法規，以資遵守〔註25〕。

　　五十年代初，是新中國的第一次立法高潮。中央人民政府委員會根據《共同綱領》制定了一系列法律、法令。其中影響最大的是 1950 年制定《土地改

　　據。在人民新的法律還沒有系統地發佈以前，應該以共產黨政策以及人民政府與人民解放軍所已發佈的各種綱領、法律、命令、調理、決議作依據。目前在人民的法律還不完備的情況下，司法機關的辦事原則應該是：有綱領、法律、命令、條例、決議規定者，從綱領、法律、命令、條例、決議之規定；無綱領、法律、命令、條例、決議規定者，從新民主主義的政策」。
　　公丕祥：《中國的法制現代化》，北京，中國政法大學出版社，2004 年，第 415頁。
〔註23〕《共同綱領》第十七條規定：「廢除國民黨反動政府一切壓迫人民的法律、法令和司法制度，制定保護人民的法律、法令，建立人民司法制度。」
〔註24〕即「廢除國民黨反動政府一切壓迫人民的法律、法令和司法制度，制定保護人民的法律、法令，建立人民司法制度。」
〔註25〕公丕祥：《中國的法制現代化》，北京，中國政法大學出版社，2004 年，第 422頁。

革法》、1950 年制定的《婚姻法》和 1953 年制定的《全國人民代表大會及地方各級人民代表大會選舉法》等，初步建立了新中國法律體系的雛形。特別是 1954 年憲法，可謂社會主義法律體系建立的基本開端。

這一時期，新的郵政立法也曾被提上議事日程。

1949 年 12 月，郵電部召開了「第一次全國人民郵政會議」。會議提出「統一郵政法規」，確定了「規章手續制度，均歸全國總局籌劃和規定」的方針。1950 年 1 月 1 日，郵電部郵政總局成立。隨後，郵政總局即著手開展郵政法律法規的起草制訂等有關工作。

然而，「在徹底摧毀舊法統，並拋棄中國傳統法律文化、拒絕西方一切法律影響的情況下，邁出法制建設的步伐卻是異常艱難的，並非像一張白紙，容易畫最新最美的圖畫」。〔註26〕舊法對新法的影響和新法對舊法的繼受、承接和借鑒，其實是一個法的繼承問題。相同或不同歷史類型的法之間其實存在前後延續關係，很難完全割裂。新事物對舊事物的揚棄，實際是一種批判的集成。在相同歷史類型的法之間，新法可以在肯定舊法的階級本質和整體效力的前提下，經過篩選和改造對其加以繼承。在不同歷史類型的法之間，新法也可以在否定舊法的階級本質和整體效力的前提下，經過主動自覺的改造和篩選，將舊法中某些依然可用的因素吸收進來，並根據生產力的新發展，賦予其新的社會功能和階級內容，完全可以使之成爲新法體系的有機組成部分。〔註 27〕因爲一切從零開始，客觀上造成了郵政法律文化的中斷，決定了新中國郵政法制建設的艱難。

同時，建國後《郵政法》立法進程的長期擱置，還有著複雜的社會原因。

一方面，由於建國伊始，百廢待興，社會秩序混亂，經濟一片蕭條，亟待恢復。外部環境非常惡劣，除國際封鎖之外，邊境上又燃起了朝鮮戰火。國家最緊要的任務是建立、鞏固政權，恢復、發展經濟，整頓社會治安，醫治戰爭創傷，應對極爲複雜的國際國內形勢。客觀地說，在一定時間內，國家的工作重點和主要精力不可能放在立法上。即使是郵電部，在廢除舊有《郵政法》後，面前要做的工作太多，如接受接管、穩定秩序、優先保證黨政軍

〔註26〕 蔡定劍：《歷史與變革：新中國法制建設的歷程》，北京，中國政法大學出版社，1999 年，第 3～4 頁。

〔註27〕 參見朱力宇主編：《依法治國論》，北京，中國人民大學出版社，2004 年，第 117 頁。

通信、建立新體制等等，多屬急務，的確還顧不得立法。因此，在先行清除舊中華郵政法統的基礎上，郵電部郵政總局吸收舊的郵政法律法規中暫時可用的業務規定部分，建立了以《郵政業務叢書》形式出現的業務規定。後來，又根據業務管理工作的需要，逐步形成一套以郵政業務規則、業務制度等為主要內容的郵政規章制度。應該說，當時的這些規章制度對適應過渡時期國家和人民對郵政通信的需要，保證郵政的正常運轉，起到了重要作用。但是，規章制度畢竟不是法律。規章制度存在層級低、不規範、隨意性強的問題，而且缺乏國家強制力的保證作用，缺乏對社會普遍的約束力，郵政面臨的很多實際問題無法依靠郵政業務規章制度來解決。

因此，1954 年開始，郵電部就著手起草郵政法。但由於當時郵電合一，到底訂立一部統一的郵電法呢，還是根據不同的業務屬性，分別訂立郵政法與電信法，在郵電部內部的認識就很不一致。剛開始是按照先起草郵政法來走，後又改為起草郵電法，「幾起幾落，未有定論」〔註 28〕。

另一方面，也是更重要的原因，1956 年以後，「國家連續開展政治運動。人們只知道一切按黨和國家的政策辦事，心不思法」〔註 29〕。從 1957 年開始，中國法制建設漸趨緩慢、曲折，直到基本停滯。1957 年到 1958 年全國範圍內的整風運動、反右派鬥爭擴大化、「大躍進「和人民公社會運動，把剛剛開始的整個國家的法制建設發展的正常歷程給打斷了。「左傾思潮氾濫，其本質是反對法律秩序和法律程序，貶低法律的作用，主張人治。」〔註 30〕

在這個階段，無論是中央還是地方，立法工作量逐漸減少。全國人民代表大會制定的法律、全國人大常委會制定的法令、國務院及其所屬部門發佈的法規性文件的數量也呈現大幅下降的趨勢；1957 年為 195 件，下降到 1958 年 147 件、1959 年 143 件、1960 年 50 件、1961 年 20 件、1962 年 24 件、1963 年 36 件；而且基本法規一件也沒有制定出來。〔註 31〕

〔註 28〕 參見周臣孚：《郵政法概論》，北京，人民郵電出版社，1992 年，第 6～7 頁。
〔註 29〕 周臣孚編著：《郵政法概論》，人民郵電出版社出版，1992 年，第 7 頁。
〔註 30〕 胡錦光：《中國法治 55 週年：道路坎坷　社會主義法律體系基本形成》，載中國網 http://www.china.com.cn/chinese/2004/Sep/670705.htm，最後登錄時間：2012 年 10 月 7 日。
〔註 31〕 參見藍全普：《七十年法律要覽》，北京，法律出版社，1997 年，第 167～171 頁。轉引自朱景文主編：《法理學》，北京，中國人民大學出版社，2007 年，第 105 頁。

到 1959 年夏秋，「政策就是法」、「開會比立法管用」的觀點逐漸抬頭，並且越來越高居主流。從這年年底開始，中國的法制建設處於基本停滯狀態。其後，由於受到各種形形色色運動的衝擊，一些本來應當制定出來的基本法律沒有能夠制定出來，民事訴訟法、刑事訴訟法的起草工作就此停頓。就連至關重要、已有了較好基礎，本打算「授權全國人大常委會根據各方意見，將 22 稿修改後，公佈試行」的刑法的立法工作都被迫刹車，而且從此中斷幾十年〔註 32〕，更別提連方向都還沒有確定、遑論起步的其他法律了。「幾起幾落，未有定論」的《郵政法》立法，也不過是其中之一例罷了。

第三個原因是，五十年代末以後，郵政已經形成高度集中、高度統一的計劃經濟體制，計劃經濟靠政策來調控和管理，郵電部從上到下的垂直指揮體系已經比較健全，法律的作用萎縮到最小的空間。況且整個社會已經處於宏大的計劃中，所有利益都成爲國家計劃的一部分。就郵政部門來看，對法律的需求已經無關緊要。

這一點，將在下文述及。

4.2.3 「政策就是法」，政策成爲郵政最主要的治理手段

中共八大決議對當時的社會政治經濟情況做出了比較正確的判斷，認爲國家的主要任務是保護和發展生產力，因此必須進一步加強人民民主法制。國家要逐步地系統地制定完備的法律。國家機關和國家工作人員必須嚴格遵守法律，充分保護人民的民主權利。〔註 33〕

但是，正常的法制建設進程被打斷以後，這一路線被拋棄了。1958 年 8 月，毛澤東提出：法律這個東西沒有也不行，但主要靠決議、開會，決議都

〔註 32〕 參見鄭赫南：「高銘暄：親歷刑法起草 38 稿」，《檢察日報》電子版，2009 年 5 月 18 日，第 5413 期，http://newspaper.jcrb.com/html/2009-05/18/content _17839.htm，最後登錄時間：2012 年 10 月 7 日。

〔註 33〕 「由於社會主義革命已經基本上完成，國家的主要任務已經由解放生產力變爲保護和發展生產力，我們必須進一步加強人民民主的法制，鞏固社會主義建設的秩序。國家必須根據需要，逐步地系統地制定完備的法律。一切國家機關和國家工作人員必須嚴格遵守國家的法律，使人民的民主權利充分地受到國家的保護。」
《中國共產黨第八次全國代表大會關於政治報告的決議》（1956 年 9 月 27 日中國共產黨第八次全國代表大會通過），http://cpc.people.com.cn/GB/64184/ 64186/66663/4493126.html，人民網，最後登錄時間：2012 年 10 月 7 日。

是法，開會也是法。〔註 34〕由此，中國開始進入一個從輕視法制到「和尚打傘、無法無天」，「以政策為法」的漫長時期。

1949 年 2 月 22 日，中共中央在廢除《六法全書》和舊法統時，曾經確定「有法律從法律，沒有法律從政策」的原則〔註 35〕。但在後面的實際運行中，政策取代了法律，取得了超然地位。法律實際成為保障政策執行的一道防火牆，其地位只是為了實現政策目的而在某種特定情形下必須採用的一種手段和工具，在大多數的、普遍的情形下則沒有那麼重要。法律條文中雖然規定了一定的行為規則，但這種行為規則不過是政策的表達方式之一。即使法律本身也不是真正的行為規則，還是在以法律的名義解釋和闡述政策，並為政策的執行提供一定的社會保障和國家強制。由此形成了一種普遍的認識：「有法律依法律，但還得適合政策；沒有法律依政策，有了政策也就不需要法律」〔註 36〕，其實質是「把政策視做法」或者說「政策其實更高於法」。

這種普遍的認識必然會直接反映到立法、司法和執法以及社會各方面的運行管理上來。彭真在總結法制建設的經驗教訓時說：「過去為什麼不重視立法？總覺得有黨的領導，有方針政策，遲搞幾天也不要緊，結果拖了下來，貽誤了事情。」這種「倚靠政策、輕視法律」的觀念長期運行下來，逐漸根

〔註 34〕 1958 年 8 月，在北戴河中央政治局擴大會議上，毛澤東在談到上層建築問題時說，法律這個東西沒有也不行，但我們有我們這一套。……我們的各種規章制度，大多數、90% 是司局搞的，我們基本上不靠那些，主要靠決議、開會，一年搞四次，不靠民法、刑法來維持秩序。我們每個決議都是法，開會也是法，治安條例也要養成習慣才能遵守。
蔡定劍：《歷史與變革：新中國法制建設的歷程》，北京，中國政法大學出版社，1999 年，第 92～93 頁。
〔註 35〕 即 1949 年 2 月 22 日，中共中央《關於廢除國民黨〈六法全書〉和確定解放區司法原則的指示》中確定，新政府的人民司法工作應以人民政府的新法律作依據。「人民的司法工作不能再以國民黨的六法全書為依據，而應該以人民的新的法律作依據。在人民新的法律還沒有系統地發佈以前，應該以共產黨政策以及人民政府與人民解放軍所已發佈的各種綱領、法律、命令、調理、決議作依據。目前在人民的法律還不完備的情況下，司法機關的辦事原則應該是：有綱領、法律、命令、條例、決議規定者，從綱領、法律、命令、條例、決議之規定；無綱領、法律、命令、條例、決議規定者，從新民主主義的政策」。
〔註 36〕 蔡定劍：《歷史與變革：新中國法制建設的歷程》，北京，中國政法大學出版社，1999 年，第 260 頁。

深蒂固，相襲成習，不可避免地妨礙了法律的生長和發育。〔註 37〕在此後幾十年的新中國郵政歷史上，一直沒有再制定一部新的郵政法。無可諱言，與此是有一定關係的。

　　1987 年，郵電部按照國務院的統一要求，對建國三十多年的郵電法規、規章進行了全面清理。從清理的結果來看，1949～1979 年，郵政法規、規章的內容主要體現爲政策性的文件，多數以郵電部發文或郵電部郵政總局發文的形式公佈，如 1950 年 1 月 30 日《中央人民政府政務院會議通過的全國郵政會議報告》，1956 年《郵電部關於建立社會報刊發行站的規定》，1979 年 9 月《郵電部國內郵件處理規則》，1960 年《郵電部郵政總局關於特種掛號信函寄遞辦法》，1975 年 1 月 24 日《郵電部郵政總局關於港澳同胞、華僑、外國人匯款退回處理的覆函》，1979 年《郵電部郵政總局關於進一步做好報刊發行工作的通知》等；也有一些是和其他部門聯合發佈，如 1951 年 9 月 20 日《郵電部、軍委通信部關於烈士遺物免費郵寄辦法》，1964 年 10 月 1 日《對外貿易部、郵電部關於海關委託郵局代收稅款辦法》，1973 年 6 月 7 日《外貿部、郵電部關於進出國境人員攜帶信件問題的覆函》，1979 年 11 月 25 日《郵電部、鐵道部、交通部關於印發嚴禁抽拿報刊和私拿郵袋的通告的通知》等。這個時期，和當時很多行政機關的情況基本類似，郵電部制定的行政規章在名稱上種類繁多，極不規範，有辦法、規程、規定、規則、綱要和條例等，另外以指示、決議、通知、覆函和決定等名稱出現的一些規範性文件，從內容上看也屬於行政規章。此外，由於郵電部政企合一的特殊性，由郵電部或郵電部郵政總局制訂的很多規範性文件，實際上既可歸爲行政立法，更可視爲企業管理規章，如 1960 年《郵電部關於嚴格制止違章亂乘郵車的通知》、1964 年《郵電部郵政總局關於郵局代收稅款處理辦法（修訂草案）》、1964 年《郵電部財務會計司、郵政總局、電信總局關於收據填寫辦法的規定》等。〔註 38〕

　　由上可見，在建國後的郵政管理中，長期習慣運用政策並將政策運用得嫻熟自如，而法律處於被忽視、被邊緣的地位。或者說，在郵電部起草或制

〔註37〕 蔡定劍：《歷史與變革：新中國法制建設的歷程》，北京，中國政法大學出版社，1999 年，第 234 頁。

〔註38〕 參見郵電部政策研究室編：《郵電法規彙編 第一輯（1949～1979）》，北京，人民郵電出版社，1988 年。

訂的大量的規範性文件中，根本也分不清楚「政策」和「法律」的界限。

　　蔡定劍對「政策之所以能夠取代法律」，做過深入研究分析。他認為這種狀況的形成，和政策本身具有的一些特點也有很大關係〔註39〕。

　　一是政策決策的果斷性。從政策的制定過程來看，政策的決策通常在很短時間內由領導層迅速作出（有時甚至就是領導層的少數幾個人）。決策的形式一般比較簡短便捷，往往在一個會議以後，迅速以會議決議的形式出現。所以，制定政策往往「比制定法律快速、果斷得多」，效率更高。

　　二是政策的靈活性。政策的制定可以非常靈活，而運用政策同樣可以很靈活。因此，政策常可以根據新的情況、新的變化，迅速地進行自我改變，而糾正的成本很低。所以，「政策往往多變」，朝令夕改實際也是政策靈活性高的一個表現。另一方面，政策對所要解決的問題往往只需要提出一個目標、原則或者計劃。由於比較原則，在運用政策時相對空間比較大，既可以靈活多變，又能對症下方。

　　三是執行效應快。政策的傳播快捷而且深入，不僅能夠通過新聞媒體和其他宣傳工具等實現面上的傳播，更重要的是以文件、會議等形式傳達到執行層，為運用政策的幹部、骨幹所掌握，從而可以收到立竿見影的執行效果。

　　四是適應領導方法。嚴格清晰的上下級關係、民主集中制、龐大的忠實執行政策的幹部隊伍，再加上宣傳鼓動、注重發動群眾等等這些方法，在長期的戰爭年代和建設時期逐步摸索而來、行之有效，也確實有助於深入有效地推廣和執行政策，實行靈活方便的領導。而法律在一種並不穩定、急速變化的政治形態下，反而不具備穩定性，非常容易「過時」。在這種情況下，新的政策和措施為了適應領導工作的需要，就需要不斷地被相關層面迅速制定出來，以解決不斷湧現的各種鬥爭和社會現實矛盾。

　　除了以上共性特點以外，對郵政而言，政策能夠長期能夠取得如此高的地位、發揮如此重要的作用，還有三個至為關鍵的因素：

　　第一，如前所述，建國後，郵政基本上是被完整地被新生政權接收，並作為「官僚資本」被改造為社會主義的國營事業。由於在新民主主義革命時期，中國共產黨摸索並形成了完整的、系統的、經實踐證明比較正確的方針、政策。藉此，通過長期鬥爭，掌握了國家政權，取得了革命的最後勝利。從

<hr>

〔註39〕參見蔡定劍：《歷史與變革：新中國法制建設的歷程》，北京，中國政法大學
　　　　 出版社，1999 年，第 262 頁。

此，也形成了「有事找黨委、依靠黨的政策辦事」的習慣。這一定勢在建國後得以延續、發展，並擴散、深入到經其改造的新社會，深刻影響了整個社會的運行模式。〔註40〕郵政歷來是國家必須掌握的重要命脈，這種依靠政策進行管理的作風和習慣非常自然地被引入，並迅速地與其自身的集權傳統融合。

第二，在廢除舊《郵政法》後，從中央到地方都要靠制定大量政策來管理和運作。當各級郵政管理部門意識到政策比法律「好用」，成本更低。靠政策運轉比靠法律方便、容易時，也就很難引起對法律作用的重視，更不可能產生郵政立法的積極性。

第三，也是最爲基礎的一點：計劃經濟是一種以國家整體利益爲主要著眼點，以政府爲主體，由行政權發揮主導作用，以高度集權爲手段，政府直接對經濟實行操縱和管理的經濟形式。「政策是適應計劃經濟管理的一種有效手段」。由於其政治性、國家性，使得計劃經濟天然地對領導者的意圖極爲關注，而往往忽視社會自身的需求和市場運行發展的變化。爲了「在高度技術的基礎上」，把若干不同部分、不同利益整合爲一個整體，就需要計劃經濟的管理者不斷決策，需要依靠強有力的政府和企業管理人員根據這些決策不斷地予以推行，需要形成下級單位對上級決策的絕對服從，「保持高度一致」。而政策的決策、傳播和執行方式，非常適應國家控制管理計劃經濟的需要。在計劃經濟的體系下，一旦某事已經有了明確政策，而且政策執行成本較小、施行效果較好，這種情況下政府往往也不願意起草、制定法律。因爲通過指令性計劃，政府已經可以約束管理對象，通過行政處分就可以對違反政策、破壞計劃的行爲和單位進行處罰。法律應該發揮的功能，政策似乎都能夠代替，而發佈政策又比制定法律要方便、靈活得多。再則，計劃經濟社會的各經濟組織之間已經沒有平等交換的需要，大家都在爲政府生產，按照政府的指令分配、調撥，相互之間通過政府的中樞指揮地位連接起來，而不是發生直接的經濟關係，法律可以發揮作用的空間變得更加狹小。

〔註40〕 對此，彭眞曾指出：「在戰爭時期，黨也好，軍隊也好，群眾也好，注意的是黨的政策。一件事情來了，老百姓總是問，這是不是黨的政策？」「那時，只能靠政策。當然，我們根據地的政權也有一些法，但有限，也很簡單。」「建國以後，我們有了全國性的政權，情況不同了，不講法制怎麼行？」「但是，應該承認，長時期內我們對法制建設有時抓得緊，有時放鬆了，甚至丟掉了。」彭眞：《論新中國的政法工作》，第 361～362 頁。轉引自朱力宇主編：《依法治國論》，北京，中國人民大學出版社，2004 年，第 241 頁。

　　可見，建國後的相當一段時間內，由於從上到下建構了高度集權化的計劃經濟體制，在客觀上成爲了法制不夠完備，立法不受重視的重要原因。

　　在計劃經濟體制下，縱向的行政命令取代了橫向的主體自由，政策調整機制優先於法律調整機制。由於國家對經濟生活實行了一元化的全面控制，主要訴諸於依靠直接命令的行政控制手段。同時，這種行政控制方式的法律性、經濟性因素比較薄弱，導致政府權力的無限擴張，政府對市場生活的干預常常具有超經濟的壟斷性質。在高度集中、高度行政化、高度一元領導的計劃經濟體制基礎上，社會生活中的「人治」狀態其實不可避免，一系列帶有濃厚封建色彩的法律文化（如人治主義、官僚主義、特權觀念、長官意志等等）的滋生，也是必然結果了。〔註41〕

　　郵政本來就具有「全程全網、聯合作業」的特徵，在進行一系列的、持續的改造和集中後，更是形成了大一統的公有制基礎和高度集權的計劃經濟體制，甚至是一種「半軍事化」組織，客觀上利用政策進行指揮、調控、規範和統籌更見效果。法制的力量在這樣的體制面前自然是微不足道，「沒有什麼用了」。所以，在計劃經濟年代，郵政可以長期沒有法，但絕對不能一日離開政策。

　　至此，郵政的計劃經濟體制，已經是研究建國後郵政立法絕對不可以繞開的一個問題。

4.3　郵政形成高度的計劃經濟體制

4.3.1　計劃經濟社會的基本確立

　　計劃經濟，簡單說，就是由社會（通過國家）制定計劃來管理國民經濟。

　　1952 年以後，國民經濟運行逐步向計劃經濟體制轉型。從上到下，各級政府部門建立了完整的計劃管理部門，主要負責制訂和組織實施全國各層級、各行業的經濟計劃工作。〔註42〕到 1957 年，高度統一的計劃管理體制已

〔註41〕　參見公丕祥：《中國的法制現代化》，北京，中國政法大學出版社，2004 年，第 560 頁。

〔註42〕　1952 年底，中央人民政府國家計劃委員會成立。隨後，各級政府建立了計劃委員會。同時，中央人民政府財經文教各部也都充實和完善了計劃管理機構。1956 年又成立了國家經濟委員會，負責年度計劃工作。而由國家計劃委員會負責中長期計劃工作。

基本確立。此時，計劃經濟體制不僅僅是專屬於計劃部門的管理體制，而是擴展到整個經濟體制、甚至政治文化社會領域，並將金融體制、財政體制、勞動體制、物價體制、分配體制、物資體制和投資體制等包括在內。權力高度集中的統一的計劃管理，正是貫穿在這些體制裏的核心內容。〔註43〕

4.3.2 計劃經濟體制的運行模式

一是配置資源的基本方式是通過計劃。依靠計劃指標、行政分配和行政協調，按照行政部門、行政地區、行政層次，來進行幾乎所有的社會資源的配置（包括人、財、物在內）。市場對資源配置的作用微乎其微。財政實行按照國家計劃的統收統支；銀行實際上成爲社會各部門執行資金計劃管理的出納機構；固定資產投資從立項、籌資到開工建設完全按國家計劃進行；凡屬重要物資和商品，都必須嚴格按照國家的計劃來收購、分配和調撥；國家物價部門制定絕大部分的商品價格，主要是依靠計劃形成價格的機制起作用；勞動用工和工資分配，也須按統一的計劃進行，靈活性很小。

二是國家計劃直接管企業。國家計劃上升到領軍地位，這是一種指令性的、強制性的計劃，而不是預測性或指導性的。計劃經濟下的企業不是獨立的經濟主體，幾乎所有的企業和各種經濟實體都隸屬於一定的行政機構。通過行政機構的層層分解下達，國家的計劃指標一直落實到企業，作爲必須執行的行政任務。對企業而言，其人財物資源的配置和所有的產供銷活動，都是在圍繞國家計劃指標展開。企業財務不獨立，是對口管理的行政機構財務計劃的一部分。企業也不用考慮經營效益或盈利的多少，不實行自負盈虧，而是由國家統負盈虧。對企業工作成果的考核標準，主要是國家計劃下達的各項指標完成情況。

〔註43〕 「1957 年，國務院各部門直接管理的工業企業，由 1953 年的 2800 多個增加到 9300 多個；國家計劃管理的工業生產產品由 115 種增加到 290 種；國家統一分配的物資由 220 多種增加到 530 多種。國民收入分配中，國家財政收入所佔比重較大，約 34%，國營企業的利潤基本全部上交，留給企業的只是少量的獎勵基金和福利基金；國家財政收入中，有 75%由中央支配。全國基本建設項目的投資和建設，絕大部分由國務院各部門直接管理；企業沒有基本建設的投資權，甚至進行技術改造、新產品試製和零星固定資產的購置，也要經過申報批准，由財政撥款解決；地方各級的投資權也很小。」
馬凱、曹玉書主編：《計劃經濟體制向社會主義市場經濟體制的轉軌》，北京，人民出版社，2002 年，第 32 頁。

三是計劃的對象是實物，以實物管理爲主。計劃中對價值運動及其平衡關係的反映，處於一種次要的地位，而且內容也比較少。國家計劃的基本內容是對各種物質產品的生產、流通、分配、消費的實物運行的反映和控制，並統籌其相互的平衡關係。例如，「一五」時期的國家計劃指標體系，由工業、農業、運輸、郵電、基本建設、商業、財政、文教衛生、科學研究、城市公共事業、地質勘探等 16 個部分、200 多張計劃性表格組成。隨著社會經濟規模不斷擴大，產業門類和產品種類越來越多，以實物管理爲主的計劃指標體系變得越來越龐雜。

四是政府直接管理的國家所有制，成爲實行計劃經濟體制的經濟基礎。蘇聯傳入的經濟理論認爲，計劃經濟的前提是生產資料公有制。生產資料社會公有制可以將國民經濟的各部門、各企業和各地區在根本利益一致的基礎上聯合爲一個統一的整體，進而使國民經濟按照統一的計劃向前發展。〔註44〕

這種經濟理論同時認爲，在計劃經濟體制下，政府應該既是生產資料的所有者，又是生產要素配置的調控者。唯有如此，政府才有可能通過計劃指標來指揮企業生產、運營、管理的各個方面。由於在計劃經濟體制建立的初始時期，存在著多種經濟成分。對不同所有制的企業，國家實行的是不同的計劃管理形式。對於非國有制企業，國家只能實行間接計劃，而不能實行直接計劃。所以，計劃經濟體制客觀上要求對所有制進行「升級」，也就是通過改造非國有制經濟成分，逐步形成全社會大一統的、單一的公有制，就連公有制經濟下的集體所有制形式也要向「一大二公」方向發展。

五是利益格局一元化。在計劃經濟體制下，國家的長遠利益和全域利益往往更加得到強調，並不注重協調各經濟主體的利益關係和各方面的意願。計劃基本上是國家利益和政府意志的體現，各經濟主體特別是企業的自身利益和當前利益往往會被忽視。從長期看，全國從上到下形式上雖然形成了一元化的利益格局，但實際上很難眞正做到兼顧長遠利益和當前利益、全面利益和局部利益。〔註45〕

〔註44〕許志新：「論蘇聯失敗的經濟根源」，《東歐中亞研究》，2001 年第 3 期。
〔註45〕參見馬凱、曹玉書主編：《計劃經濟體制向社會主義市場經濟體制的轉軌》，北京，人民出版社，2002 年，第 79～80 頁。

4.3.3 郵電部的高度計劃體制

與其他國民經濟部門一樣，當時郵電部以「統一計劃分級管理，直接計劃和間接計劃相結合」作爲計劃經濟管理的基本原則。〔註46〕從郵電部到省、自治區、直轄市郵電管理局和市、縣郵電局建立起一套計劃系統，各級計劃部門有一定的權限劃分，主要經濟活動都是通過郵電生產和建設計劃安排的。通過以郵電部爲主（通稱「條條」）的部門計劃系統和地方政府爲主（通稱「塊塊」）的計劃系統，直接或間接地把郵電企事業單位的主要經濟社會發展活動，納入統一的國民經濟計劃。

在「統一計劃、分級管理」的要求下，全國郵電計劃和各項主要經濟活動納入國家統一計劃，並從計劃制度、方法和計劃的編制下達，建設、改造項目的管理，以及建設資金的統籌與運用等，實行部、省、市（縣）三級管理；郵電企業的人力、物力、財力和資源的開發利用，在全國範圍內進行綜合平衡、統籌安排；郵電企業各業務部門、各地區、各基層經濟單位都必須在全國範圍內進行綜合平衡、統籌安排，必須根據國家統一計劃要求行事，從而實現國家對郵政、電信的統一領導。

郵電部門編制的計劃，形成了一個完整體系，並可按照不同的序列進行各種分類。〔註47〕這些計劃之間有著密切的聯繫，構成了郵電計劃體系。

同時，郵電資費實行計劃價格，主要業務的收費標準都由郵電部統一制定，報國家物價部門批准，在全國實行統一價格。〔註48〕

4.4.4 計劃經濟對郵政發展的正面作用

在郵電部實行計劃經濟體制的 30 餘年中，雖然走了許多彎路，發展能力、經濟效益和技術水平的提高不盡如人意；但是，也應該看到，高度集中的計

〔註46〕 這種計劃經濟管理的主要方法，是通過自上而下頒發計劃控制數字，自下而上編制和呈報計劃草案，自上而下批准和下達計劃任務，實現綜合平衡。

〔註47〕 按照計劃的時期序列，可分爲長期計劃、中期計劃和年度計劃；按照分級管理的序列，可分爲中央計劃、地方計劃和基層計劃；按照業務活動內容，又包括郵電業務量計劃、企業產品量計劃、通信質量計劃、網路發展計劃、固定資產投資計劃、設備大修理計劃、科學發展計劃、郵電工業計劃、勞動工資計劃、郵電教育計劃、物資供應計劃、經濟效益計劃、財務計劃等。
參見戴慶高主編《郵電經濟辭典》，北京，人民郵電出版社，1989 年，第 58～59 頁。

〔註48〕 戴慶高主編《郵電經濟辭典》，北京，人民郵電出版社，1989 年，第 61 頁。

劃經濟體制，對郵政業的發展確曾起過重要的歷史作用。

　　一方面，計劃經濟體制有其自身的優勢，便於集中全國現有的人力、物力、財力，服務於特定的目的；可以使整個經濟過程簡單化，有利於統一指揮，劃一行動〔註 49〕。建國初期，在很短時間內，國家集中必要的人力、物力和財力，依靠計劃經濟強有力的執行能力，進行了大規模的社會主義建設，迅速地恢復了郵政網絡的正常運轉，改變了許多地方原來交通閉塞、文化封閉的落後局面。舉一個例子，1949 年以前，新疆全區只有 26 個郵政局、16個電信局、13 個郵政所，自辦汽車郵路僅 600 多公里，廣大農牧區一直處於不通郵遞不通電信的情況，邊遠地區的農牧民寄一封信，得帶上乾糧走兩三天。內蒙古全區也只有 20 多個郵電局所，1100 多公里的郵路。經過三年恢復時期的國家大力投入和集中建設，少數民族地區的郵電通信出現了新的面貌：新疆、內蒙古的郵電服務機構增加了五六倍之多，郵路長度增加 3 倍以上；農村長途電信設備和市內電話設備也有了很大的增長。這就大大促進了各兄弟民族經濟和文化的發展，加強了各民族之間的聯繫和團結〔註 50〕。建國後很長一段時間，郵政服務的質量都是相當高的，確確實實發揮了國民經濟基礎型產業的作用，而且得到了社會的普遍信任。在客觀上，也為將來向現代市場經濟的轉變，奠定了基本的物質基礎。

　　另一方面，在一定程度上，計劃經濟符合郵政的一些客觀特點。郵政是最典型的社會化大生產行業之一。從社會使用的角度看，寄信付郵資，打電話交話費，郵電經濟和其他經濟組織沒有太大區別，但是走到郵電內部一看，情況就複雜了。「全程全網，聯合作業」，是郵政和電信的一個重大特點。幾乎任何一個完整的通信服務，都要由兩個或者兩個以上不同地區的多個環節，通過隨時隨地的聯合作業才能完成。因此，必須合理組織由郵政局所、郵政服務點和郵路、其他通信設施所組成的郵政網。而且，在通信網上從事通信的生產人員必須有效組織起來，按照一定的標準和紀律，互相配合，密切協作，保質保量地完成自己的任務。否則，一處堵塞，影響全域；一點不通，影響全程。計劃經濟正是具有統一指揮的優勢，有利於保證網路暢通，

〔註49〕　馬凱、曹玉書主編：《計劃經濟體制向社會主義市場經濟體制的轉軌》，北京，人民出版社，2002 年，第 20 頁。

〔註50〕　楊泰芳主編：《當代中國的郵電事業》，北京，當代中國出版社，1993 年，第45 頁。

有利於實行全網統一指揮，統一調度，協同配合，使通信的各個環節保持緊密銜接和暢通無阻的良好狀態，以順利完成通信任務〔註 51〕。這也是世界各國、包括市場經濟發達國家，其郵政多爲國家所有、從上到下垂直指揮、具有濃厚「計劃」色彩的重要原因。

　　至此，我們可以得出這樣的結論：在計劃經濟時期，儘管沒有制定一部完整、規範的《郵政法》（這當然是一個遺憾），但是，鑒於當時社會發展程度和經濟體制基礎，尤其是計劃經濟的單一性，使國家得以依靠指令性計劃和政策完成郵政管理的任務。在這個特殊階段，政策和計劃發揮了法律的部分功能，客觀上也促進了郵政的發展和人民福利的提高。

　　計劃經濟作爲中國歷史上的一次特殊的經濟體制轉型，在一個較長時期輕視了法制建設，無疑是一種巨大的失誤和遺憾；但是，必須看到，在計劃經濟年代的一些特定立法和特定政策，也是具有特定的歷史進步性。在評價計劃經濟年代中國立法的時候，應該正面地肯定其曾經具有的歷史作用。

　　時代總是以一潮高過一潮的方式推進，但後人未必每次都能夠從前人的教訓中學到教訓。

　　後代的立法者在對待前代的遺產時，無論面對的是「六法全書」，還是「計劃經濟年代的政策」，都需要堅持歷史唯物主義的法律觀，做出理智、清醒、冷靜、正確的取捨，尊重歷史的不足，尊重歷史的選擇，尊重歷史的營養，而不是簡單地一概否定、一概摒棄，打爛一切、從頭再來，重犯「把孩子和洗澡水統統潑出門外」的幼稚毛病。

〔註51〕參見戴慶高主編《郵電經濟辭典》，人民郵電出版社，1989 年，第 42 頁。

第 5 章　改革開放後的 1986 年郵政法

5.1 中國社會進入民主與法制時期

5.1.1 文革的「無法無天」

1966 年至 1976 年的「文化大革命」使新中國建立的法制基礎，包括政權機構、民主法制觀念、法制設施，受到了嚴重破壞，有的甚至被摧毀，造成了一系列極為慘痛的惡果。

一、郵政管理秩序受到衝擊

文革剛一開始，郵電部門作為國家通信要害，很快受到全面衝擊。

1967 年初，各級郵電部門先後被造反派奪權或改組，許多地區通信處於無政府或半政府狀態。不少地方武鬥風起，郵電局遭衝擊。在有的地方，通信全部中斷，通信設備遭破壞、被搶掠。其中，濟南、鄭州的長途通信樞紐被造反派佔領，在周恩來總理的直接干預下，才恢復了通信。山東煙臺、新疆哈密、陝西安康、吉林延邊等 8 個郵電局的機房被燒毀。值班人員執行通信任務受阻撓、被毆打等情況時有發生。郵車不能正常出班，國際郵件不能正常交換，國內函件、報刊、包裹大量積壓，機要通信被截抄等情況不斷發生〔註1〕。

1967 年 8 月，中共中央、國務院、中央軍委決定對郵電部實行軍管。但是，全國通信情況並沒有好轉，郵電通信瀕於中斷。

〔註 1〕 楊泰芳主編：《當代中國的郵電事業》，北京，當代中國出版社，1993 年，第 64～66 頁。

1970 年 1 月，中央決定撤銷郵電部，分別成立隸屬於新組建的交通部的郵政總局和隸屬於軍委總參通信兵部的電信總局；各省及省級以下郵電部門下放地方，分別設立省、地、縣一級的郵政局和電信局；省軍區、軍分區和縣人武部分別領導電信局。這就是建國後的第一次「郵電分營」。

但是，由文革造成的混亂的體制調整，運行並不成功。〔註 2〕1973 年 3 月 3 日，國務院、中央軍委向中共中央提出關於恢復郵電部的報告。報告認爲，「電信工作由軍事部門領導，對開展業務工作和對外交往都帶來許多不便，有的部門爲社會主義經濟建設的服務工作有所削弱。郵政、電信分開，增加了機構人員，也不方便群眾。各大軍區要求改變這種體制，各省、市、自治區黨委表示同意」。爲此，建議「郵政部分從交通部劃出來，電信與郵政合併，恢復郵電部。各級郵電體制，也做相應調整」。3 月 6 日，中央批准了這個報告。1973 年 5 月 23 日，國務院、中央軍委下達了《關於調整郵電體制問題的通知》。5 月 31 日，軍隊停止對電信總局的領導關係，郵政總局從交通部劃出。6 月 1 日，郵電部恢復。〔註 3〕

在整整十年文革期間，由於國務院對通信高度重視，在「階級鬥爭」的夾縫中，堅持通信不能中斷，在非常困難的情況下採取各種非常措施，終於保證了郵政電信基本沒有出現大的、長時間的阻斷。但是，這一時期郵政電信發展速度比較緩慢，付出了巨大的代價。〔註 4〕

二、通信權利被侵害

文革十年，法制已是蕩然無存，人民的通信權利、民主權利受到嚴重侵害。在史無前例地破壞法制的同時，「最高指示」代替了法律，「群眾專政」代替了司法機關。「上至國家主席，下至黎民百姓，毫無權利可言，以至人

〔註 2〕 主要表現爲打亂了原來比較統一的通信組織管理、規章制度和指揮調度，全程全網的郵政、電信業務難以協調，加上有相當一批管理人員和專業技術人員被清除，使郵電企業受到很大損失

〔註 3〕 楊泰芳主編：《當代中國的郵電事業》，北京，當代中國出版社，1993 年，第 70～71 頁。

〔註 4〕 1976 年與 1965 年相比，除郵運汽車增長 2.4 倍以外，長話電路只增長 72%，市內電話只增長 37%，郵電業務總量只增長 69%，郵電業務收入增加 82%。由於「文革」動亂中搞亂了思想，搞亂了組織，不講經濟效益，郵電行業連年虧損，1965 年盈利 8562 萬元，到 1976 年卻虧損 7118 萬元。
郵電部文史中心：「蓬勃發展的郵電事業」，《當代中國史研究》，1994 年第 4 期。

的財產、生命、安全都毫無保障」。1967 年 1 月 13 日，中共中央、國務院發佈《關於無產階級文化大革命中加強公安工作的若干規定》（即《公安六條》）。其第二條規定：投寄反革命匿名信，是現行反革命行為，應當依法懲辦。〔註 5〕這一條成為後來大量冤假錯案的根源之一〔註 6〕。

　　《公安六條》是「文革中第一個具有法律形式的文件」〔註 7〕，也是整個文革期間各類組織檢查通信、侵犯通信權利的「法律依據」。在「群眾專政」、「群眾辦案」的旗號下，任何組織都可以不經過任何法律程序，行使偵查、逮捕、拘禁、搜查、沒收等權力，甚至可以根據《公安六條》，進入通信渠道和郵遞環節，肆意檢查信件、截留郵件、控制通信、扣留匯款。一些地方還發生了限制或禁止專政對象、出身不好的人使用郵政業務的現象。而且，與「檢查通信」相伴相生的是可以任意解釋「惡毒攻擊罪」，肆意打擊、迫害反對者或任何心懷不滿的人。「僅僅由於對林彪、江青一夥有一字一句的損害而被定為惡毒攻擊加以逮捕、判刑的，全國就有 10 萬多人。在『四人幫』慘淡經營的上海，在『炮打中央文革』等罪名下製造的冤案錯案就有 24.9 萬多起，受到株連的無辜群眾在 100 萬人以上」。〔註 8〕

5.1.2 呼喚法制

　　1976 年，中國從文革的歷史災難中走出來，人們開始深刻地反省和總結

〔註 5〕 《公安六條》第二條規定：「凡是投寄反革命匿名信，秘密或公開張貼、散發反革命傳單，寫反動標語，喊反動口號，以攻擊污蔑偉大領袖毛主席和他的親密戰友林彪同志的，都是現行反革命行為，應當依法懲辦」。

〔註 6〕 據 1980 年最高人民法院院長江華所作的《最高人民法院工作報告》中談到覆查糾正文革中冤假錯案透露的數字，「文化大革命」期間全國共判處刑事案件 120 餘萬件。到 1980 年 6 月底，各級法院已覆查 113 萬多件（其中，反革命案件 27 萬多件，普通刑事案件 86 萬多件）。改判糾正了冤假錯案 25 萬多件，涉及當事人約 26.7 萬多人。反革命案件中冤假錯案比例約占 64%，有些地區達 70%－80%。普通刑事案件中冤假錯案比例約占 9%。
　　《第五屆全國人民代表大會第二次會議文件彙編》，第 2～3 頁。轉引自蔡定劍：《歷史與變革：新中國法制建設的歷程》，北京，中國政法大學出版社，1999 年，第 113 頁。

〔註 7〕 蔡定劍：《歷史與變革：新中國法制建設的歷程》，北京，中國政法大學出版社，1999 年，第 112 頁。

〔註 8〕 穆青、郭超人、陸拂為等著：「歷史的審判」，《人民日報》，1981 年 1 月 26 日，載於人民網 http://www.people.com.cn/GB/14677/22114/32532/32533/2379186.html，最後登錄時間：2012 年 10 月 14 日。

這場浩劫的根源。〔註9〕總結歷次運動和失誤的經驗教訓，從而開始了以黨的十一屆三中全會爲標誌的思想解放運動。通過一系列的反思，浩劫後的中國社會逐漸得出一個基本趨向一致的重要結論——「必須加強國家法制建設，盡快走上法制的軌道」。〔註10〕

　　1978 年，中共中央召開十一屆三中全會。這次會議對於法制建設具有里程碑的意義。會議確立了「發揚社會主義民主，加強社會主義法制」的方針，確立了法制建設在國家中的重要地位，並且提出了「有法可依、有法必依、執法必嚴、違法必究」的原則，肯定了「制度高於領導人，一個好的制度比任何好的領導人更加可靠、更加穩定」，「法律面前人人平等」的觀念。中國進入新時期以後的眾多法制建設方面的進步，都是在這些思想指導下取得的。法律眞正開始在中國的發展進步中取得了應有的地位，中國也由此進入一個延續至今的大規模的立法時代。

5.1.3 大規模的立法時代

　　從 1979 年起到 1987 年的 9 年間，中國在推進國家政治生活、經濟管理、社會生活民主化道路上邁出了重要的一步，中國的法制也進入了重建和全面恢復的軌道。

〔註 9〕　鄧小平在《黨和國家領導制度的改革》中指出：「我們過去發生的各種錯誤，固然與某些領導人的思想、作風有關，但是組織制度、工作制度方面的問題更重要。這些方面的制度好可以使壞人無法任意橫行，制度不好可以使好人無法充分做好是，甚至會走向反面。」
　　　　鄧小平：《黨和國家領導制度的改革》，載《鄧小平文選》第二版，第 2 卷，北京，人民出版社，1994 年，第 333 頁。
　　　　葉劍英在反思文革時說：這一教訓使我們懂得，一個國家非有法律和制度不可，這種法律和制度必須具有穩定性、連續性，人人必須遵守執行；它們一定要有極大的權威，只有經過法律程序才能修改，絕不能以任何領導個人的意志爲轉移。
　　　　葉劍英：「接見新華社記者談法制建設」，《人民日報》，1979 年 2 月 15 日。轉引自蔡定劍：《歷史與變革：新中國法制建設的歷程》，北京，中國政法大學出版社，1999 年，第 125 頁。
〔註 10〕　在《解放思想，實事求是，團結一致向前看》的著名講話中，鄧小平提出了新時期法制建設的理論綱領：「爲了保障人民民主，必須加強法制，必須使民主制度化、法律化，使這種制度和法律不因領導人的改變而改變，不因領導人的看法和注意力的改變而改變。」
　　　　鄧小平：《解放思想，實事求是，團結一致向前看》，載《鄧小平文選》第二版，第 2 卷，北京，人民出版社，1994 年，第 336 頁。

　　中共十一屆三中全會以後，立法、執法、司法工作有所恢復。五屆全國人大二次會議制定了 7 部重要的法律，〔註11〕結束了中國建國 30 年來大部分國家管理活動主要依靠政策、按照領導者少數人甚或一個人意見辦事的歷史，拉開了新時期法制建設的序幕。

　　1982 年 12 月 4 日，五屆全國人大五次會議通過了新中國的第四部憲法，即 1982 年憲法。此前的 1954 年憲法、1975 年憲法和 1978 年憲法都規定，全國人大是中國唯一的立法機關。爲了適應社會對法制的迫切需求，扭轉無法可依的被動局面，加快立法進程，1982 年憲法對立法制度作了重大改革。首先是改變過去全國人大常委會只能制定法令的規定，確立全國人大和全國人大常委會是國家立法機關，基本法律由全國人大制定，全國人大常委會有權制定基本法律以外的法律。其次是改變國務院只能規定行政措施的規定，賦予國務院可以制訂行政法規，國務院各部、委有權制定規章。第三是規定地方人大及其常委會有權制定地方性法規。〔註12〕

　　這個時期，全國人大和全國人大常委會根據中國政治、經濟和文化大變化、大發展的緊迫要求，開展了大規模的立法活動。從 1979 年起到 1987 年的 9 年間，中國在國家政治生活、經濟管理、社會管理等許多方面已經開始有了制度上與法律上的保障。據統計，自 1979 年到 1987 年 8 月，除憲法以外，全國人民代表大會及其常委會共制定法律 60 部和有關法律的決定 58 部，總共 118 部。平均每個月就制定一部立法。無論在速度、數量和質量上，都超過了過去 30 年的立法。

　　建國後第一部《郵政法》，就是在這個大立法的年代，登上了舞臺。

5.2　建國後的第一部《郵政法》

5.2.1　制定《郵政法》已是社會迫切的要求和共識

　　1980 年前後，制定《郵政法》的問題提上了國家的立法進程。其原因在於：

〔註11〕 即：《全國人民大表大會和地方各級人民代表大會選舉法》、《地方各級人民代表大會和地方各級人民政府組織法》、《刑法》、《刑事訴訟法》、《人民法院組織法》、《人民檢察院組織法》、《中外合資經營企業法》。

〔註12〕 參見孫國華主編、馮玉軍副主編：《中國特色社會主義法律體系研究──概念、理論、結構》，北京，中國民主法制出版社，2009 年，第 37 頁。

一、80 年代開始，中國全面進行法制建設，法制觀念在建立、也在轉變

法制建設，不僅僅體現在大規模立法上。同時，人們也在深刻思考著政策和法律的關係問題。在這方面，彭眞是深刻地總結了過去在政策和法律的關係方面的經驗和教訓的。他指出：「我們在過去一個很長時期是講方針、政策多，直接按方針、政策辦事多，講法制、法律少，講嚴格依法辦事少，即嚴格注意和強調有法可依、有法必依、執法必嚴、違法必究少。這在推翻反動政權的革命時期是只能這樣做的，但是我們在建成了無產階級領導的人民民主政權，基本上肅清了反革命，基本上完成了消滅封建所有制、資本主義所有制的生產關係的任務以後，仍然沒有及時地同時強調加強法制，抓緊法制建設，強調嚴格依法辦事，堅持做到法可依、有法必依、執法必嚴、違法必究，這是一大失誤。」正是鑒於這種重大失誤，十一屆三中全會以後，彭眞堅決主張應當實現治國方式的歷史性轉變，即：不僅要靠政策，而且要依法辦事。他提出：「要從依靠政策辦事，逐步過渡到不僅要靠政策，還要建立、健全法制，依法辦事。一要有法可依，二要依法辦事。」〔註 13〕「黨的政策要經過國家的形式而成爲國家的政策，並且要把在實踐中證明是正確的政策用法律的形式定下來。講法，要有憲法，還要有許多法，那都要按照國家的立法程序制定出來，一經制定，就要依法辦事。」〔註 14〕彭眞的思想，是當時社會共識的眞實反映。電力、鐵路等眾多行業，也是在這個時期制定了《電力法》、《鐵路法》等行業性法律。

對郵政而言，新中國成立後，郵電部制定了郵政管理各方面的規章制度，對組織郵政通信起了一定作用，但一方面多爲當時政策的書面化，靈活有餘，穩定不足；另一方面，由於不是法律，不具備普遍約束力，不能在整個國家的範圍內適應社會主義建設的需要。因此，在改革開放的新階段，爲保障郵政工作的正常進行，適應國家和社會的需要，制定一部《郵政法》是非常必要的。

〔註 13〕 彭眞：《論新中國的政法工作》，第 196 頁。轉引自朱力宇主編：《依法治國論》，北京，中國人民大學出版社，2004 年，第 241～242 頁。

〔註 14〕 彭眞：《論新中國的政法工作》，第 363 頁。轉引自朱力宇主編：《依法治國論》，北京，中國人民大學出版社，2004 年，第 242 頁。

二、保障郵政的運行和發展，需要一部完整規範的《郵政法》

一是從郵政通信的任務來看，「郵政是國民經濟的基礎結構和先行部門，……它的作用是有效地縮短空間和時間，提高社會效益」。〔註 15〕當時的郵政承擔著國家和社會主要的信息傳遞任務，工作繁重、責任重大。通信能否迅速、準確、安全地順利完成，事關國民經濟發展的速度、人民生活的穩定，甚至是關係到國家安全的大事。因此，郵政通信任務的執行，必須由國家法律予以保障，使郵政工作能夠正常進行，不受干擾和阻撓，順利完成任務。

二是從郵政運行的特點來看，郵政通信最顯著的特點是全程全網聯合作業。郵政機構龐大、人員眾多、郵路和郵運工具為數巨大，散佈在全國各城市、農村乃至邊疆海島，構成了全程全網、聯合作業的郵政通信網。其各環節、各部分的運行，需要有一部共同遵循的法律作為行動準繩，以形成統一指揮、步驟協調的郵政通信網。

三是從郵政在社會關係中的位置來看，正如郵電部部長楊泰芳在郵政法立法說明中指出的：郵政具有社會化大生產的特點，需要同社會各方面分工協作。制訂專項法律，作為各方共同遵守的行為規範，不僅有助於協調郵政機構同廣大用戶以及各有關部門的關係，還能夠促進郵政工作人員更好地履行社會義務。〔註 16〕而且，鑑於建國後中國始終沒有制定《郵政法》。因為無法可依，在郵政運行和管理中發生的許多問題，往往難以解決。諸如：直接影響郵政發展方針和政策的郵政企業性質問題、損失賠償問題，以及非法檢查、扣留郵件問題等等，都因無明確的法律規定，不但使郵政企業在制定發展規劃、處理服務糾紛、協調社會關係時爭論不休，而且使執法機關也難以

〔註15〕楊泰芳：「關於《中華人民共和國郵政法（草案）》的說明——1986 年 8 月 27 日在第六屆全國人民代表大會常務委員會第十七次會議上」，載於中國人大網，http://www.npc.gov.cn/wxzl/gongbao/2000-12-26/content_5001851.htm，最後登錄時間：2012 年 10 月 20 日。

〔註16〕楊泰芳：「做好郵政通信工作，必然涉及到郵政機構同社會各方面的關係，而郵政本身又具有社會化大生產的特點，不僅需要郵政機構全程全網的共同努力，而且需要同社會各方面分工協作。為了協調郵政機構同廣大用戶以及各有關部門的關係，促進郵政工作人員更好地履行社會義務，也需要制訂專項法律，作為各方共同遵守的行為規範。」

參見楊泰芳：「關於《中華人民共和國郵政法（草案）》的說明——1986 年 8 月 27 日在第六屆全國人民代表大會常務委員會第十七次會議上」，載於中國人大網，http://www.npc.gov.cn/wxzl/gongbao/2000-12-26/content_5001851.htm，最後登錄時間：2012 年 10 月 20 日。

決斷。所以無論是郵電部、郵政企業，還是社會各相關方面，都要求從速爲郵政立法。〔註17〕

5.2.2 著手開展《郵政法》的立法工作

在國家確定了建立社會主義法制的道路後，郵政立法進入一個新的歷史時期。

1980 年，郵電部組織力量，重整旗鼓，以郵電部郵政總局爲主，成立了郵政法起草小組。1981 年起，開始緊張的起草工作。起草組在行業內外開展了廣泛的調研，翻遍了古籍，並翻譯了十多個國家的郵政法規。在綜合各種意見與國內外經驗的基礎上，1982 年拿出了郵政法送審稿，先後在上海、廣州、丹東、合肥、昆明、石家莊等地分別召開專題研討會。同時，起草組多次走訪中宣部、鐵道部、交通部、最高人民法院、最高人民檢察院、海關總署、工商行政管理局、人民銀行總行、公安部、衛生部等數十個與郵政立法有密切關係的部門與單位。1983～1984 年，經過多次協商與協調，反覆修改了二十多稿後，其間還請法律權威張友漁審閱、指點〔註18〕，終於形成了《郵政法》送審稿，並報送國務院進行審查。

國務院常務會議於 1985 年 9 月 6 日原則通過了《郵政法》送審稿。之後，經再次協調修改，於 1986 年 8 月 26 日由國務院提出議案，報請全國人民代表大會常務會議審議。在國務院議案中，《郵政法》（草案）共十章五十五條。主要內容包括三個方面：一是郵政機構同用戶的關係以及各自的權利義務；二是郵政機構同社會有關部門的關係，以及各自承擔的責任；三是郵政職工和社會公眾爲保證正常通信必須遵守的規定〔註19〕。

第六屆全國人民代表大會常務委員會第十七次會議〔註20〕，第六屆全國人民代表大會常務委員會第十八次會議〔註21〕，兩次審議了《郵政法（草案）》。

〔註17〕 周臣孚編著：《郵政法概論》，北京，人民郵電出版社，1992 年，第 4～6 頁。
〔註18〕 參見周臣孚、鹿蔭棠編：《郵政法釋疑》，北京，人民郵電出版社，1990 年，第 11～12 頁。
〔註19〕 楊泰芳：「關於《中華人民共和國郵政法（草案）》的説明——1986 年 8 月 27 日在第六屆全國人民代表大會常務委員會第十七次會議上」，載於中國人大網，http://www.npc.gov.cn/wxzl/gongbao/2000-12/26/content_5001851.htm，最後登錄時間：2012 年 10 月 20 日。
〔註20〕 1986 年 8 月 27 日至 9 月 5 日。
〔註21〕 1986 年 11 月 15 日至 12 月 2 日。

在審議過程中，全國人大法制工作委員會又組織了調查研究，徵求全國各省、自治區、直轄市人民代表大會常務委員會和有關部門的意見，根據委員們的提議，又進行了一次較大的變動。1986 年 12 月 2 日，第六屆全國人民代表大會常務委員會第十八次會議審議通過《中華人民共和國郵政法》，由國家主席李先念頒佈。〔註 22〕這是新中國建立後的第一部《郵政法》（為方便起見，以下簡稱《郵政法》（1986 年））。

5.2.3 《郵政法》（1986 年）的主要內容

全國人大審議通過的《郵政法》共八章四十四條，全文 3900 多字。

一、總則部分

總則共有九條，是《郵政法》的總綱，規定了郵政法的立法依據、任務、作用：郵政管理體制、郵政企業的性質和郵政服務方針；郵政專營權以及郵政專用標誌、郵政專用品的專用權；保護通信自由和通信秘密，保護用戶的郵件、財物所有權等大的原則問題。

二、郵政用戶的權利和義務部分

用戶的權利方面：規定用戶享有通信自由和通信秘密權，享有郵件財物的所有權、合法用郵權、查詢權、索賠權、爭議申訴權等。

義務方面：規定用戶交寄郵件應符合規定、不得使用不允許使用的郵票、書寫郵政編碼、交付郵資、按時領取匯款等。〔註 23〕

用戶的權利和義務屬於這部《郵政法》的重點內容之一，在第一章「總則」、第二章「郵政企業的設置和郵政設施」、第三章「郵政業務的種類和資費」、第四章「郵件的寄遞」、第六章「損失賠償」、第七章「罰則」中都有相當比例的條款對用戶的權利和義務作出規定。

三、郵政企業的權利和義務部分

郵政企業的權利方面，規定了郵政專營權、郵政標誌、專用品的專用權、郵資憑證的印製權、接收信件以外的其他郵件的驗視權及對不合規定的郵件

〔註 22〕參見周臣孚編著：《郵政法概論》，人民郵電出版社出版，1992 年，第 6～7頁。

〔註 23〕參見周臣孚、鹿蔭棠編：《郵政法釋疑》，北京，人民郵電出版社，1990 年，第 12 頁。

拒收權、運輸上優先通行權等。

郵政企業的義務方面規定：（1）為社會提供迅速、準確、安全、方便的服務；（2）嚴守通信秘密；（3）保護用戶用郵權、按時投遞；（4）對給據郵件和匯款的查詢、損失賠償或採取補救措施的責任等。〔註24〕

這個部分，同樣是《郵政法》（1986年）的重點，體現在第一章「總則」、第二章「郵政企業的設置和郵政設施」、第三章「郵政業務的種類和資費」、第四章「郵件的寄遞」、第五章「郵件的運輸、驗關和檢疫」、第六章「損失賠償」、第七章「罰則」中。這些規定，突破了過去長時間依靠郵政規章制度進行郵政管理的模式，有利於保障郵政正常運行、促進郵政發展，實現規範郵政服務的目的。

四、社會為郵政提供保障部分

時任郵電部長楊泰芳在向全國人大常委會作立法說明時指出：郵政通信具有「社會公用」性質，這就要求郵政部門必須把為全社會提供優質高效的通信服務作為自己的根本職責。同時，郵政通信生產的特點是實物信息傳遞，運輸是它的重要手段。要保證郵政通信的正常進行，需要鐵路、公路、水運、航空等部門和地方政府的支持。據統計，中國除地區性的運郵主要由郵電部門自身力量承擔以外，幹線的郵運 99％以上要靠鐵路、公路、水運、航空部門的運輸力量。可以說，郵政如果離開交通各有關部門的支持，將寸步難行。這次起草的《郵政法》中，社會保障問題已在一些條文中得到了體現。如交通運輸單位負有載運郵件的責任，在運費上予以優惠，並保證郵件優先運出。港口、渡口對郵政車船和郵政工作人員優先放行。海關監管查驗應當保證郵件的運遞時限。居民住宅應當設置接收郵件的信報箱，以及保護郵政通信設施等等，這些都是很有必要的。

因此《郵政法》（1986年）在規定了郵政企業的責任和義務的同時，也作出規定，賦予社會相關部門對郵政服務予以保障，主要在以下幾方面：

（1）運輸便利：鐵路、公路、水運等各運輸部門均負有承運郵件的責任，並應優先發運，運費實行優惠；郵件在車站、機場、港口轉運，統一安排裝卸場所和出入通道；郵件不分攤共同海損；郵政車船優先通行港口渡口，在

〔註24〕參見周臣孚、鹿蔭棠編：《郵政法釋疑》，北京，人民郵電出版社，1990年，第 13 頁。

禁停禁行地段路線，經核准可以通行、停車。這部分內容見於第五章「郵件的運輸、驗關和檢疫」的第二十六、二十七、二十八、二十九條。

（2）驗關便利：海關應依法查驗國際郵遞物品，按時監管國際郵袋的開拆和封發。第五章「郵件的運輸、驗關和檢疫」的第三十條即是這方面的規定。

（3）公眾應保護郵政設施：居民住宅應當設置接收郵件的信報箱（第二章「郵政企業的設置和郵政設施」第十一條第二款）。郵筒等郵政公用設施，受到法律保護，社會公眾應當共同維護其正常使用，不得故意損毀。否則，情節嚴重的，按照刑法追究刑事責任；尚不夠刑事處罰的，予以治安處罰。這部分規定，見於第七章「罰則「第三十八條。通過追究法律責任，體現了立法保護郵政設施的目的。

五、法律責任部分

第七章「罰則」共計五條，分為：

（1）非郵政工作人員侵犯通信自由權的處罰：按照 1979 年《刑法》第一百四十九條「侵犯公民通信自由權利罪」追究刑事責任，或按《治安管理處罰條例》第二十二條追究行政責任。

（2）對郵政工作人員侵犯通信秘密、通信自由的處罰：按照 1979 年《刑法》第一百九十一條第一款「郵電工作人員私自開拆或者隱匿、毀棄郵件、電報罪」追究刑事責任；盜竊郵件財物的，按《刑法》第一百五十五條貪污罪從重處罰。

（3）郵政工作人員瀆職的處罰：郵政工作人員拒不辦理法定郵政業務，故意延誤投遞郵件的，給予行政處分；玩忽職守，致使公共財產、國家和人民利益遭受重大損失的，按照《刑法》第一百八十七條玩忽職守罪追究刑事責任。

（4）侵犯郵政專營權的處罰：由工商行政管理部門責令退還信件及收取的資費，並處以罰款。

5.3 特殊的價值

《郵政法》（1986 年）在郵政立法上，具有特別的意義。這種意義不但體現在它是建國後頒布施行的第一部《郵政法》，更重要的是這部法律旗幟鮮明地堅持了 1982 年憲法提出民主與法治的思想，清晰地反映了 1980 年代中國

立法的價值追求，適應了改革開放初期「以法律和制度規範保障郵政發展」的需要。

5.3.1 貫徹憲法規定的「通信自由和通信秘密」

《郵政法》（1986 年）的一個重大進步是將憲法規定的「保護通信自由和通信秘密」列爲立法宗旨。

所謂通信自由是指人們有權以自己的意志來決定是否通信、與誰通信、何時通信、用什麼方式通信，以及通信的內容等，他人無權干涉。

所謂通信秘密是指人們有權對自己通信的內容和使用通信的情況保守秘密，他人無權探悉。〔註25〕

通信自由和通信秘密是人權的基本內容。從國際法來看，通信自由、通信隱私都屬於基本人權，而受到國際人權法的保護。〔註26〕

1949 年 9 月通過的《中國人民政治協商會議共同綱領》第五條，規定了人民享有的各項權利，其中就包括思想、言論、通訊等方面的自由權。1954 年《憲法》在第九十條第一款作出規定：「中華人民共和國公民的住宅不受侵犯，通信秘密受法律的保護。」

但是在很長一段時間裏，這一憲法規定成了花瓶擺設，高高在上，既缺乏下位法予以支撐〔註27〕，更沒有在社會政治經濟生活中得到眞正的落實。尤其是文革期間，「雖然中國早已頒佈了憲法，且有明文規定保障公民的通信自由。但『四人幫』橫行霸道、無法無天，一些非法組織或個人利用種種藉口公開或秘密地開拆公民的信件，侵犯公民的通信自由，後果極其嚴重。」〔註28〕這方面的例子不勝枚舉。改革開放以後，民主法制思想逐漸成爲社會主流，但國家法制對通信權力的保護仍然非常薄弱，公民意識中對此項權利

〔註25〕 參見劉造時：「保障通信自由和通信秘密是全社會的責任」，載於周臣孚、鹿蔭棠編：《郵政法釋疑》，北京，人民郵電出版社，1990 年，第 166～167 頁。

〔註26〕 參見周偉：「通信自由與通信秘密的保護問題」，《法學》，2006 年第 6 期。

〔註27〕 1975 年和 1978 年兩部憲法也有關於通信秘密保護的規定，但同樣流於形式，未得到落實。

1975 年憲法第二十八條第一款規定：「公民有言論、通信、出版、集會、結社、遊行、示威、罷工的自由，有信仰宗教的自由和不信仰宗教、宣傳無神論的自由。」

1978 年憲法四十五條規定：「公民有言論、通信、出版、集會、結社、遊行、示威、罷工的自由，有運用『大鳴、大放、大辯論、大字報』的權利。」

〔註28〕 周臣孚、鹿蔭棠編：《郵政法釋疑》，北京，人民郵電出版社，1990 年，第 26 頁。

的重視也很不夠，「通信權利事實上並沒有得到眞正的尊重和有力的保護。
小至如輕率私拆他人信件、電報，私聽他人電話而不以爲意，甚至習以爲
常。……大至如某些國家執法機關，無視郵件應享有的特殊保護，而任意扣
留郵車、郵件」。〔註 29〕

　　1982 年 12 月 4 日，第五屆全國人大第五次會議通過並頒佈第四部《中華
人民共和國憲法》（簡稱 1982 年《憲法》）。1982 年《憲法》恢復並發展了 1954
年《憲法》的基本原則，提高了國家對公民基本權利的保護責任和保護力度。
首次詳細制定了保護公民的通信相關權利內容。

　　其第四十條規定：「中華人民共和國公民的通信自由和通信秘密受法律的
保護。除因國家安全或者追查刑事犯罪的需要，由公安機關或者檢察機關依
照法律規定的程序對通信進行檢查外，任何組織或者個人不得以任何理由侵
犯公民的通信自由和通信秘密」。與之前相比，這是建國後第一次在憲法層級
用專設條文的形式，做出通信權利的保護宣告，提高了通信權利的憲法地位。
同時，《憲法》將通信權利細分爲「通信自由」和「通信秘密」兩部分：通信
自由的重點在於保證公民自由地進行通信，他人不得干涉、不得脅迫；通信
秘密的重點在於保護通信內容的秘密，除收信人授權或經其許可者外，其他
人無權拆閱知悉。兩者並列，突出了通信秘密與通信自由兩種基本權利相互
聯繫但又不完全相同的特點，使得憲法保護的範圍更爲全面，內容更爲完整，
也更符合文革後中國社會上上下下對通信權利保護的現實要求。

　　僅有來自憲法的原則性規定，通信權利的保護仍有被束之高閣的危險。
因此，1978 年以後，中國的很多立法，都有一個很重要的特點，就是重視「保
護公民人身權利和民主權利不受非法侵害」。一些部門法依據這一原則被制定
出來，開始對憲法形成支撐。〔註 30〕此外，當時的一批社會知名人士和人大

〔註 29〕　劉造時：「保障通信自由和通信秘密是全社會的責任」，載於周臣孚、鹿陰棠
　　　　　編：《郵政法釋疑》，北京，人民郵電出版社，1990 年，第 166～167 頁。
〔註 30〕　如 1979 年《刑法》第一百四十九條將「隱匿、毀棄或者非法開拆他人信件，
　　　　　侵犯公民通信自由權利，情節嚴重的」行爲規定爲「侵犯通信自由罪」，列入
　　　　　第四章「侵犯公民人身權利、民主權利罪」中。1979 年《刑事訴訟法》第八
　　　　　十六條規定：「偵查人員認爲需要扣押被告人的郵件、電報的時候，經公安機
　　　　　關或者人民檢察院批准，即可通知郵電機關將有關的郵件、電報檢交扣押。
　　　　　不需要繼續扣押的時候，應即通知郵電機關。」第八十七條：「對於扣押的物
　　　　　品、文件、郵件、電報，經查明確實與案件無關的，應當迅速退還原主或者
　　　　　原郵電機關。」1986 年 9 月通過的《治安管理處罰條例》第二十二條，將「隱

常委會委員也在積極呼籲制定《人身保護法》。〔註31〕這就形成了一個非常有利的立法環境。

毫無疑問，郵政是保護通信秘密和通信安全的重要領域之一。如果說《刑法》、《刑事訴訟法》和《治安管理處罰條例》主要從制裁或不利法律後果的角度來保護通信權利的話，作爲行業立法，《郵政法》（1986 年）則從另一個角度來落實憲法，主要通過落實責任主體、規範各種程序、明確郵政企業和用戶權利義務等，來保護通信秘密和通信安全。爲此，制定了大量具體規定，形成了相對全面的制度。

一、將保護通信自由和通信秘密列爲立法宗旨之一

《郵政法》第一條即規定：「爲了保護通信自由和通信秘密，……，根據《中華人民共和國憲法》，制定本法。」

二、直接沿用憲法規定，將保護通信自由和通信秘密作爲總則的單獨一條

1986 年 11 月 15 日，雷潔瓊代表全國人大法律委員會，在向第六屆全國人民代表大會常務委員會第十八次會議報告《中華人民共和國郵政法（草案）》審議結果時指出：《郵政法》審議過程中，「有些中央部門和法律專家提出，憲法第四十條對保護通信自由和通信秘密作了明確規定，草案對這一問題的規定份量不夠。因此，建議在總則中增加一條：『通信自由和通信秘密受法律保護。除因國家安全或者追查刑事犯罪的需要，由公安機關、國家安全機關或者檢察機關依照法律規定的程序對通信進行檢查外，任何組織或者個人不

匿、毀棄或者私自開拆他人郵件、電報的」行爲規定爲「侵犯他人人身權利之一」。

〔註31〕 1984 年，溫元凱等 37 名代表建議制定中華人民共和國人身保護法（第 65 號）。第六屆全國人大第二次會議主席團交付法律委員會進行審議。法律委員會經與全國人大常委會辦公廳、司法部等有關部門進行聯繫研究，認爲：憲法對保護公民人身權利不受侵犯作了原則規定。關於懲誡對公民的侮辱、誹謗、誣陷、僞證、打擊報復、侵犯公民通信自由等違法侵權行爲，「刑法」、「國務院關於國家行政機關工作人員的獎懲暫行規定」以及一些已經制定或將要制定的單行的行政法（如統計法、會計法、郵政法、新聞法）中也都有規定。目前是否制定專門的「人身保護法」，建議留待積累實踐經驗後再行研究。參見《關於第六屆全國人大第二次會議主席團交付法律委員會審議的代表提出的議案審議結果的報告》，載於全國人大網，http://www.npc.gov.cn/wxzl/gongbao/2000-12/14/content_5001599.htm，最後登錄時間：2012 年 10 月 23 日。

得以任何理由侵犯他人的通信自由和通信秘密。』（修改稿第四條）並且在罰則一章中作了相應規定。」〔註 32〕這說明，在立法的過程中，立法者將《郵政法》對通信權力的保護放到了一個重要的、優先的位置加以考慮。因此，《郵政法》最後做出的規定，不僅與《憲法》第四十條保持一致，可謂一脈相承、相互呼應，而且在特定領域將有權檢查通信、扣押郵件的主體，執法目的和執法程序做了限定，著眼點正是預防公權力的不當行使對通信權利的損害和干擾。在《郵政法》的立法審議過程中，人們這樣觀點鮮明地提出要加重維護公民通信權利的「份量」，強調通信檢查的程序性，的確反映出人們從文革的悲劇中吸取了慘痛教訓，具有突出的現實意義。

三、將保護範圍擴大到郵件、存款和匯款

《郵政法》第五條規定：「用戶交寄的郵件、交匯的匯款和儲蓄的存款受法律保護。除法律另有規定外，任何組織或者個人不得檢查、扣留。」

第五條與第四條的區別是：第五條是對郵政企業應保護用戶交寄的郵件、交匯和交儲的款項的所有權而言，第四條則指保護用戶的通信自由權而言。二者相同之處是：（1）檢查、扣留郵件必然均涉及信件與財物所有權和通信自由權；（2）檢查和扣留郵件的執行機關、法定程序和檢查扣留範圍都是相同的。〔註 33〕

《郵政法》第五條同樣有著憲法的依據。在 1982 年《憲法》第十三條第一款即明確規定「國家保護公民的合法的收入、儲蓄、房屋和其他合法的財產所有權。」

四、主要採用引證罪狀的方式，來規定對侵犯通信權利的制裁方式

對於侵犯通信秘密和通信自由的違法行為，《郵政法》第三十六條、三十七條及三十九條引用《刑法》和《治安管理處罰條例》等相關法律進行制裁。〔註 34〕

〔註 32〕雷潔瓊：《全國人大法律委員會對《中華人民共和國郵政法（草案）》審議結果的報告——1986 年 11 月 15 日在第六屆全國人民代表大會常務委員會第十八次會議上》，載於中國人大網，http://www.npc.gov.cn/wxzl/gongbao/2000-12/26/content_5001852.htm，最後登錄時間：2012 年 10 月 21 日。

〔註 33〕周臣孚、鹿陰棠編：《郵政法釋疑》，北京，人民郵電出版社，1990 年，第 28 頁。

〔註 34〕《郵政法》（1986 年）第三十六條規定：「隱匿、毀棄或者非法開拆他人信件，侵犯公民通信自由權利，情節嚴重的，依照《中華人民共和國刑法》第一百四十九條的規定追究刑事責任；尚不夠刑事處罰的，依照《中華人民共和國

五、產生了良好的立法效益

《郵政法》頒佈後，立即對依法保護通信自由和通信秘密，特別是對規範行政執法部門和司法部門的公權活動，產生了很好的效果，收到了很好的效果。例如 1988 年，鐵道部公安局就針對一段時間來「多次發生鐵路公安機關和煙草專賣部門對通過鐵路發送的夾帶香煙的郵包進行檢查、扣押，影響了郵件的正常發送」的問題，專門發出通知，要求各鐵路公安機關「不得隨意查扣郵件」，對郵件的檢查，要嚴格按照《郵政法》和《刑事訴訟法》的法律規定執行。「因辦案需要對郵件進行檢查時，要按規定辦理法律手續，嚴格依法辦事；不屬辦案需要、沒有履行法律手續的，不得以任何理由對郵件進行檢查、扣押。」〔註35〕

此外，根據《郵政法》的規定，1990 年實施的《郵政法實施細則》有 5 條都是專門保護通信自由和通信秘密的條款。〔註36〕

治安管理處罰條例》第二十二條的規定處罰。」第三十七條：「郵政工作人員私自開拆或者隱匿、毀棄郵件的，依照《中華人民共和國刑法》第一百九十一條第一款的規定追究刑事責任。犯前款罪而竊取財物的，依照《中華人民共和國刑法》第一百九十一條第二款的規定，按貪污罪從重處罰。」第三十八條：「故意損毀郵筒等郵政公用設施，尚不夠刑事處罰的，依照《中華人民共和國治安管理處罰條例》第二十五條的規定處罰；情節嚴重的，依照《中華人民共和國刑法》第一百五十六條的規定追究刑事責任。」第三十九條：「郵政工作人員拒不辦理依法應當辦理的郵政業務的，故意延誤投遞郵件的，給予行政處分。郵政工作人員玩忽職守，致使公共財產、國家和人民利益遭受重大損失的，依照《中華人民共和國刑法》第一百八十七條的規定追究刑事責任。」

〔註35〕 《鐵道部公安局關於不得隨意查扣郵件的通知》（公研〔1988〕75 號），1988年 5 月 6 日。

〔註36〕 《郵政法實施細則》關於通信自由和通信秘密的條款主要有：
第七條　郵政企業應當爲用戶提供迅速、準確、安全、方便的郵政服務，保障用戶使用郵政的合法權益。任何單位或者個人均負有保護通信自由、通信秘密和郵件安全的責任；任何單位或者個人不得利用郵政業務進行法律、法規和政策所禁止的活動。除因國家安全或者追查刑事犯罪需要，由公安機關、國家安全機關或者檢察機關依法對通信進行檢查外，郵件在運輸、傳遞過程中，任何單位或者個人不得以任何理由檢查、扣留。
第八條　因國家安全或者追查刑事犯罪需要，公安機關、國家安全機關、檢察機關檢查、扣留郵件，凍結匯款、儲蓄存款時，必須依法向相關縣或者縣級以上的郵政企業、郵電管理局出具相應的檢查、扣留、凍結通知書，並開列郵件、匯款、儲蓄存款的具體節目，辦理檢查、扣留、凍結手續後，由郵政企業指派專人負責揀出，逐件登記後辦理交接手續；對於不需要繼續檢查、

5.3.2 明確了郵政的「企業性質」，定紛止爭

郵政到底是什麼性質的行業，歷來有很多爭議。

在古代中國，郵驛體系多由兵部管理，主要服務於國家政令傳遞和軍事通信領域。現代國家郵政建立以後，長期以來也是屬於行政部門，所以 1935 年頒佈的《民國郵政法》定位為行政法。但是，在民國時期，中華郵政一直比較特殊，儘管是政府機關性質，但主要是「依據企業化原則從事運營」，這也是中華郵政效率較高、服務質量較好的原因之一。〔註37〕

建國後，1950 年 1 月 30 日，中央人民政府政務院通過的全國郵政會議報告，「強調人民郵政是國營事業」。1953 年召開的第二次全國郵電局長會議，進一步明確了郵電企業的性質以及經濟與政治的關係。指出：郵電部門是國家通信機關，是社會主義性質的企業，是為國防、政治、經濟、文化建設服務，是連絡人民群眾的紐帶。保證國家通信機密，提高工作效能是郵政工作的基本關鍵。這次會議確定了「人民郵政為人民」的根本宗旨和「質量第一」的指導思想，制定了「迅速、準確、安全、方便」的服務方針。〔註 38〕應該

扣留、凍結或者查明與案件無關的郵件、匯款、儲蓄存款，應當及時退還郵政企業。郵件、匯款、儲蓄存款在檢查、扣留、凍結期間造成丟失、損毀的，由相關的公安機關、國家安全機關、檢察機關負責賠償。

第九條　人民法院、檢察機關依法沒收國內郵件、匯款、儲蓄存款時，必須出具法律文書，向相關縣或者縣級以上郵政企業、郵電管理局辦理手續。沒收進出口國際郵遞物品應當由海關作出決定，並辦理手續。

第十條　有關單位依照法律規定需要收集、調取證據、查閱郵政業務檔案時，必須憑相關郵政企業所在地的公安機關、國家安全機關、檢察機關、人民法院出具的書面證明，並開列郵件具體節目，向相關縣或者縣級以上的郵政企業、郵電管理局辦理手續。

第十一條　任何單位或者個人不得從事下列行為妨害郵政工作的正常進行：

（一）損壞郵政設施；

（二）在郵政企業及分支機構門前或者出入通道設攤、堆物，妨害用戶用郵或者影響運郵車輛通行；

（三）在辦理郵政業務的場所無理取鬧或者擾亂正常秩序；

（四）阻礙郵政工作人員依法執行公務或者尋釁滋事；

（五）攔截郵政運輸工具、非法阻礙郵件運遞或者強行登乘郵政運輸工具；

（六）非法檢查或者截留郵件；

（七）其他妨害郵政企業及分支機構或者郵政工作人員正常工作的行為。

〔註37〕參見沈雲龍訪問，林泉紀錄，郭廷以校閱，《劉承漢先生訪問紀錄》，臺北「中央研究院近代史研究所」，1997 年，第 28 頁。

〔註38〕李九圜主編：《新世紀中國郵政管理指導全書》（全二冊）上冊，北京，北京郵電大學出版社，2000 年，第 209 頁。

說，當時已經明確了郵政是企業，是服務性行業。

但是，五十年代後期，傳入了蘇聯對郵電部門的性質的經濟理論。這種理論把郵政視爲物質生產部門，屬於工業領域，認爲：「郵電部門是物質生產部門，因物質生產部門高於服務部門，它在國家投資和勞力分配方面都可被國家列爲優先地位」。〔註39〕由此長期影響了對郵政性質的認識，造成按照工業管理的模式來管理郵政，在計劃管理的過程中，將郵政服務作爲「產品」來計算產值、制定計劃、安排投入。

六十年代初期起，在極左路線支配下，郵政部門的性質問題更陷入了混亂的境地。當時認爲「郵政是無產階級專政的工具」，「要算政治賬不算經濟賬」。十年動亂，郵政不講經濟核算，一切爲階級鬥爭服務，從文革前的盈利轉爲虧損。

而由於政企合一、政企不分，在社會上、包括郵政內部，對郵政性質的爭論一直沒有平息。特別是進入改革開放以後，利益開始分化，政府和企業之間的關係發生重大變化，郵政究竟是站到「政府」這邊還是歸爲「企業」一類，或是一種公益性的「事業」單位，對於中央政府和地方政府制定發展規劃和行業政策，列入國家計劃，甚至財政撥款與稅收、幹部安排都會產生不同的影響，由此引起了相當激烈、蔚爲可觀的爭論。「論者都能引經據典，各有高見」。〔註40〕但是，這種爭論長期持續，不僅直接影響了郵政在改革開放之後的發展，也不利於郵政按照自身性質明確職能、規劃長遠發展道路。

到1986年，通過《郵政法》的頒佈，這場爭論終於有了定論。《郵政法》（1986年）第三條規定：「國務院郵政主管部門所屬的郵政企業是全民所有制的經營郵政業務的公用企業。郵政企業按照國務院郵政主管部門的規定設立經營郵政業務的分支機構。」這條規定意味著：

（一）郵政的基本性質是企業，按照企業的模式和制度進行運營管理。從此結束了郵政機構的性質是屬於政府，還是企業，或是事業單位的爭論。

（二）郵政企業是全民所有制的企業。在當時「有商品的計劃經濟體制」下，郵政企業是全民所有制的企業，其資產屬於國家所有，全體郵政工作人

〔註39〕 周臣孚、鹿蔭棠編：《郵政法釋疑》，北京，人民郵電出版社，1990年，第144頁。

〔註40〕 周臣孚、鹿蔭棠編：《郵政法釋疑》，北京，人民郵電出版社，1990年，第143頁。

員是國家工作人員。《郵政法》確立了郵政企業是國家經營的企業的地位。

（三）郵政企業是經營郵政業務的公用企業。這就決定了郵政是爲社會服務的第三產業部門，而不是物質生產部門。郵政企業的設置和經營應以公用性爲基本屬性，爲社會物資、資金和信息流通提供公共服務

《郵政法》（1986 年）的第三條，長時間以來沒有引起研究者的重視。實際上，這一條在郵政立法史上具有特別重要的位置。它第一次明確規定了郵政機構的基本屬性——即企業性質，這就爲以後確定郵政服務方針；制定服務措施，開發新業務；實行企業經營、經濟核算提供了法律根據。而且，對此後郵政改革的走向產生重大影響：既然郵政機構是企業，那就應該按照企業的要求，樹立經營觀念，講求經濟效益，將郵政運營納入到「商品經濟」（1990年代以後是「市場經濟」）的範疇；既然郵政企業是公用企業，就要正確制訂業務方針，正確理解公用性的特點和範疇，不能按完全市場化的辦法來辦理郵政、對待郵政公共服務。

5.3.3 明確了郵政「中央事權、政企合一」的行政管理體制

《郵政法》（1986 年）第二條規定：

「國務院郵政主管部門管理全國郵政工作。

國務院郵政主管部門根據需要設立地區郵政管理機構，管理各該地區的郵政工作。」

1949 年建國之後，郵政多數時間屬於中央事權，由郵電部進行管理。只有兩次短暫地下放到地方。一次是 1958 年 7 月，當時中央國有企業紛紛下放，郵電部將省級郵電管理局下放給地方政府，市縣郵電局成爲各級地方政府的組成部門。這次下放並不成功，通信管理權層層下放，造成幹部調換，建設無計劃、通信無秩序，地區之間網絡協調困難，全網指揮調度失靈，通信質量下降，重大事故不斷。1962 年 1 月，中央批准全國郵電系統恢復實行以中央爲主的部省雙重領導體制，人事及各項計劃由郵電部直接管理。另一次是文革期間，1969 年撤銷郵電部，實行郵電分營。成立郵政總局，由交通部領導；成立電信總局，由軍隊領導。各省區市郵、電分開後，下放地方管理。這種管理模式將原來統一的通信組織管理、規章制度、指揮調度等全部打亂，幾個單位、幾個層次多頭管理，使組織與調度十分困難，全程全網難以協調。1973 年 5 月，中央決定恢復郵電部，但省級郵電管理局仍實行以地方爲主的

部省雙重領導。可見，1958 年以後，中國通信管理體制的變革主要是在中央和地方管理權限劃分上「打轉轉」。

　　十一屆三中全會以後，爲適應改革開放的新形勢，郵電部於 1979 年 4 月 20 日向國務院提交了《關於調整郵電管理體制改革》的請示報告。1979 年 6 月 28 日，得到國務院批准。國務院指出：「郵電通信是黨和國家的神經系統，是國民經濟的先行部門，它具有全程全網、聯合作業的特點。爲了有利於國家通信網的統一規劃和建設，有利於通信的統一指揮調度，有必要對現行管理體制進行調整，實行郵電部和省、區、市雙重領導，以郵電部爲主。郵電管理體制調整後，各省區市要繼續加強對通信工作的領導。」從 1980 年起，全國郵電系統實行新的管理體制，各項計劃改由郵電部集中管理。

　　1980 年代，中國仍然實行計劃經濟。郵電這種集中統一的管理體制符合計劃經濟的要求，也有利於國家從全盤考慮，對全國郵電網統一規劃佈局，統一技術業務管理，統一指揮調度和統一經濟核算，有利於地方黨政部門對當地郵電事業的領導和支持，有利於調動各方面的積極性。因此，在 1983 年、1988 年、1993 年國務院批准的三屆郵電部「三定」方案中，都規定郵電部門繼續實行中央領導、垂直管理、地方爲輔的體制。在實踐中，郵電部門和地方政府提出了「統籌規劃、條塊結合、分層負責、聯合建設」的十六字方針，充分發揮了中央和地方發展通信的能動性，促進了通信水平的快速騰飛，由制約國民經濟發展的瓶頸一躍成爲國民經濟的支柱性、先導性行業。

　　正是基於此，《郵政法》第二條從立法層面明確將郵政管理作爲中央事權，規定「國務院郵政主管部門管理全國郵政工作。」同時規定：「國務院郵政主管部門根據需要設立地區郵政管理機構，管理各該地區的郵政工作。」

　　1990 年 11 月 12 日國務院依據《郵政法》，頒佈《郵政法實施細則》。其第二條規定：「中華人民共和國郵電部（以下簡稱郵電部）是國務院郵政主管部門，管理全國郵政工作。各省、自治區、直轄市郵電管理局（以下簡稱郵電管理局）是地區郵政管理機構，管理該地區的郵政工作。」第三條規定：「市、縣郵電局（含郵政局，下同）是全民所有制的經營郵政業務的公用企業（以下簡稱郵政企業），經郵電管理局授權，管理該地區的郵政工作。」《郵政法實施細則》進一步確立了完整的中央—省（區、市）—市（縣）三級郵政管理體制。

5.3.4　規定郵件損失「限額賠償」的原則，體現法律公平性

《郵政法》(1986 年)第三十三條第一款規定：郵政企業對於給據郵件(掛號信件、郵包、保價郵件、匯款等)丟失、損毀、內件短少的，應當給予賠償或者採取補救措施。

在《郵政法》頒行之前，郵件發生損失情況，主要是依據郵電部制定的《郵政業務使用規則》來進行賠償，這其實只是郵電部的內部規定，效力非常低，經常引起大量的爭議。《郵政法》頒行後，有效解決了這個問題，明確規定：在郵件損失情形下，郵政企業負有依法賠償或採取補救措施的責任。但是，《郵政法》第三十三條第二款又規定郵件損失賠償適用「限額賠償」的原則。〔註41〕

郵件損失的「限額賠償」，與民法意義上的賠償損失是明顯不同的。《郵政法》之所以這樣規定，主要是基於郵政具有公用性，以國家規定的低資費承擔通達全國的郵件寄遞義務，每天承擔大量的郵件收寄投遞，如果採用一般的民法規則處理賠償，郵政企業會難以承受，這對公用企業來說是顯失公平的，最終反而會損害到基本郵政服務(郵政普遍服務)。因此，《郵政法》對特定範圍內的郵件和匯款的損失，依法規定特別的限額賠償責任制度，既體現了法律公平原則，又有利於保障基本公共服務，與世界郵政立法也是一致的。

《郵政法》另一進步之處，是針對用戶和郵政企業因郵件損失賠償問題發生爭議，規定了救濟措施。〔註42〕

5.3.5　確立了「郵政專營」制度

郵政法第八條第一款規定郵政企業專營「信件和其他具有信件性質的物

〔註41〕《郵政法》第三十三條第二款規定郵件損失賠償適用「限額賠償」的原則，即：
「(一)掛號信件，按照國務院郵政主管部門規定的金額賠償。
(二)保價郵件，丟失或者全部損毀的，按照保價額賠償；內件短少或者部分損毀的，按照保價額同郵件全部價值的比例對郵件實際損失予以賠償。
(三)非保價郵包，按照郵包實際損失價值賠償，但是最高不超過國務院郵政主管部門規定的限額。
(四)其他給據郵件，按照國務院郵政主管部門規定的辦法賠償或者採取補救措施。」
〔註42〕《郵政法》第三十五條：「用戶因損失賠償同郵政企業發生爭議的，可以要求郵政企業的上級主管部門處理，對處理不服的可以向人民法院起訴；也可以直接向人民法院起訴。」

品的寄遞業務」，〔註43〕這也是建國後第一次以法律形式明確規定郵政專營制度。

1986 年 8 月 27 日，時任郵電部長楊泰芳在第六屆全國人民代表大會常務委員會第十七次會議上所做的《關於〈中華人民共和國郵政法（草案）〉的說明》（「立法說明」）中，將「郵政專營」作爲必須向全國人大常委會專門說明的四個重大問題之一，由此可見「郵政專營制度」在全法中的位置以及立法者對這個問題的重視程度。

郵政經營的業務眾多，郵政究竟要專營什麼？是不是所有由郵政經營的業務都要實行專營？對此，立法說明專門解釋、限定了郵政專營的範圍：在郵政經營的各類業務（函件、包裹、儲蓄、匯兌、報刊發行、……等），「只有函件專營」。也就是說，專營的應當只是特定範圍內的一部分郵政業務。

至於爲什麼要對這類郵政業務實施專營，「立法說明」做出了解釋。一是通過國家統一經營，保證信函、明信片等郵政基本業務能夠按照全國統一資費，在全國各地方暢通地提供服務。二是保證黨政機關、企業單位和群眾的通信自由和通信秘密。〔註44〕

由上可見，在立法時，設立郵政專營主要的考慮是保護信件、明信片均一資費制、防止撇奶油式的競爭妨礙公平用郵權利、維護通信安全。

西安郵電學院教授周臣孚於 1990 年編著的《郵政法釋疑》一書，在楊泰芳「立法說明」的基礎上，進一步分析和解釋了「爲什麼信件類業務必須由

〔註43〕 郵政法第八條第一款規定：「信件和其他具有信件性質的物品的寄遞業務由郵政企業專營，但是國務院另有規定的除外。」

〔註44〕 楊泰芳在立法說明中解釋，之所以設立郵政專營制度，主要是考慮：
「1.信函、明信片等，是郵政的基本業務，這部分業務執行的是全國統一資費，不論路程遠近，量大量小，都是一個價格。只有國家統一經營，才能保證郵政通信在任何地方、任何情況下都能暢通。如果允許個體、集體或其他以盈利爲目的的單位經營這種業務，那就會形成賺錢地方的信有人收寄，不賺錢地方的信無人投送。
2.凡是具有通信性質的信函、文件多是文字信息，有著較強的保密性，只有國家統一經營，才能眞正做到保證黨政機關、企業單位和廣大人民群眾的通信自由和保密安全。因此，郵政對函件實行專營，關係著國家和人民的利益。」
楊泰芳：「關於《中華人民共和國郵政法（草案）》的說明——1986 年 8 月 27 日在第六屆全國人民代表大會常務委員會第十七次會議上」，載於中國人大網，http://www.npc.gov.cn/wxzl/gongbao/2000-12/26/content_5001851.htm，最後登錄時間：2012 年 10 月 20 日。

郵政專營」。

　　爲了方便瞭解當時的主流觀點，全文引錄如下：

　　　　「爲什麼信件類業務必須由郵政專營？

　　　　這是由郵政通信的社會屬性和組織管理方面的客觀要求所決定的。

　　　　1、從郵政通信的社會屬性來看，信件類業務必須由國家專營。

　　　　信件是郵政的基本業務，也是規定郵政「社會公用性」的主要內容，因爲這部分業務執行的是全國統一資費，不論路程遠近，都是一個資費標準，因此只有國營經營，才能保證郵政通信在任何地方、任何情況下都能暢通。如果允許其他以盈利爲目的的單位或個人經營，就會出現賺錢的地方的信件有人收寄，不賺錢的地方的信件就無人投送。這樣，全國性的通信就難以進行。

　　　　2、從信件類本身的性質來看，也必須由郵政專營。

　　　　信件是什麼性質呢？很明顯，它是具有秘密性質的通信，不僅黨、國家與各單位的信件內容有嚴格的保密性，而且人民群衆的信件以及寄件人與收件人的姓名、地址也有一定的保密性。郵政通信必須根據憲法的規定，確保公民的通信自由與秘密。國家爲了切實執行對公民的法定義務，必須有自己所領導的、有嚴密組織的機構去執行。

　　　　3、從郵政通信的生產過程與質量要求來看，信件類業務必須由郵政專營

　　　　郵政通信的生產過程與其他工業生產不一樣，信件自甲地到乙地，多數要靠兩個或兩個以上企業聯合作業才能完成。且由於信件類的性質決定了對郵政通信的質量要求，這就是要求傳遞過程必須迅速、準確與安全。根據郵政通信的生產特點與對其質量要求，信件類的運遞必須有一個經過科學組織，嚴格管理，緊密配合併有統一規章制度的全國性的網絡來處理，而且由國家法令保障其正常運轉。如果沒有這些保證，允許其他單位或個人經營勢必難以做到統一時限與高質量地完成通信任務。

　　　　4、從郵政的資費政策來看，信件類業務必須由國家專營

　　　　社會主義的郵政不是以營利爲目的，主要是採取盡可能低廉的資費政策，爲國家和人民群眾的通信需要提供良好的服務，這種資費政策是在國家計劃經濟的指導下，根據國家價格政策與人民負擔的可能，照顧郵政經營成本而制訂的。特別是信函、明信片，採取了全國均一資費制。由此說明郵政通信只有掌握在國家手中，才能保證這種資費政策的實現。

　　　　從上述幾個方面分析，歸納一點，郵政專營權是一個國家主權的體現，也是廣大人民通信利益的體現。」

　　從現在能夠看到的資料看，《郵政法》關於郵政專營權的規定，在立法審議時除了剛剛引入中國的外資企業經營進出境信件問題以外，並沒有引起更多的不同意見。1986 年 11 月 15 日，全國人大法律委員會副主任委員雷潔瓊在第六屆全國人民代表大會常務委員會第十八次會議上做了《全國人大法律委員會對〈中華人民共和國郵政法（草案）〉審議結果的報告》，這也是法律委員會第一次審議《郵政法》。《報告》認爲：「爲了保護通信自由和通信秘密，促進郵政事業的發展，制定郵政法是必要的，草案基本上是可行的。」

　　「關於信件寄遞業務專營問題」，報告指出：

　　「草案第六條規定：『信函、明信片和其他具有通信性質的文件、物品寄遞的郵政業務，由郵政機構專營，除郵政機構委託代辦者外，其他任何單位或者個人不得經營。』有些地方和部門提出，現在已有一些非郵政單位經郵電部同意，辦理某些商業文件的快遞業務。〔註 45〕經與國務院法制局和郵電部研究，建議將這一條修改爲：『信件和其他具有信件性質的物品的寄遞業務由郵政企業專營，但是國務院另有規定的除外。』『郵政企業根據需要可以委託其他單位或者個人代辦郵政企業專營的業務。代辦人員辦理郵政業務時，適用本法關於郵政工作人員的規定。』（修改稿第八條）」〔註 46〕

　　根據上述修改意見，就形成了《郵政法》通過後「郵政專營制度」的基本框架。

〔註45〕 此處所指應是外經貿部提出的外資經營進出境信件業務問題。

〔註46〕 雷潔瓊：《全國人大法律委員會對《中華人民共和國郵政法（草案）》審議結果的報告——1986 年 11 月 15 日在第六屆全國人民代表大會常務委員會第十八次會議上》，載於中國人大網，http://www.npc.gov.cn/wxzl/gongbao/2000-12/26/content_5001852.htm，最後登錄時間：2012 年 10 月 23 日。

　　1986 年 11 月 25 日，全國人大法律委員會開會，再次研究了常委會議分組審議《郵政法（草案）》（修改稿）提出的意見。此時僅是對草案第二十四條「退匯無人領回匯款上繳國庫的時限」和個別文字作出修改，未再提出有關郵政專營的意見。〔註47〕

　　到 1986 年 12 月 2 日，《郵政法》經第六屆全國人大常委會第十八次會議表決通過。郵政專營由此成為法定制度，而由這個制度引起的爭議將幾乎貫穿 1999 年以後《郵政法》修訂的全過程。

〔註47〕雷潔瓊：《關於〈中華人民共和國郵政法（草案）〉（修改稿）修改意見的說明
　　　　——1986 年 11 月 26 日在第六屆全國人民代表大會常務委員會第十八次會議
　　　　聯組會上》，載於中國人大網，http://www.npc.gov.cn/wxzl/gongbao/2000-12/
　　　　26/content_5001853.htm，最後登錄時間：2012 年 10 月 23 日。